Einführung in die moderne Assembler-Programmierung

**Scot W. Stevenson** programmiert seit den Tagen von Acht-Bit-Prozessoren, wie dem 6502 in Assembler. Vom Bytegeschiebe konnten ihn weder sein Medizinstudium, ein Graduiertenkolleg Journalismus, mehr als zwei Jahrzehnte als Nachrichtenredakteur noch ein Blog über die USA abbringen. Er behauptet trotzdem, jederzeit damit aufhören zu können.

Scot W. Stevenson

# Einführung in die moderne Assembler-Programmierung

RISC-V spielerisch und fundiert lernen

dpunkt.verlag

Scot W. Stevenson

Lektorat: Gabriel Neumann, Julia Griebel
Lektoratsassistenz: Friederike Demmig
Copy-Editing: Annette Schwarz, Ditzingen
Satz: III-satz, *www.drei-satz.de*
Herstellung: Stefanie Weidner, Frank Heidt
Umschlaggestaltung: Eva Hepper, Silke Braun
Druck und Bindung: mediaprint solutions GmbH, 33100 Paderborn

Bibliografische Information der Deutschen Nationalbibliothek
Die Deutsche Nationalbibliothek verzeichnet diese Publikation in der Deutschen Nationalbibliografie; detaillierte bibliografische Daten sind im Internet über *http://dnb.d-nb.de* abrufbar.

ISBN:
Print 978-3-98889-007-8
PDF 978-3-98890-155-2
ePub 978-3-98890-156-9

1. Auflage 2024

Wieblinger Weg 17
69123 Heidelberg

*Hinweis:*
Dieses Buch wurde mit mineralölfreien Farben auf PEFC-zertifiziertem Papier aus nachhaltiger Waldwirtschaft gedruckt. Der Umwelt zuliebe verzichten wir zusätzlich auf die Einschweißfolie. Hergestellt in Deutschland.

PEFC-zertifiziert
Dieses Buch stammt aus nachhaltig bewirtschafteten Wäldern und kontrollierten Quellen
PEFC/04-31-0810
www.pefc.de

*Schreiben Sie uns:*
Falls Sie Anregungen, Wünsche und Kommentare haben, lassen Sie es uns wissen: *hallo@dpunkt.de*.



5 4 3 2 1 0

*For my parents, for curiosity endlessly encouraged*

# Inhaltsübersicht

# Inhaltsverzeichnis

# Vorwort

> *»But I don't want to go among mad people,« Alice remarked. »Oh, you ca'n't help that,« said the Cat: »we're all mad here. I'm mad. You're mad.« »How do you know I'm mad?« said Alice. »You must be,« said the Cat, »or you wouldn't have come here.«*
>
> *–Lewis Carroll, Alice's Adventures in Wonderland (1865) in Originalschreibweise*

Ein modernes Buch über Assembler-Programmierung, was soll das denn? Macht das heute nicht alles eine Maschine, sei es ein Compiler oder eine KI? Was für Wahnsinnige befassen sich denn noch mit so was?

Nun, einige Leute werden im Studium von gemeinen Menschen dazu gezwungen, sich mit Assembler zu beschäftigen. Aus tiefstem Mitgefühl heraus versprechen wir ihnen: Wir bringen das schnell, schmerzlos und so unterhaltsam wie möglich über die Bühne.

Entsprechend gibt es am Anfang dieses Buches etwas zu den Grundlagen, einen Überblick über Prozessoren, die benötigten Werkzeuge und natürlich Assembler. Allgemeines Wissen über die Programmierung reicht aus, Vorkenntnisse zu Assembler oder spezifischen Hochsprachen wie C sind nicht nötig.

Wir nutzen dabei den offenen Prozessorstandard RISC-V, der auch gezielt für Forschung und Lehre entwickelt wurde. Das macht die Sache für alle einfacher, denn der Kern-Befehlssatz, den wir hier vorstellen, umfasst weniger als 50 Instruktionen. Noch besser: Wer RISC-V lernt, lernt fürs Leben, denn der Befehlssatz ist »eingefroren« und ändert sich nicht mehr.

Das bringt uns zu den Leuten, die speziell RISC-V-Assembler-Programmierung lernen wollen (oder müssen). Für sie gehen wir im Mittelteil den Aufbau des Prozessors durch, wobei der Schwerpunkt auf der Software liegt. Wir stellen die einzelnen Befehle vor, warnen vor Fallstricken und verraten Tricks. Die Schwachstellen des Standards werden gnadenlos beleuchtet.

Dabei verzichten wir zwar keinesfalls auf Compiler oder KI. Aber als offener, freier Standard wird RISC-V zunehmend für Hobby- und Studenten-Projekte eingesetzt, wo der Compiler nur schlecht oder gar nicht an die Hardware angepasst ist, falls es überhaupt einen gibt. Dann muss der Mensch ran, ob mit oder ohne eine künstliche Helferin.

Aber um ehrlich zu sein: Dieses Buch entstand auch aus schierer Begeisterung für Assembler heraus. Wer es liebt, die schnellste Schleife herauszuarbeiten und sich diebisch über jedes eingesparte Byte freut, wird die hinteren Abschnitte kaum abwarten können. Damit ist es am Ende tatsächlich auch ein Buch für die Leute, die vielleicht ein klein wenig wahnsinnig sind. Hier sind sie unter Freunden.

Viel Spaß.

# Thema

Ein Buch wie dieses steht vor der Herausforderung, unterschiedlichen Lesergruppen gerecht zu werden: von Neulingen an der Universität, die vielleicht zum ersten Mal in die Eingeweide eines Prozessors blicken, bis hin zu Vollprofis, die vermutlich bereits mehr über Assembler vergessen haben, als der Autor jemals wissen wird. Wir werden für die erste Gruppe am Anfang Begriffe erklären und Hintergründe erläutern. Je tiefer wir in die Materie eindringen, desto mehr Wissen setzen wir als bekannt voraus.

## Was ist Assembler (ganz kurz)?

Eigentlich sind Computer fürchterliche Geräte. Sie verstehen nur Zahlen, was Menschen langfristig nicht guttut. Zudem gehen sie in winzigen Arbeitsschritten vor, was uns nur deswegen nicht auffällt, weil sie jeden einzelnen dieser Schritte *sehr* schnell ausführen. Auf dieser untersten, menschenfeindlichen Ebene der Programmierung sprechen wir von der »Maschinensprache«, auf Englisch *machine language*.

Um die Arbeit mit Computern für Nicht-Freaks erträglich zu machen, wird die Maschinensprache unter einem Berg von Abstraktionen versteckt. Dazu gehören Hochsprachen wie Python oder Rust, die von speziellen Programmen wie Compilern oder Interpretern über Zwischenschritte in Maschinensprache übersetzt werden. Bei einer Low-Code-Entwicklungsumgebung werden grafische Elemente zusammengeklebt, sodass – wenn überhaupt – nur »niedrige« Programmierkenntnisse erforderlich sind. Die gegenwärtig höchste Abstraktionsstufe sind die Anweisungen an eine Künstliche Intelligenz (KI), die »Prompts«.

»Assembler« ist in diesem Modell die erste Abstraktionsebene nach der Maschinensprache. Das Wort kommt von dem englischen Verb *to assemble,* hier im Sinne von »aus Einzelteilen zusammensetzen« und nicht von »Menschen sammeln sich« wie der Schlachtruf *Avengers assemble!* bei Marvel. Vereinfacht gesagt wird dabei jeder Maschinenbefehl 1:1 durch einen Assembler-Befehl abgebildet, der aus mehr oder weniger leicht zu merkenden Abkürzungen besteht. Das

Problem der winzigen Arbeitsschritte bleibt. Der Katalog aller Befehle eines Prozessors ist sein »Befehlssatz«, auf Englisch *instruction set.*

Da jede Prozessorfamilie eine andere Maschinensprache mitbringt, die sich zum Teil auch noch von Prozessormodell zu Prozessormodell unterscheidet, gibt es viele Varianten von Assembler. Wir sprechen von dem jeweiligen Befehlssatz eines Modells oder einer Chip-Familie, der *instruction set architecture* (ISA). Neben dem RISC-V-Befehlssatz gibt es etwa den x86 bei Intel und AMD bei klassischen PCs sowie die Arm-Befehlssätze insbesondere bei mobilen Geräten.

## Der unvermeidliche geschichtliche Überblick

> *Dieses Programm hätte die traumhafte Laufzeit von 32 Millisekunden, aber den alptraumhaften Speicherbedarf von 24 KByte.*
>
> *–Peter-Mattias Oden, Grafik-Tuning. Schneller Bildaufbau mit 6502-Prozessoren am Beispiel des Apple II (1984)*

Als Erfinderin von Assembler gilt Kathleen Booth vom Birkbeck College in London – das war 1947. [BK] Zwar wurde sogar noch die erste Version des IBM-Mainframe-Betriebssystems OS/360 1966 in Assembler geschrieben. Allerdings ging es dann wegen des Aufstiegs von höheren Sprachen wie Fortran, Lisp und Cobol bergab. Assembler galt als tot. [SD]

Der Aufstieg der Acht-Bit-Computer auf der Grundlage von Prozessoren wie dem 6502 oder Z80 Mitte der 70er Jahre brachte eine Auferstehung. [SD] Zunächst gab es keine Compiler für diese Mikroprozessoren (MPU). Wer die maximale Leistung aus der Kiste holen wollte, kam an Assembler nicht vorbei. Computerzeitschriften wie *c't* waren in den 80er Jahren entsprechend noch ein Stück mehr *hardcore* als heute und muteten ihren Lesern seitenweise Listings von Assembler-Mathematik und -Grafikcode zu. Assembler auf diesen Prozessoren machte einfach *Spaß,* nicht zuletzt weil die Befehlssätze für Menschen geschrieben wurden.

Mit einer größeren Leistungsfähigkeit der Rechner wurden allerdings auch die Compiler immer besser. Der Aufwand, einen schnelleren Code per Hand zu schreiben, lohnte sich immer weniger. Zudem traten die x86-Prozessoren ihre jahrzehntelange Dominanz an mit riesigen, barocken Befehlssätzen, die für Normalsterbliche kaum zu durchdringen waren und dazu noch mit Nutzungseinschränkungen bewehrt sind. Assembler wurde bestenfalls für Bootloader verwendet, und wer das machen musste, tat es meistens fluchend. Die Befehlssätze werden seitdem und bis heute für Compiler entworfen. Wenn es um die Praxis ging, schien Assembler tot, schon wieder.

## Also warum dann jetzt noch Assembler?

> *I could skip the middleman and talk right to the machine. (...) I could talk to God, just like IBM.* [TK]
>
> *–Tracy Kidder, The Soul of a New Machine (1981)*

Vermutlich sollte an dieser Stelle eine flammende Rede für den Nutzen von Grundwissen über Assembler in der Computerwissenschaft stehen – dass erst damit klar wird, wie die Maschine auf der untersten Ebene funktioniert, dass dieses Wissen für den Compilerbau unabdingbar ist, dass es bei der Optimierung von Code helfen kann. Das ist auch alles wahr.

Allerdings müssen wir der Realität ins Auge sehen: Eine Menge Leute lernen im 21. Jahrhundert Assembler nur, weil es Teil eines Pflichtkurses an der Uni ist. Deswegen ist dieses Buch erstens kurz und zweitens befasst es sich mit RISC-V. Wie wir gleich ausführlicher sehen werden, geht dieser Befehlssatz auf frustrierte Informatik-Dozenten zurück, die unter anderem ein besseres Werkzeug für die Lehre haben wollten. Der minimalistische Kern-Befehlssatz kann selbst den desinteressierten Massen im Grundkurs zugemutet werden, die danach nie wieder irgendwas mit Assembler zu tun haben (wollen).

Profis werden dagegen vermutlich die ersten Teile des Buches überspringen und sich auf RISC-V konzentrieren wollen. Es gibt immer noch Situationen, wo es Assembler sein muss, zum Beispiel die Portierung von Betriebssystemen auf neue Prozessoren. Der langsame, aber stetige Aufstieg von RISC-V in der Industrie zwingt mehr Leute dazu, sich mit diesem Neuling zu beschäftigen. Diese Teile des Buches sind daher auch zum Nachschlagen gedacht und absichtlich etwas nüchterner geschrieben (wenn auch nicht viel). Profis haben ja keine Zeit.

Langfristig sollten diese beiden Lesergruppen deckungsgleich werden: Ein Ziel von RISC-V ist, dass im Studium derselbe Befehlssatz gelehrt wird, der auch in der Praxis verwendet wird. Die Neueinstellungen würden dann nützliches, sofort einsetzbares Wissen von der Uni mitbringen, was einem kleinen Wunder gleichkäme.

Hobby-Coder als dritte Gruppe sind dagegen nicht nur die Spiel-, sondern auch die Glückskinder der Programmierwelt. Sie können tun, was sie wollen, in welcher Sprache sie es wollen, so lange, wie sie es wollen. Ihre Projekte können den praktischen Nutzen eines überfahrenen Stinktiers haben. Assembler coden sie entsprechend zum Spaß, auch wenn ihnen besorgte Bekannte T-Shirts schenken mit Schriftzügen wie »Hauptsache, es tut weh«.

Der große Feind des Hobby-Coders sind Updates und neue Features. Neben Familie und Job und was sonst noch im Leben wirklich wichtig ist bleibt ein Projekt manchmal so lange liegen, bis sich Staub auf der Tastatur sammelt. Wer sich dann erst in neue Frameworks, Funktionen oder Updates reinfuchsen muss, kommt weniger zum Programmieren. Lizenzbedingungen können ein weiteres Problem sein. Es ist daher kein Wunder, dass sich viele Freizeit-Assembler-Fans in die Retro-Programmierung etwa des 6502 aus dem Acht-Bit-Zeitalter geflüchtet haben. RISC-V macht jetzt damit Schluss: Der Befehlssatz ist nicht nur kurz, sondern auch »eingefroren« und ändert sich nicht wieder.

Für diese Gruppe ist insbesondere der dritte und letzte Teil des Buches gedacht. Die dort vorgestellten Routinen, Verfahren und Programme würden von vernünftigen Menschen in einer Hochsprache geschrieben (oder gar nicht), der Stoff bietet jedoch tiefere Einblicke in die Assembler-Welt. Für die ganz Harten diskutieren wir schließlich am Ende noch weitergehende Projekte, die zu umfangreich für dieses Buch wären. An ihnen dürften nur noch zwei Gruppen Freude haben: sadistische Dozenten und masochistische Hobby-Coder. T-Shirts für alle!

## Was ist RISC-V?

> *The most pervasive change in this edition is switching from MIPS to the RISC-V instruction set. We suspect this modern, modular, open instruction set may become a significant force in the information technology industry. It may become as important in computer architecture as Linux is for operating systems.*
>
> *–Hennessy und Patterson, Computer Architecture: A Quantitative Approach (2019)*

RISC-V wird auf Englisch *»risk five«* ausgesprochen und als »Risk fünf« eingedeutscht, auch wenn einige KIs gegenwärtig noch auf *»risk vee«* bestehen. Der erste Teil des Namens kommt von *Reduced Instruction Set Computer* und bezeichnet Prozessoren, die über vergleichsweise wenige Befehle verfügen, aber diese sehr schnell ausführen. Dabei wird etwas mehr Code benötigt als bei einem *Complex Instruction Set Computer* (CISC). Die römische Ziffer V verweist darauf, dass es der fünfte Anlauf der Erfinder ist. Das RISC-V-Projekt ist vergleichsweise jung, in der heutigen Form nahm es 2010 seinen Anfang. Über die Einhaltung der Standards wacht seit 2020 die Stiftung RISC-V International mit Sitz in der Schweiz.

Als Befehlssatzdefinition existiert RISC-V eigentlich nur auf dem Papier. Sie besteht aus einer Spezifikation, die nichts darüber aussagt, wie der Prozessor die Befehle umsetzt. Ob konventionelle Hardware wie Logikgatter, elektromagnetische Relaistechnik wie zu Zeiten von Konrad Zuse oder dressierte Hamster in speziellen Laufrädern, alles ist möglich.

Unter uns gesagt: Der Befehlssatz an sich ist nicht fürchterlich aufregend und schon gar nicht revolutionär. Wer sich bereits mit der ISA von anderen RISC-Prozessoren beschäftigt hat, wird vieles wiedererkennen. Vielmehr zeichnen RISC-V zwei Dinge aus:

Erstens, der Standard ist »offen« oder »frei«, denn die Spezifikation unterliegt einer Creative-Commons-Lizenz. Damit kann jeder selbst RISC-V-Prozessoren bauen, ob als Bastelfreak im Hobbykeller, multinationaler Konzern mit eigener Chip-Fertigung oder Verein für ambitionierte Hamster-Trainer. Forschung und Lehre sind keine Grenzen gesetzt, Unternehmen müssen keine Lizenzgebühren bezahlen und Freizeit-Coder bekommen keine Auflagen aufgedrückt.

Zweitens, es handelt sich um einen »modularen« Standard. Während der x86-Befehlssatz durch sein unablässiges Wachstum inzwischen bei einer vierstelligen Zahl von Instruktionen angekommen ist, werden die RISC-V-Befehle in »Module« verpackt. [HS] Diese werden nach eingehender Prüfung »eingefroren« *(frozen)* und nie wieder verändert. Es gibt ein Basismodul I, das alle RISC-V-Prozessoren haben müssen. Darüber hinaus entscheidet jede Chip-Schmiede und jeder Hamster-Trainer selbst, welche Module sie benötigen.

## Formalitäten

So weit ein erster Überblick. Leider kommt kein Buch ohne Bürokratie aus. Bringen wir sie schnell hinter uns.

### Englisch

> *Deutsch im Code sagt dem Leser auf den ersten Blick: Hier hat jemand nur für sich selbst programmiert, ohne damit zu rechnen, dass sich jemals jemand anders für den Code interessieren könnte. Das tun überwiegend Anfänger, also ist der Code wahrscheinlich nicht besonders gut.*
>
> *–Passig und Jander, Weniger schlecht programmieren (2013)*

Jedes deutschsprachige Buch über Computer muss damit klarkommen, dass Englisch die Weltsprache der Informatik ist. Besonders bei RISC-V liegt bislang viel Literatur nur auf Englisch vor. Früher oder später kommt niemand daran vorbei. Der Einsatz von Künstlicher Intelligenz verstärkt diesen Effekt nur, weil die Modelle gegenwärtig deutlich besser mit Englisch zurechtkommen als mit Deutsch. *Sorry.*

Die gute Nachricht ist, dass die erforderlichen Englischkenntnisse eher auf der Sprachebene von *Friends* liegen als von William Shakespeare. Auch Englischmuffel kommen mit etwas Übung klar. Wir führen am Anfang die englischen Fachbegriffe ein und setzen sie dann nach und nach als bekannt voraus. Auch die Kommentare in den Quelltexten *(source code)* sind irgendwann durchgängig auf Englisch, weil das der Situation in der wirklichen Welt entspricht.

### Code

Ein Ziel dieses Buches ist es, möglichst viele gut lesbare Code-Beispiele zur Verfügung zu stellen. Dabei steht insbesondere am Anfang die Klarheit des Designs im Vordergrund. Tricks, um ein Maximum an Leistung oder den kürzesten Code herauszukitzeln, führen wir erst ein, wenn das Grundprinzip klar ist. Die Programme sind ausführlich kommentiert. Wer schon mal versucht hat, fremden Assembler-Code zu lesen – oder nach einigen Wochen den eigenen –, weiß, warum. Ein Kommentar pro Zeile wird keine Seltenheit sein.

Eine historisch gewachsene Unsitte bei Assembler ist die Verwendung von sehr kurzen Namen oder gar einzelnen Buchstaben für Variablen und Sprungmarken *(label)*. Dafür gibt es im 21. Jahrhundert keine Entschuldigung, wir verwenden lange Namen. Konstanten werden in VERSALIEN geschrieben, auch wenn es der Maschine egal ist.

Die Grobstruktur von Routinen wird meist so aussehen, dass wir ganz oben einsteigen und ganz unten wieder rausgehen. Anders formuliert soll jede Routine möglichst immer nur einen Eingang und einen Ausgang haben. Im Rahmen des *defensive programming* bauen wir hin und wieder Code ein, der nur dazu dient, das Programm robuster zu machen. Entsprechende Stellen markieren wir in den Kommentaren als *paranoid*. Wir sagten ja bereits, hier sind Wahnsinnige am Werk.

## Werkzeuge

Die Beispielprogramme wurden entweder auf dem RARS-Simulator (*https://github.com/TheThirdOne/rars*) oder mit QEMU unter Ubuntu Linux mit dem GCC Compiler (*https://gcc.gnu.org/*) getestet. RARS ist der einfachere Weg. Das Programm wird als ausführbare `jar`-Datei bereitgestellt und müsste auf ziemlich jedem Betriebssystem mit

```
java -jar <DATEI>
```

von der Kommendozeile aus ausführbar sein.

GCC ist dafür deutlich mächtiger. Ubuntu bietet für QEMU ein vorgefertigtes Image unter *https://wiki.ubuntu.com/RISC-V* an, das ein komplettes RISC-V-System emuliert. Das heißt, wir können innerhalb dieser Umgebung mit normalen Werkzeugen arbeiten. Für dieses Buch wurde benutzt:

```
ubuntu-22.04.1-preinstalled-server-riscv64+unmatched.img
```

Wir rufen die QEMU-Instanz auf mit:

```
qemu-system-riscv64 \
-machine virt \
-nographic \
-m 2048 \
-smp 4 \
-bios /usr/lib/riscv64-linux-gnu/opensbi/generic/fw_jump.elf \
-kernel /usr/lib/u-boot/qemu-riscv64_smode/uboot.elf \
-device virtio-net-device,netdev=eth0 \
-netdev user,id=eth0,hostfwd=tcp::10022-:22 \
-drive file=<UBUNTU_IMAGE>,format=raw,if=virtio
```

Wir können uns dann von einem anderen Rechner aus mit ssh -p 10022 ubuntu@<RECHNER> einloggen.

> *That said, above all this book tries not to take itself (or anything) too seriously. There is humour here, the difference is that you need to look for it.*
>
> *–Doug Hoyte, Let Over Lambda (2008)*

# Teil I

# Grundlagen

In diesem Teil geht es um die allgemeinen Grundlagen von Assembler. Außerdem wird hier das Mindestwissen vermittelt, um verstehen zu können, was ganz unten in einem Computer passiert. Wer den Stoff parat hat, kann diesen Teil überspringen.

# 1 Das Abstrakte

Wir fangen mit den rein theoretischen Grundlagen an – Zahlen und Zeichen.

## 1.1 Zahlen

> *There is only one thing inside computers, bits. Lots of them, to be sure but when you understand bits, you understand what's in there.*
>
> *–J. Clark Scott, But How Do It Know? (2009)*

Auf der untersten Ebene bestehen gängige Computer aus Stromkreisen, in denen es zwei Zustände gibt: Spannung oder keine Spannung. Nehmen wir die 1 für »Spannung« und die 0 für »keine Spannung«, haben wir zwei Ziffern, mit denen wir »Binärzahlen« darstellen können.

Die einzelnen Ziffern dieser Zahlen (*binary digits*, kurz *bit*) werden von rechts nach links durchnummeriert, die Zählung beginnt wie in der Computerwissenschaft üblich bei Null. Das *bit 0* – ganz rechts – wird als *least significant bit* (LSB) bezeichnet, ganz links ist entsprechend das *most significant bit* (MSB). Um klar zu machen, dass es sich bei `100` um die 4 in Binär und nicht die Dezimalzahl 100 handelt, stellen wir ein `0b` voran.

Wie kommen solche Zahlen zustande? Machen wir uns klar, wie eine normale Dezimalzahl aufgebaut ist, etwa die 513.792. Hinter dieser Schreibweise steht eigentlich diese Rechnung:

$5x10^5 + 1x10^4 + 3x10^3 + 7x10^2 + 9x10^1 + 2x10^0 \rightarrow 500.000 + 10.000 + 3.000 + 700 + 90 + 2$

Bei Binärzahlen machen wir das genauso, nur mit Zweierpotenzen. Nehmen wir die binäre Darstellung der Dezimalzahl 10, also 0b1010:

$1x2^3 + 0x2^2 + 1x2^1 + 0x2^0 \rightarrow 8 + 0 + 2 + 0$

So wie wir im Alltag Dezimalziffern in Dreiergruppen schreiben und durch Dezimalpunkte trennen, fassen wir immer vier Binärziffern zusammen. Im Fließtext fügen wir Unterstriche ein, um das leserlicher zu machen.

```
0b0000_0000_0010_1010
```

So etwas ist aber bestenfalls unhandlich. Deswegen dampfen wir jeweils vier Binärziffern – ein *nibble* – in eine Hexdezimalziffer ein. Beim Hexadezimalsystem (kurz, wenn auch eigentlich falsch, »Hex« genannt) werden die Ziffern 0 bis 9 um die Buchstaben A bis F ergänzt, ein `0x` wird vorangestellt und es werden ebenfalls Vierergruppen gebildet.

```
0b0000_0000_0010_1010 -> 0x002A
```

### 1.1.1 Addition von Binärzahlen

Noch mal zurück zu den Binärzahlen. Wir können mit ihnen genauso rechnen wie im Zehnersystem, nur dass `1 + 1 = 10` ergibt, oder genauer: `0b1 + 0b1 = 0b10`.

Bleiben wir bei der Addition. In beiden Fällen ist die Vorgehensweise gleich: Wir haben einen gewissen Satz an Ziffern, also `0` bis `9` im Zehnersystem. Wenn wir eine Summe bilden, »zählen« wir um so viele Stellen in unserer Ziffernreihe weiter. Damit landen wir bei `1 + 5` bei der `6`. Wenn uns die Ziffern ausgehen, machen wir links eine neue Stelle auf und fangen wieder von vorne an. Bei `1 + 9` ist es zum Beispiel so weit, weswegen wir mit `10` weitermachen.

Nichts anderes passiert bei der Addition in Zweiersystem, nur dass wir lediglich zwei Ziffern haben und sie uns deswegen sofort ausgehen. Schon bei `0b1 + 0b1` sind wir am Ende und müssen links mit `0b10` eine neue Stelle aufmachen. Aber sonst läuft alles ab wie immer:

```
  0101     5
+ 0011     3
------
= 1000     8
```

Bei der Addition im Hexdezimalsystem greift der umgekehrte Effekt. Wir haben mehr Ziffern zur Verfügung, weswegen nach `9` nicht Schluss ist: Es geht mit `A`, `B`, `C`, `D`, `E`, `F` weiter, bis wir dann kapitulieren und zu `0x10` (dezimal 16) erweitern müssen.

### 1.1.2 Ein Vorgriff auf die Wortbreite

Beim Rechnen auf Papier können wir unsere Zahlen beliebig nach links erweitern. Im Computer ist das nicht so. Prozessoren können nur eine gewisse Anzahl von Bit auf einmal verarbeiten, weil ihre Register eine begrenzte Größe haben, die Wortbreite (*word size* oder *word width*). Passt eine Binärzahl nicht in ein Maschinenwort, fallen die überschüssigen Bit weg, und wir haben einen Überlauf (*overflow*).

Die Wortbreite eines Prozessors ist einer der wichtigsten Faktoren für seine Leistungsfähigkeit, weil sie sagt, wie groß die Zahlen sind, die er in einem Schritt bearbeiten kann – größere Hamster können mehr tragen. Die 8-Bit-Prozessoren der 1980er Jahre wie der 6502 haben also eine Wortbreite von einem Byte.

**Drei für alle, alle für drei**

Bei RISC-V gibt es drei verschiedene Wortbreiten von 32, 64 oder 128 Bit, weswegen wir von den ISA-Varianten RV32, RV64 und RV128 sprechen. In allen drei Fällen sind die Befehle trotzdem 32 Bit lang.

### 1.1.3 Vorzeichen und Zweierkomplement

Während wir bei Dezimalzahlen für negative Werte ein Minus voranstellen, müssen wir bei Binärzahlen spätestens auf der Ebene des Stroms tricksen. Wir greifen dazu auf das Zweierkomplement (*two's complement*) zurück. Dabei gehen wir von einer festen Wortbreite aus. Das MSB in diesem Wort signalisiert das Vorzeichen: Bei einer 0 handelt es sich um eine positive, bei einer 1 um eine negative Zahl.

Um von einer positiven zur entsprechenden negativen Zahl zu gelangen, werden zunächst alle Bit invertiert (*flipped*), dann eine 1 addiert. Am Beispiel der Umwandlung von 6 zu -6 bei einer Wortbreite von vier Bit:

```
0110    ursprüngliche Zahl 6
1001    invertiert
1010    1 addiert, ergibt -6
```

Als alternative Methode für die Berechnung per Hand können wir rechts bei dem LSB beginnen und zunächst alle 0 und die erste 1 – aber nur diese – abschreiben. Alle folgenden Binärziffern werden dann invertiert.

Der große Vorteil des Zweierkomplements: Negative und positive Zahlen können normal addiert werden. Aus `6 - 2` wird damit `6 + (-2)`:

```
  0110    6
+ 1110   -2
  ----
1_0100    4 (mit Überlauf)
```

Der Überlauf wird ignoriert, weil er außerhalb der Wortbreite liegt.

Wir haben damit zwei verschiedene Arten, binäre Zahlen bei einer gegebenen Wortbreite darzustellen: ohne Vorzeichen (*unsigned*), wo wir die gesammte Breite für positive Zahlen nutzen können, und mit Vorzeichen (*signed*), bei denen die größte positive Zahl etwa halb so groß ist. Damit haben wir bei einem Byte eine

Spanne von 0 bis 255 bei Zahlen ohne Vorzeichen und von -128 bis 127 bei Zahlen im Zweierkomplement. Allgemeiner:

| Vorzeichen | Spanne |
|---|---|
| nein *(unsigned)* | 0 bis $2^n$-1 |
| ja *(signed)* | $-2^{n-1}$ bis $2^{n-1}$-1 |

### 1.1.4 Vorzeichenerweiterung

Beim Zweierkomplement entsteht ein Problem, wenn wir etwa eine 8-Bit-Zahl mit einem Vorzeichen auf eine größere Wortbreite übertragen wollen, etwa auf ein 16-Bit-Wort. Bei acht Bit markiert das MSB eine negative Zahl, aber das geht verloren, wenn wir nicht aufpassen:

```
          1111_1110    -2 bei einer Wortbreite von 8 Bit
0000_0000_1111_1110   254 bei einer Wortbreite von 16 Bit
```

Um das zu verhindern, muss das Vorzeichen »erweitert« werden (*sign extension*, kurz *sext*). Dabei wird das MSB der ursprünglichen Zahl in alle darüber liegenden Stellen der neuen Zahl kopiert.

```
          0000_0010    2 bei einer Wortbreite von 8 Bit
0000_0000_0000_0010    2 bei einer Wortbreite von 16 Bit
          1111_1110   -2 bei einer Wortbreite von 8 Bit
1111_1111_1111_1110   -2 bei einer Wortbreite von 16 Bit
```

Das Gegenstück zur Vorzeichenerweiterung ist die Vorzeichenreduzierung (*sign contraction*). Hier wird eine Binärzahl in eine kleinere Wortbreite gepresst. Während eine Vorzeichenerweiterung stets vorgenommen werden kann, passt eine Zahl nicht immer in eine kleinere Wortbreite, etwa wie die Dezimalzahl 42, die beim besten Willen nicht in eine Dezimalstelle passt.

Eine Reduzierung kann dann vorgenommen werden, wenn die Bit, die gestrichen werden, alle dem obersten Bit in der neuen Wortbreite entsprechen. Anders formuliert, das Vorzeichen muss mindestens mit einem Bit auch in die neue, kleinere Wortbreite passen.

```
1111_1111_1000_0000   -128 bei einer Wortbreite von 16 Bit
          1000_0000   -128 bei einer Wortbreite von 8 Bit
0000_0000_0100_0000     64 bei einer Wortbreite von 16 Bit
          0100_0000     64 bei einer Wortbreite von 8 Bit
```

Die Binärzahl 0000_1100_0000_0000 lässt sich dagegen nicht auf eine Wortbreite von acht Bit reduzieren, da die obersten Bit verschieden sind. Am Ende passt 3.072 einfach nicht in acht Bit.

**Die sättigende Bit-Diät**

Was tun, wenn trotzdem unbedingt reduziert werden muss und eine Fehlerbehandlung nicht erwünscht ist? Bei der Sättigung (*saturation*) wird die neue Wortbreite mit der größt- oder kleinstmöglichen Zahl – je nachdem – mit dem richtigen Vorzeichen aufgefüllt. Aus 0000_1100_0000_0000 wird dann 0111_1111. Zwar ist 127 immer noch weit weg von 3.072, aber es geht zumindest in die richtige Richtung.

Bei Binärzahlen gibt es je nach Anzahl der Ziffern verschiedene Begriffe neben »Byte« und »Nibble«. Bei RISC-V haben wir:

| Anzahl Bit | Anzahl Byte | Name | Max unsigned | Spanne signed |
|---|---|---|---|---|
| 4 | 0,5 | *nibble* | 15 | -8 bis 7 |
| 8 | 1 | *byte* | 255 | -128 bis 127 |
| 12 | 1,5 | | 4.095 | -2.048 bis 2.047 |
| 16 | 2 | *halfword* | 65.535 | -32.768 bis 32.767 |
| 20 | 2,5 | | 1.048.575 | -524.288 bis 524.287 |
| 32 | 4 | *word* | $4{,}3 \times 10^9$ | $\sim \pm 2{,}1 \times 10^9$ |
| 64 | 8 | *doubleword* | $18{,}4 \times 10^{18}$ | $\sim \pm 9{,}2 \times 10^{18}$ |
| 128 | 16 | *quadword* | $3{,}4 \times 10^{38}$ | $\sim \pm 1{,}7 \times 10^{38}$ |

Die Einträge für 12 und 20 Bit sind »asymmetrisch« bezogen auf eine Wortbreite von 32 Bit und damit ungewöhnlich. Wir werden nachher sehen, warum diese Breiten bei RISC-V häufig benutzt werden.

## 1.2 Zeichen

Computer verstehen nur Zahlen, Menschen wollen Texte. Wir brauchen eine Möglichkeit, Buchstaben mit Zahlen darzustellen.

### 1.2.1 ASCII

Dafür wird bis heute der *American Standard Code for Information Interchange* (ASCII) von 1963 benutzt, der sieben Bit je Buchstabe verwendet. Damit erhalten wir 128 mögliche Zeichen. Die ersten 32 sind Steuerzeichen (*control characters*), von denen wir folgende häufiger brauchen:

| Dezimal | Hex | Symbol | Name | Verwendung |
|---|---|---|---|---|
| 0 | 00 | NUL | *null char* | markiert Ende von Strings |
| 4 | 04 | EOT | *end of transmission* | Ende der Eingabe (STRG-d) |
| 7 | 07 | BEL | *bell* | Klingel |
| 8 | 08 | BS | *back space* | ein Zeichen zurück |
| 9 | 09 | HT | *horizontal tab* | Tabulator |
| 10 | 0A | LF | *line feed* | Zeilenvorschub |
| 13 | 0D | CR | *carriage return* | Rücklauf |

Die übrigen ASCII-Codes beschrieben ein Gemisch aus Sonderzeichen, Ziffern und Buchstaben. Wir brauchen noch das Leerzeichen (*space*) mit Dezimal 32 (Hex 0x20). Bei Buchstaben und Ziffern können Spannen benutzt werden, um zu sehen, ob ein Zeichen zu einer gewissen Gruppe gehört:

| Zeichenart | Spanne Dezimal | Spanne Hex |
|---|---|---|
| Ziffern 0–9 | 48–57 | 0x30–0x39 |
| Großbuchstaben A–Z | 65–90 | 0x41–0x5A |
| Kleinbuchstaben a–z | 97–122 | 0x61–0x7A |

Wie wir sehen, liegen diese Regionen dummerweise nicht zusammen. Insbesondere ist es für die Darstellung von Hex-Zahlen ärgerlich, dass die Buchstaben nicht direkt an die Ziffern anschließen. Auch unschön: Die Großbuchstaben kommen vor den Kleinbuchstaben, was die Sortierung schwieriger macht. Es gibt aber auch gute Nachrichten. Groß- und Kleinbuchstaben unterscheiden sich nur in Bit 5: Bei Großbuchstaben ist dies eine Null, bei Kleinbuchstaben eine 1. Das erleichtert die Umwandlung.

| Zeichen | Hex | Binär |
|---|---|---|
| a | 0x61 | 0b0110_0001 |
| A | 0x41 | 0b0100_0001 |

### 1.2.2 Besser als ASCII

In ASCII ist alles enthalten, was die englischsprachige Welt für die Programmierung von Computern braucht. Dumm nur, dass nicht alle Menschen auf der Welt Englisch sprechen. Noch schlimmer, sie benutzen zum Teil komplett andere Zeichensätze.

Für Deutschsprachige ist der 8-Bit-Code ISO 8859-1, auch bekannt als ISO Latin 1 der International Organization for Standardization (ISO), wichtig, der Umlaute und gewisse Sonderzeichen enthält. Der ASCII-Zeichensatz ist hier als Untermenge enthalten. Allerdings fehlt hier etwa das Zeichen »€« für den Euro.

Um dieses und viele andere Probleme zu lösen, wurde Unicode entwickelt. Dabei werden bis zu vier Byte (UTF-32), in der Praxis aber meist zwei (UTF-16) für ein Zeichen benutzt, womit wir faktisch alle Zeichen der Welt abbilden können. In der Assembler-Programmierung wird Unicode bislang kaum verwendet.

### 1.2.3 Zeilenende

Daher zurück zu ASCII. Ein ständiges Problem ist die Kennzeichnung des Zeilenendes (*end-of-line*, EOL). Unterschiedliche Betriebssysteme nutzen unterschiedliche Verfahren:

| Betriebssystem | EOL |
|---|---|
| Linux, FreeBSD, macOS | LF |
| Windows, MS-DOS | CR+LF |

Microsoft-Betriebssysteme benutzen zwei Zeichen, Rücklauf und Zeilenvorschub, die Betriebssysteme der Unix-Familie nur einen Zeilenvorschub.

**Früher war alles schlimmer**

Die Tabelle hat sich in den vergangenen Jahren vereinfacht: In den alten Apple-Betriebssystemen wie OS 9 – »Classic Mac OS« genannt – wurde CR als Zeilenende verwendet. Mit dem Umstieg auf macOS ist Apple ins Unix-Lager gewechselt. Microsoft wehrt sich noch.

### 1.2.4 Stringformate

Einzelne Zeichen sind nett, aber in der Praxis brauchen wir Zeichenketten. Eigentlich ganz einfach: Wir geben Zeichen für Zeichen aus, bis alle verbraucht sind, und hören dann auf. Allerdings sind wir so tief in der Maschine, dass wir uns entscheiden müssen, wie wir diesen *string* im Speicher ablegen. Es gibt zwei Hauptvarianten:

1. Mit einem besonderen Zeichen am Ende, meist die Null. Auf die Zeichenkette wird mit einem Zeiger (*pointer*) auf den ersten Buchstaben zugegriffen. Diese »Null-terminierten« (*null-* oder *zero-terminated*) Strings sind durch die Programmiersprache C bekannt. Wir nennen sie hier salopp »Null-

Strings«. Die meisten Assembler und Compiler bringen dafür einen speziellen Befehl, eine »Direktive«, mit, um sie im Programmtext abzuspeichern:

```
first_coder:
        .asciz "Ada Lovelace"    # Direktive mit z am Ende für "zero"
```

2. Mit einer getrennten Angabe der Länge. Damit wird auf den String durch zwei Parameter zugegriffen: den Zeiger auf das erste Zeichen sowie die Zahl der Zeichen. Ein Ende-Zeichen gibt es nicht. Diese »gezählten« (*pointer and length* oder *counted*) Strings werden bei Rust verwendet, unser Kosename für sie lautet »Zähl-Strings«. Hier müssen wir im Code meistens selbst Hand anlegen, um die Länge voranzustellen.

```
first_coder:
        .byte 12
        .ascii "Ada Lovelace"    # Direktive ohne z am Ende
```

Beide Stringvarianten haben ihre Vorteile: Null-Strings können eine beliebige Länge annehmen, während die Längenbestimmung bei Zähl-Strings trivial ist.

Wie wir an diesen Beispielen sehen, wollen wir fast immer ein Label – hier das `first_coder` mit einem Doppelpunkt dahinter – zusammen mit einem String vergeben, damit wir darauf zugreifen können.

# 2 Hardware

Dies ist eine sehr allgemeine Einführung in Computerhardware für Leute, die nicht wissen, was unter der Haube geschieht. Wer schon den Unterschied zwischen einer CPU und einer ALU kennt, kann diesen Abschnitt getrost überspringen. Zwar wird auch im Vorbeigehen der RISC-V-Prozessor angerissen, aber die wichtigen Teile besprechen wir in späteren Abschnitten genauer.

**Wer es auf die harte Tour mag**

Wir werden die Hardware hier wirklich nur streifen und sonst mit fröhlicher Unbekümmerheit annehmen, dass alles irgendwie funktioniert. Wer das genaue Gegenteil haben will, sei im deutschsprachigen Raum auf Patrick Ritschels *Embedded Systems mit RISC-V und ESP32-C3* verwiesen, das am konkreten praktischen Beispiel Mikroprozessoren, Protokolle, Schnittstellen und vieles mehr behandelt, für das wir uns in diesem Buch zu fein sind. [RP]

## 2.1 Ein Überblick

> *It is impossible to construct machinery occupying unlimited space; but it is possible to construct finite machinery, and to use it through unlimited time. It is this substitution of the infinity of time for the infinity of space which I have made use of, to limit the size of the engine and yet to retain its unlimited power.*
>
> *–Charles Babbage zur Analytical Engine, Life of a Philosopher (1864)*

Bei der Vorstellung des Computers für absolute Neulinge werden meistens vier Teile unterschieden:

1. Der **Prozessor** (CPU), der die ganze Arbeit macht. In diesem Buch ist es halt der RISC-V. Prozessoren besitzen *Register*, in denen eine sehr kleine Menge an Daten für die schnelle Bearbeitung vorübergehend festgehalten wird.

2. Der **Arbeitsspeicher** (RAM), wo die Daten vor und nach der Bearbeitung aufbewahrt werden. Er ist schnell, aber vergleichsweise klein und »flüchtig«: Wenn der Strom ausgeschaltet wird, ist der Inhalt weg. Jedenfalls bei der heutigen Technologie.
3. **Massenspeicher** wie Festplatten oder SSD, die sehr viel langsamer, aber dafür auch sehr viel größer sind und auch nach dem Ausschalten des Stroms die Daten (mehr oder weniger) sicher aufbewahren.
4. **Ein- und Ausgabegeräte** wie Tastatur, Maus, Bildschirm, WiFi oder Netzwerkverbindungen, um mit der ganzen Apparatur kommunizieren zu können.

Nach diesem Bild werden die Daten vom Massenspeicher in den Arbeitsspeicher geladen, dort vom Prozessor bearbeitet und das Ergebnis wird irgendwie mit einem Ausgabegerät angezeigt. Für die Assembler-Programmierung können wir diese Darstellung noch weiter vereinfachen: Wir brauchen fürs Erste nur den Prozessor und den Arbeitsspeicher. Wie die Daten vom Massenspeicher in den Arbeitsspeicher gelangen und wie die Maschine das Ergebnis mitteilt, ist uns erst mal egal – da vertrauen wir auf die Hamster.

Daher gehen wir hier nur auf den Prozessor und den Arbeitsspeicher genauer ein.

## 2.2 Der Prozessor

Bei jedem Projekt gibt es bekanntlich eine Person, die eigentlich die ganze Arbeit macht. Beim Computer ist es der Prozessor. Die Begriffe gehen inzwischen etwas durcheinander, wir benutzen hier relativ synonym »Prozessor« und als Kurzform »CPU« für *Central Processing Unit* (etwa: »zentrale Verarbeitungseinheit«), auch wenn dieser Begriff zunehmend weniger benutzt wird. Prozessoren können mehrere »Kerne« (*cores*) enthalten, die eine parallele Bearbeitung der Daten erlauben oder spezielle Aufgaben haben. So können einige Kerne für einen niedrigeren Stromverbrauch ausgelegt sein, während andere als »KI-Beschleuniger« (*AI accelerator*) eingesetzt werden. Ein Computer kann mehrere Prozessoren haben, die wiederum mehrere Kerne besitzen.

Das ist für uns alles viel zu kompliziert. Wir merken uns: Im Prozessor geschieht die eigentliche Arbeit, und es kann mehrere Kerne geben, die eine parallele Ausführung erlauben.

Diese Ausführung erfolgt klassischerweise über den Befehlszyklus (*instruction cycle*). Dabei werden Befehle aus dem Arbeitsspeicher geladen (*fetch*), ausgeführt (*execute*) und das Ergebnis wird wieder abgespeichert (*write*). Das ist eine sehr vereinfachte Version des Zyklus, in Wirklichkeit gibt es noch Zwischenschritte. Der Prozessor muss sich den geladenen Befehl erst mal genauer anschauen – ihn »dekodieren« (*decode*) –, um überhaupt zu wissen, was er tun soll. Auch hier überspringen wir die Details.

Es gibt mehrere Arten, Prozessoren zu klassifizieren.

### 2.2.1 Aufbau

Fangen wir mit dem internen Aufbau an, der »Architektur«. Klassischerweise gibt es vier Varianten, die die gleichen Komponenten benutzen – Register, Stapel, Speicher –, sie aber anders zusammenfügen und einsetzen. [HP] Wir stellen sie jeweils mit einem Beispiel für eine Additionsaufgabe in Pseudo-Code vor, bei der die beiden Zahlen aus den Speicherstellen 0x1000 und 0x1001 addiert werden sollen und das Ergebnis an 0x1002 abgelegt werden soll.

1. **Register** (*general-purpose register*, GPR). In einem Kern gibt es mehrere, *explizit* ansprechbare Register, die grundsätzlich für alles benutzt werden können. Heute gibt es praktisch nur noch solche Prozessoren, zu denen auch RISC-V gehört.

```
load r1, 0x1000      # erste Zahl in Register 1 laden
load r2, 0x1001      # zweite Zahl in Register 2 laden
add r3, r1, r2       # addieren, Ergebnis in Register 3
store r3, 0x1002     # Register 3 im Speicher ablegen
```

   Das sieht an dieser Stelle nach relativ viel Aufwand aus, und so ist es auch. Wir werden weiter unten erklären, warum dieser Ansatz trotzdem heute so beliebt ist.

2. **Akkumulator**. Es gibt ein besonderes Register, auf das *implizit* alle Berechnungen einwirken und wo immer das Ergebnis abgelegt wird. Im Gegensatz zur Registerarchitektur wird dabei der Inhalt des Akkumulators zwangsweise überschrieben. Der 6502 ist einer der bekanntesten Vertreter.

```
load 0x1000      # Erste Zahl in den Akkumulator laden
add 0x1001       # Zweite Zahl direkt aus dem Speicher addieren
store 0x1002     # Akkumulator in Speicher sichern
```

   Hier muss nicht ausdrücklich angegeben werden, dass wir mit dem Akkumulator arbeiten.

3. **Stapel** (*stack*). Die zu bearbeitenden Daten werden wie Teller auf einem Stapel betrachtet. Alle Operationen betreffen *implizit* nur das oberste Element des Stapels oder verknüpfen die ersten beiden. Das Ergebnis bleibt als oberstes Element liegen. Zwar gibt es keinen Mangel an virtuellen Stapelmaschinen (*stack machines*), aber in Hardware gegossen sind sie praktisch ausgestorben.

```
0x1000     # Adresse der ersten Zahl
fetch      # Lade Wert von dieser Adresse
0x1001     # Adresse der zweiten Zahl
fetch      # Lade Wert von dieser Adresse
add        # Addiere die beiden Werte
0x1002     # Adresse für das Ergebnis
store      # Speichere das Ergebnis ab
```

Hier werden die beiden Summanden zunächst auf den Stapel geschoben. Der Additionsbefehl ist dann so einfach, wie er nur sein kann. Dass die Adresse vor den eigentlichen Befehlen kommt, ist bei Stapelmaschinen normal und führt nur die ersten paar Monate zur Verwirrung.

4. **Speicher** (*memory-memory*, auch *in-memory processing*). Hier werden die Daten überhaupt nicht in irgendwelche Register geladen, sondern bleiben aus der Sicht des Programmierers immer im Speicher. Auf sie muss *explizit* zugegriffen werden. Kommerzielle Maschinen dieser Art gibt es faktisch nicht.

   ```
   add 0x1000, 0x1001, 0x1002
   ```

   Hier geschieht alles in einem einzigen Befehl.

Wir werden in einem anderen Zusammenhang zu Stapelmaschinen zurückkehren. Bei moderner Hardware haben wir es eigentlich nur noch mit Registermaschinen zu tun. Hier gibt es zwei Untergruppen, weil wir noch nicht genug Listen in diesem Abschnitt hatten:

1. Die ***load-store architecture***. Um Daten zu verarbeiten, müssen sie immer erst in ein Register geladen werden. Der Zugriff auf den Arbeitsspeicher erfolgt nur über spezielle Lade- und Speicherbefehle. Hier finden wir RISC-V wieder.
2. Die ***register-memory architecture***. Zumindest einzelne Befehle können auch direkt auf den Speicher zugreifen. Die x86-Familie von Intel und AMD gehört hierhin.

### 2.2.2 CISC vs. RISC

Der Befehlssatz erlaubt eine weitere Unterscheidung. ISA folgen traditionell zwei verschiedenen Philosophien:

1. »**Komplexe**« Befehlssätze, auf Englisch *Complex Instruction Set Computer* (CISC) genannt. Viele, zum Teil hoch spezialisierte Befehle, die aber jede Menge Arbeit auf einmal erledigen. Hierzu zählen die x86-Familie bei PCs oder die IBM Mainframes.
2. »**Reduzierte**« Befehlssätze, *Reduced Instruction Set Computer* (RISC), bei denen nur einfache Befehle benutzt werden, die aber dafür schneller ausgeführt werden können. Die bekanntesten Vertreter sind die Arm-Chips in mobilen Geräten und eben RISC-V.

Mit CISC lässt sich kompakterer Code schreiben, was früher wichtig war, weil Arbeitsspeicher vergleichsweise teuer war. Mit RISC können dagegen die Schaltkreise einfacher gehalten und der dadurch freigewordene Platz auf dem Chip kann etwa für weitere Register oder einen größeren Cache genutzt werden. Die Unterteilung hängt auch etwas von der Betrachtungsebene ab: Unter der Haube von CISC-Prozessoren verläuft die Bearbeitung zum Teil faktisch wie bei einem RISC-Kern ab.

### 2.2.3 Register

Bei den Registern interessieren uns zwei Dinge: erstens ihre »Wortbreite«, sprich, wie viele Bit sie groß sind. Wir sprechen auch von einem »Maschinenwort« oder der »Architekturbreite«. Zweitens, wie viele es davon gibt.

**Auf ein Wort**

Wie wir später genauer besprechen werden, haben die Schöpfer von RISC-V einfach ein »Wort« fest als 32 Bit definiert, ein »Halbwort« (*half word*) entsprechend als 16 Bit, ein »Doppelwort« (*double word*) als 64 Bit und schließlich ein »Quadwort« (*quad word*) als 128 Bit. Bei Solaris x86-Assembler ist ein Wort dagegen 16 Bit lang, und für 32 Bit wird *long* verwendet. Wir merken uns: Für RISC-V mag ein Wort auf 32 Bit festgelegt sein, für die restliche IT-Welt gilt das nicht.

Der 6502 kann in seinem Akkumulator nur Zahlen von 0 bis 255 auf einmal bearbeiten. Alles darüber, oder alles, was einen Übertrag zur Folge hat, muss in mehreren Stufen geschehen. Wir können die »Breite« eines Registers damit in gewisser Weise als den »Hubraum« verstehen: Je breiter, desto mehr kann auf einmal gemacht werden.

Der RISC-V verfügt dagegen über stolze 32 Register, eine außergewöhnlich hohe Zahl. Sie sind je nach Ausführung des Prozessors 32, 64 oder 128 Bit breit. Wir werden später sehr viel genauer darauf eingehen, im Moment merken wir uns: Der RISC-V kann richtig protzen.

Der 6502 hat zwar neben dem Akkumulator zwei weitere Register, sehr fantasievoll als X und Y bezeichnet. [LL] Diese sind aber für die Index-Adressierung bei Speicherzugriffen gedacht, was wir gleich erklären. Wichtig an dieser Stelle: Wir können Werte in diese Index-Register laden mit einem Befehl wie `ldx` für *load index register X from memory*. Wir können den Inhalt dieser Register sogar jeweils um eins erhöhen oder erniedrigen mit Befehlen wie `inx` oder `dey`. Aber wir können keine allgemeinen mathematischen Operationen ausführen. Es sind *spezialisierte* Register.

Allgemein verwendbare (*general purpose*) Register sind für Compiler-Bauer wertvoller als spezialisierte Register. Da Prozessoren heute mit Blick auf Compiler gebaut werden, neigen sie dazu, eher solche »GPR« anzubieten. Bei RISC-V sind 31 der 32 Register gleichwertig, nur eins tanzt aus der Reihe.

### 2.2.4 Programmzähler

Der Programmzähler (*program counter*, pc) ist eigentlich auch ein Register, wird aber bei RISC-V nicht dazugezählt. Die Breite dieses Registers bestimmt, wie groß der Adressraum des Prozessors ist, also wie viele einzelne Adressen im Hauptspeicher er zumindest theoretisch ansprechen kann. RISC-V hat in seiner RV32-Version einen 32 Bit breiten Programmzähler, womit vier MiB Speicher angesprochen werden können. Beim RV64 sind es mit 64 Bit 16 EiB (Exabyte).

Dabei wird die Breite der *Arbeitsregister* für die Klassifikation eines Prozessors benutzt, nicht die des Programmzählers. Der 6502 ist ein »8-Bit-Prozessor«, weil sein Akkumulator acht Bit breit ist. Der Programmzähler ist dagegen 16 Bit breit, womit er einen Befehlsraum von 64 KiB ansprechen kann, von 0x0000 bis 0xFFFF.

Es ist von Prozessor zu Prozessor unterschiedlich, ob wir direkt auf den Programmzähler zugreifen können. Die Chips von Arm erlauben dies, auch wenn es nicht empfohlen wird. Bei RISC-V müssen wir tricksen.

### 2.2.5 Weitere Hardwarebegriffe

Wir fassen hier einige weitere Begriffe zusammen, die wir irgendwann schon mal gehört haben sollten:

**Systemtakt.** Für die Koordination der Abläufe dient die *system clock*, ein periodisches Signal, das wie der Trommelschlag auf einer Galeere für die Abstimmung unter den Beteiligten sorgt. [RP] Sehr allgemein gilt: Je höher der Takt, desto leistungsfähiger der Prozessor. Diese Arbeitsgeschwindigkeit wird in Hertz (Hz) angegeben. Bei einer Frequenz von 1 GHz beträgt die Taktdauer eine Nanosekunde (ns), bei 1 MHz eine Mikrosekunde (µs) und bei 1 kHz eine Millisekunde (ms).

**Länge der Befehle.** RISC- und CISC-Prozessoren unterscheiden sich in der Praxis auch darin, wie viele Byte die Befehle im Speicher einnehmen. Bei RISC-V ist jeder Befehl 32 Bit lang – vier Byte –, egal ob die Registerbreite 32 oder 64 Bit beträgt. Bei x86 kann ein Befehl mehr als ein Dutzend Byte lang sein. Das muss eigentlich nicht schlecht sein: Wir könnten uns einen ISA vorstellen, bei dem die häufigsten Befehle in einem Byte kodiert sind, was die Gesamtlänge des Programms deutlich reduzieren würde. Speziell der x86-Befehlssatz ist aber historisch gewachsen und inzwischen wie Kraut und Rüben.

Um die Code-Dichte (*code density*) zu erhöhen, gibt es bei RISC-Prozessoren oft gesonderte, kürzere Befehlssätze. Bei Arm werden sie »Thumb« genannt, RISC-V bietet »komprimierte« 16-Bit-Befehle im C-Modul.

**ALU.** Wir haben gesagt, dass der Prozessor die eigentliche Arbeit macht. Genauer gesagt ist die *arithmetic logic unit* (ALU) dafür zuständig, die mathematischen und logischen Befehle auszuführen. Wir erwähnen es hier auch deswegen gesondert, weil das deutsche Wort »Rechenwerk« so schön ist.

**Interrupts.** Manchmal müssen wir den Prozessor bei der Arbeit unterbrechen (*to interrupt*), weil irgend etwas Dringenderes anliegt als der gegenwärtige Prozess. Das traditionelle Beispiel dafür war immer ein Telefon, das zur »Unterbrechung« klingelte. Damit müssen wir nicht alle paar Minuten abheben, um zu sehen, ob jemand am anderen Ende der Leitung ist. Schauen wir doch regelmäßig nach, sprechen wir von *polling*, von *poll* für die Umfrage, nicht für die Stange. Interrupts sind von zentraler Bedeutung für viele Arbeitsabläufe auf unterer Ebene, weswegen ein Buch wie [PR] ihnen fast 20 Seiten widmet. Wir lassen sie hier schweren Herzens wegen der Länge aus, aber auch weil sie von der konkreten Hardware abhängen.

## 2.3 Der Arbeitsspeicher

Der Arbeitspeicher (auf Englisch einfach *memory*, also »Gedächtnis«) löst ein grundsätzliches Problem aller heutigen Prozessoren: Sie haben kaum Platz auf dem Chip, um Daten aufzubewahren. Entsprechend werden die Daten im Arbeitsspeicher abgelegt und erst dann in den Prozessor geholt, wenn sie gebraucht werden. Der Preis dafür ist die Gewindigkeit, weswegen es jede Menge Tricks wie schnelle Zwischenspeicher (*caches*) gibt, um den Vorgang zu beschleunigen. Dazu kommen wir später.

Der Prozessor greift auf den Speicher über Adressen zu. Die klassische Darstellung ist eine Liste von kleinen Schachteln, jede davon ein Byte groß und jede mit einer »Hausnummer« in Hexadezimal.

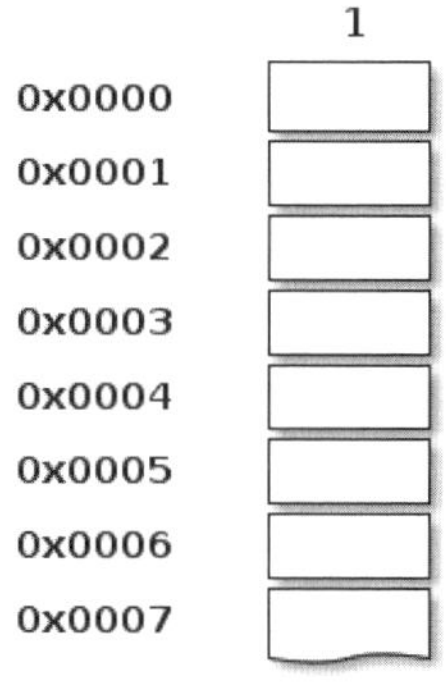


Die Adressnummern werden benutzt, um den Inhalt anzusprechen. In Pseudo-Code können wir etwa ein Byte aus der Speicherstelle `0x0002` in ein Register des Prozessors mit dem Namen `r` laden mit einem Befehl wie

```
load r, 0x0002
```

Bei diesem Ladevorgang wird der Inhalt der Speicherstelle nur kopiert, er ist danach noch im Speicher. Der Prozessor tut jetzt, was auch immer er mit dem Inhalt tun will. Danach können wir das Ergebnis wieder zurück in den Arbeitsspeicher schreiben, um das Register für etwas anderes benutzen zu können. In Pseudo-Code wäre das:

```
store r, 0x0002
```

Auch das ist ein Kopiervorgang.

In den meisten Situationen ist bei der Assembler-Programmierung nicht die absolute Adresse im Speicher wichtig. Stattdessen wird etwa bei Sprüngen relativ zum Programmzähler gearbeitet, also mit der Differenz, dem *offset*. Der Code ist unabhängig von seinem genauen Ablageort im Speicher (*position independent code*, PIC). Der Ort, von dem aus er nachher tatsächlich geladen wird, ist der *load point*.

### 2.3.1 Noch mal zur Wortbreite

Unser Schachtelbild des Speichers geht davon aus, dass jedes Byte im Speicher einzeln angesprochen werden kann – er ist *byte-addressable* und der ganze Computer damit eine »Bytemaschine«. Das ist so sehr der Normalfall bei modernen PCs, dass wir nicht weiter darüber nachdenken. Früher gab es allerdings Computer, bei denen der Speicher nicht Byte für Byte, sondern nur in ganzen Maschinenwörtern angesprochen werden konnte (*word-addressable*).

Allerdings haben wir gesehen, dass die Register inzwischen breiter sind als nur ein Byte. Entsprechend ist es für uns etwa beim RV32 geschickter, sich den Speicher in Einheiten von 32 Bit – vier Byte – vorzustellen. Dann haben wir:

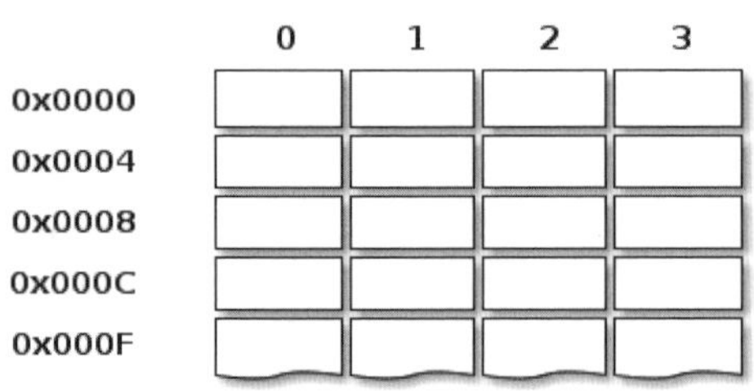


Wir sehen an der linken Seite, dass die Speicheradressen immer um vier Byte zulegen.

Auf der Binärebene hat das einen interessanten Nebeneffekt. Zählen wir in Viererschritten, bleiben die letzten beiden Bit immer 0:

```
0b0000
0b0100
0b1000
0b1100
```

Damit können wir schummeln: Für jede Adresse können wir die letzten beiden Bit ignorieren. Bei einer 32-Bit-Adresse müssen wir nur die ersten 30 Bit kennen und können dann zwei Nullen dranhängen, um die ganze Adresse zu erhalten.

Beim RISC-V wird dieses Verfahren tatsächlich angewandt, allerdings nicht mit 32-Bit-Adressen, sondern 16 Bit. Das liegt an den komprimierten Befehlen des C-Moduls, die 16 Bit breit sind. Entsprechend sind nicht die letzten beiden Bit immer eine Null, sondern nur das letzte:

```
0b0000
0b0010
0b0100
0b0110
```

Damit dieser Trick funktioniert, muss sichergestellt werden, dass die Befehle und auch Sprungziele immer richtig an den 16-Bit-Grenzen des Speichers ausgerichtet sind (*alignment*).

Auch bei RV64 bleibt wie besprochen die Länge der Befehle bei 32 Bit, die Register sind aber 64 Bit breit – acht Byte. Das können wir uns so vorstellen:

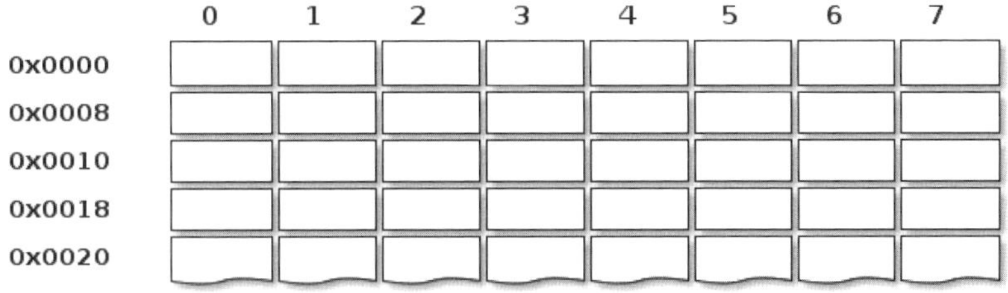


Auch bei einer Wortbreite von 64 Bit kann der Speicher beim RISC-V Byte für Byte mit besonderen Befehlen angesprochen werden.

Was passiert am Ende des Speichers, wenn die Adressen in Hexadezimal nur noch aus Fs bestehen und uns die Schachteln ausgehen? Oft geht es einfach von oben wieder weiter. Einen solchen »kreisförmigen« (*circular*) Speicher haben wir etwa bei RISC-V. Laden wir ab der Speicherstelle 0xFFFF_FFF0 32 Byte, stammen die zweiten 16 Byte von 0x0000_0000 bis 0x0000_000F. Im Englischen wird von einem *wrap-around* gesprochen.

### 2.3.2 Speicherarchitekturen

Wir haben bislang stillschweigend angenommen, dass es einen großen Speicher gibt, in dem Daten und Programme gemeinsam abgelegt werden. Das ist in der Tat bei PCs die häufigste Variante, die Von-Neumann-Architektur genannt wird, nach dem US-Mathematiker John von Neumann. Dabei ist der Prozessor über einen »Bus« – Daten- und Adressleitungen – mit dem Speicher verbunden.

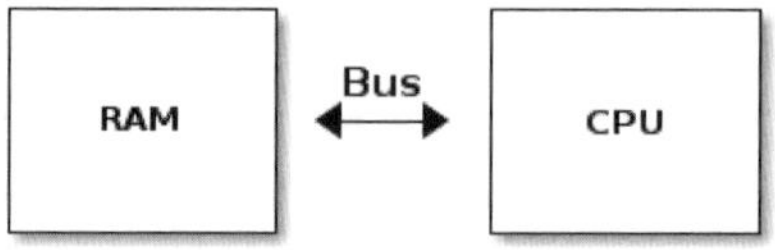


Besonders bei Mikrocontrollern kann es dagegen ein Modell geben, bei dem der Speicher für die Daten von dem für den Programmcode getrennt ist. Das ist die Harvard-Architektur.

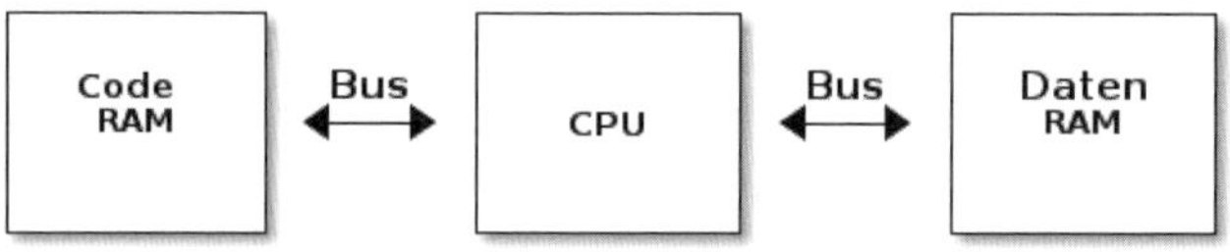


Diese Variante kann den Vorteil haben, dass die Daten und der Programmcode nicht über einen Bus gehen müssen, der zum Flaschenhals werden kann. Sie werden stattdessen getrennt aus den jeweiligen Speichern geladen, unter Umständen sogar gleichzeitig. In der Praxis hat die Hierarchie von Caches viele dieser Probleme gelöst. Wir werden in diesem Buch von einer Von-Neumann-Architektur ausgehen.

### 2.3.3 Ein- und Ausgabe über Adressen

Eigentlich wollten wir die Ein- und Ausgabe (kurz *I/O* nach dem Englischen *input and output*) hier ignorieren. Wenn wir schon beim Speicher sind, können wir aber kurz darauf hinweisen, dass auf der Hardwareebene die entsprechenden Geräte einfach in den Adressraum eingebunden werden. Beispielsweise könnte ein Zeichen auf den Schirm ausgedruckt werden, wenn wir das entsprechende ASCII-Byte etwa in 0xE000_FF0E abspeichern.

Dieses *memory-mapped I/O* genannte Verfahren macht es dem Programmierer besonders bei kleinen Systemen leicht und vereinfacht auch das Design des Prozessors. Die Probleme werden damit auf diejenigen abgewälzt, die den Rechner entwerfen. Die wichtigste Alternative bei kleineren Computern heißt *port-mapped I/O* und wurde bei dem großen Rivalen des 6502, dem Z80, angewandt. Die Ein- und Ausgabe wurde mit speziellen Befehlen `in` und `out` erledigt. Bei den Mainframes kümmert sich die CPU gar nicht um solche Trivialitäten: Die Ein- und Ausgabe werden an spezielle Koprozessoren als *channel I/O* ausgelagert. Damit kann eine enorme Leistung erzielt werden.

Bei RISC-V hängt es von der spezifischen Hardware ab. In unseren Beispielen werden wir den Befehl `ecall` benutzen, der uns die schmutzige Arbeit abnimmt.

### 2.3.4 Adressierungsarten

Jetzt, wo wir einen Überblick über die Funktion von Prozessor und Speicher haben, können wir die beiden Themen zusammenführen und über die Adressierungsarten (*addressing modes*) sprechen.

Bislang haben wir angenommen, dass ein Befehl etwa zum Laden von Daten in ein Register direkt auf eine Adresse zugreift. Da wir die konkrete Adresse angeben, ist sie »absolut«.

```
load r1, 0x1000      # lade Inhalt von Adresse 0x1000 nach r1
```

Was ist aber, wenn wir einen konkreten Wert in das Register laden wollen? Dann brauchen wir eine andere Adressierungsart. Da wir den Wert »unmittelbar« – also ohne Umweg über den Speicher – laden, sprechen wir vom *immediate mode* bei der Adressierung. Wie der Befehl dafür aussieht, ist von ISA zu ISA unterschiedlich. Bei RISC-V wird dem Befehl ein »i« angehängt, aus `add` wird damit `addi`. Beim 6502 wird dem Parameter ein »#« vorangestellt:

```
lda #1      # lade die Zahl 1 in den Akkumulator
```

Wir können uns aber auch Situationen vorstellen, wo es nützlich ist, eine absolute Basisadresse und den Inhalt eines Registers zu addieren, um die endgültige Adresse zu erhalten. Wir sind solchen speziellen »Index«-Registern X und Y bereits beim 6502 begegnet, der Trick funktioniert aber auch mit GPR bei Prozessoren wie RISC-V. In Pseudo-Code:

```
load r1, 0x1000, r2      # lade Inhalt von Adresse 0x1000+r2 nach r1
```

Wenn `r2` zunächst 0 ist, wird `r1` aus der Speicherstelle 0x1000 gefüllt. Erhöhen wir `r2` um eins, ist die endgültige Adresse 0x1001, und so weiter. Logischerweise sprechen wir von der »Index-Adressierung«.

Wir können uns noch viele andere Adressierungsarten ausdenken. So könnten wir die Adresse in einem Register ablegen und dann darüber auf die Daten zugreifen. Oder wir legen die Adresse in eine *andere* Speicherstelle ab und greifen dann »indirekt« darauf zu.

```
load r1, (r2)          # indirekt, Adresse in r2
load r1, (0x1000)      # indirekt, Adresse in 0x1000
```

Aber damit nicht genug. Wir könnten eine »indirekte Index-Adressierung« nutzen, die so aussehen könnte:

```
load r1, (0x1000), r2
```

Dabei würden wir die endgültige Adresse so bilden, dass wir den Inhalt der Speicherstelle 0x1000 als Basis nehmen und dann den Inhalt von r2 hinzufügen. Als Variante können wir *zuerst* Basis und Index addieren und *dann* aus der so gebildeten Adresse die eigentliche Zieladresse laden:

```
load r1, (0x1000, r2)
```

Das wird alles sehr schnell sehr kompliziert, und die Fehlersuche bei Code-Abschnitten mit solchen Befehlen ist ein Albtraum. Aber eine Vielzahl von Adressierungsarten kann dabei helfen, den Code möglichst klein zu halten. Das war wichtig, als Speicher vergleichsweise teuer war und es keine Caches gab. Dafür wurde der Prozessor komplizierter. Zur RISC-Philosophie gehört, wenige Adressierungsarten zu benutzen und im Gegenzug die CPU schlank, einfach und schnell zu bauen – so schnell, dass die ganzen Adressierungsarten nicht benötigt werden.

**Boomer-Chipdesigner im Adressierungsrausch**

Der 65c02, eine spätere Variante des 6502, führt stolze 16 Adressierungsarten ins Feld:

*Absolute, Absolute Indexed Indirect, Absolute Indexed with X, Absolute Indexed with Y, Absolute Indirect, Accumulator, Immediate, Implied, Program Counter Relative, Stack, Zero Page, Zero Page Indexed Indirect, Zero Page Indexed with X, Zero Page Indexed with Y, Zero Page Indirect, Zero Page Indirect Indexed with Y*

Bei einem Speicher von maximal 64 KiB war damals schon etwas Fantasie gefragt. Die *Zero Page* ist beim 6502 der Speicherabschnitt von 0x0000 bis 0x00FF, der sich besonders schnell und mit kürzeren Befehlen ansprechen lässt.

# 3 Code

Damit lassen wir die Hardware endgültig hinter uns, denn dies ist ein Buch übers Programmieren. Schauen wir jetzt, wie wir der Maschine Leben einhauchen.

## 3.1 Noch mehr Geschichte

Bei Prozessoren, die nicht aus Hamsterrädern bestehen, werden die Befehle an den Computer auf der untersten Ebene aus elektrischen Signalen gebildet. Für Menschen ist das fürchterlich unpraktisch: Um ein Programm einzugeben, muss dann der Strom physisch umgeleitet werden. In den 1940er Jahren wurde beispielsweise ENIAC so programmiert – ein elektronischer Universalrechner, der als tonnenschweres Monster mit fast 18.000 Elektronenröhren daherkam und etwa für Berechnungen von Artillerie-Tabellen und die Entwicklung der Wasserstoffbombe verwendet wurde. [AF]

> *Für jeden einzelnen Befehl einer Aufgabe musste eine Anzahl von Drähten gesteckt werden, Tausende davon jedes Mal, wenn ein Durchlauf für ein Problem beginnen sollte; und dazu waren mehrere Tage nötig und viele weitere Tage, um das zu überprüfen.*
>
> *–Franz L. Alt, Archaeology of Computers (1972)*

Die langwierige Arbeit mit Steckkabeln und Drehschaltern wurde ursprünglich von sechs Frauen vorgenommen, die heute als die *ENIAC Six* bekannt sind. [KK] Aus dieser Zeit soll der Begriff *breakpoint* stammen, von *breaking the point*, als eine von ihnen bei der Fehlersuche einfach ein Kabel herauszog. Die Frauen erhielten eine sechswöchige Einführung. Handbücher im heutigen Sinne gab es nicht, ihnen wurden einfach die Baupläne und Schaltdiagramme der Maschine in die Hand gedrückt. »*ENIAC was a son of a b(itch) to program*«, sagte später eine von ihnen, Jean Jennings. [SC]

## 3.2 Maschinensprache

So ging das nicht weiter. Nun können elektrische Signale leicht als Binärzahlen dargestellt werden, wie wir gesehen haben. Das erlaubt eine erste Vereinfachung: Wir können feste Befehle für die Maschine definieren und diese als Zahlen eingeben. Das ist die »Maschinensprache« (*machine language*). Sie ist bis heute die unterste Ebene des Codes, das Einzige, was der Computer wirklich versteht.

**Gut, nicht *ganz* unten**

Maschinensprache ist nicht immer die alleralleruntersteste Ebene. Die Befehle werden in der CPU oft über »Mikrocode«-Programme verwirklicht. Normalsterbliche Anwender haben darauf allerdings keinen Zugriff. Einen Überblick gibt Mark Smotherman, [SM] aber vielleicht spannender ist wie Tracy Kidder in *The Soul of a New Machine* Mikrocode-Programmierer über das gespenstische Gefühl bei ihrer Arbeit berichten lässt. [KT]

Nehmen wir den einfachsten Befehl von RISC-V, der dem Prozessor sagt, dass er gar nichts tun soll – ein »Leerbefehl«. Er sieht binär so aus:

```
0000_0000_0000_0000_0000_0000_0001_0011
```

Der Befehl lautet entsprechend in Hex:

```
0000_0013
```

Maschinensprache ist von Prozessor zu Prozessor drastisch unterschiedlich. Beim 6502 lautet der entsprechende Befehl `0xEA`, bei x86-CPUs `0x90`, bei IBM System/360 Mainframes `0x4700_0000`.

Maschinensprache ist dann auch das, was wir sehen, wenn wir uns die einzelnen Byte eines Computerprogramms anschauen. Eine derartige Darstellung wird *hex dump* genannt von *to dump*, »auskippen«. Hier der Anfang eines 6502-Programms:

```
00007010  78 a2 00 bd 2c f0 f0 06  20 27 f0 e8 80 f5 4c 00  |x...,... '....L.|
00007020  80 ad 04 f0 f0 fb 60 8d  01 f0 60 00 54 61 6c 69  |......`...`.Tali|
00007030  20 46 6f 72 74 68 20 32  20 64 65 66 61 75 6c 74  | Forth 2 default|
00007040  20 6b 65 72 6e 65 6c 20  66 6f 72 20 70 79 36 35  | kernel for py65|
00007050  6d 6f 6e 20 28 31 38 2e  20 46 65 62 20 32 30 31  |mon (18. Feb 201|
00007060  38 29 0a 00 00 00 00 00  00 00 00 00 00 00 00 00  |8)..............|
00007070  00 00 00 00 00 00 00 00  00 00 00 00 00 00 00 00  |................|
```

Das Ganze können wir uns als eine Art Auszug des Speichers vorstellen. Die erste Spalte ist die Adresse, dann folgen die Byte in Hex-Darstellung und schließlich die ASCII-Zeichen so weit wie möglich. Daran sehen wir, dass hier Programm und Daten erfasst wurden.

Bei einfachen Prozessoren können wir durchaus direkt in Maschinensprache programmieren. Das war bei den 8-Bit-Prozessoren in den 1980er Jahren üblich.

Auf diese Weise wurden ganze Programme in Zeitschriften abgedruckt, die sogenannten *type-in programs*. Wie wir sehen werden, sollten wir speziell bei RISC-V um Maschinensprache einen sehr weiten Bogen machen.

## 3.3 Assembler

Auch Hex-Zahlen schlagen auf Dauer aufs Gemüt. Im nächsten Schritt geben wir daher den Maschinensprache-Befehlen Namen, die ihre Funktion beschreiben. Bei unserem Beispiel `0x0000_0013` würde sich *do nothing* oder *just chill* anbieten, aber das klingt nicht gut, wenn jemand von der Verwaltung vorbeischaut und wissen will, was die teure Maschine macht. Traditionell heißt der Befehl *no operation*. Entsprechend können wir *multiply* oder *load* als Namen für die jeweiligen Befehle einführen. Das kann ziemliche Blüten treiben: Wir werden den RISC-V-Befehl *Add Immediate, Scaled by 16, to Stack Pointer* kennenlernen.

Solche Namen sind viel zu lang, um sie über tausende Zeilen einzutippen. Sie bilden jedoch die Grundlage für die Abkürzungen – die *mnemonics*, eingedeutscht als »Mnemonik« –, mit denen wir tatsächlich arbeiten.

```
nop
```

Interessanterweise sind sich diese Abkürzungen wiederum über verschiedene Prozessoren hinweg sehr ähnlich. So lautet der Tu-nix-Befehl beim 6502, IBM System/360, x86 und Arm `nop` oder `NOP`.

### 3.3.1 Opcode und Operand

Bei einem Assembler-Befehl unterscheiden wir zwei Teile: den eigentlichen Befehl als »Opcode« und die Parameter, die »Operanden« genannt werden.

```
add rd, rs1, rs2
```

Zur Benennung der Operanden: In das Ziel-Register `rd` (*register, destination*) wird das Ergebnis der Addition von `rs1` (*register, source 1*) und `rs2` abgelegt. In einigen Fällen wird eines – und bei RISC-V nur eines – der Register durch eine konkrete Zahl ersetzt. Der Opcode erhält dann wie bereits besprochen meist ein `i` am Ende für *immediate* (seltener auch *literal* genannt):

```
addi rd, rs1, i
```

Wir werden in den Abschnitten über RISC-V die einzelnen Befehle ausführlich vorstellen.

# 4 Umgebung

Alle diese Überlegungen sind zwar wunderbar, aber am Ende müssen wir nicht nur Dinge wissen, sondern auch Dinge tun.

## 4.1 Werkzeuge

*In pioneer days they used oxen for heavy pulling, and when one ox couldn't budge a log, they didn't try to grow a larger ox. We shouldn't be trying for bigger computers, but for more systems of computers.*

*–Grace Hopper, The Wit and Wisdom of Grace Hopper (1987)*

Programme, egal in welcher Sprache, werden mit einem Editor oder in einer Entwicklungsumgebung (*integrated development environment*, IDE) erstellt. Sie liegen als einfache Textdateien vor, mit Endungen wie `.c` für C und `.rs` für Rust sowie `.asm`, `.s` oder `.S` für Assembler. Wer nur in Hochsprachen programmiert, ist es wahrscheinlich gewohnt, mit einem einzigen Befehl von dort aus zu einer ausführbaren Binärdatei zu kommen. Eigentlich passiert aber traditionell das hier:

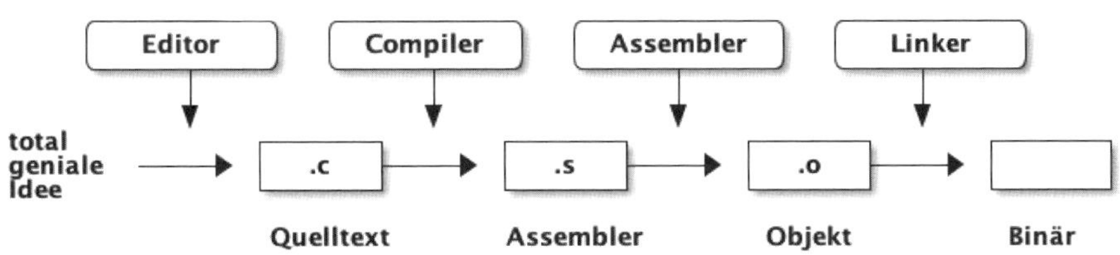


Das Bild ist vereinfacht. Nicht immer wirft der Compiler Assembler-Code als Zwischenschritt aus, und der Linker benötigt von Natur aus auch zusätzliche Dateien und Bibliotheken. Wir können dem Compiler sagen, dass er neben dem eigentlichen Code auch ein *listing* erstellen soll, eine Version des Assembler-Codes, die nicht ausführbar, aber für Menschen einfacher zu lesen ist.

Bei RARS sind diese Schritte zu einem Arbeitsgang vereint. Beim GCC können wir entweder den Assembler getrennt aufrufen oder einfach dem Compiler sagen, dass er sich mit dem Assembler-Quellcode beschäftigen soll. Daher trennen wir in diesem Buch beim GCC nicht immer scharf zwischen den Begriffen »Compiler« und »Assembler«.

Wir werden hier nicht die einzelnen Programme im Detail vorstellen. Zum einen würde das zu viel Platz wegnehmen, zum anderen ändern sich die Details rapide. Das gilt insbesondere für den mächtigen Neuzugang in unserem Werkzeugkasten.

## 4.2 Künstliche Intelligenz

Es fällt manchmal schwer, technologische Revolutionen nicht persönlich zu nehmen. Die erste Rohversion dieses Buches war gerade fertig, als die generative Künstliche Intelligenz (KI) ChatGPT von OpenAI einschlug. Die Faszination wurde gedämpft von der Erkenntnis, dass große Teile dieses Buchs umgeschrieben werden mussten. Im Laufe der folgenden Monate wurde ChatGPT zu allem Übel auch noch immer besser. Andere KI-Systeme drängten auf den Markt, eins mächtiger als das vorherige.

Da dieses Buch irgendwann zum Druck musste, müssen wir damit leben, dass der Stand der KI-Technik jetzt deutlich weiter ist als zum Zeitpunkt der (übrigens trotzdem pünktlichen) Manuskriptabgabe. Kein Teil dieses Buches dürfte so schnell überholt sein wie diese Ausführungen zu KI. Schon deswegen isolieren wir sie in eigenen Abschnitten.

Allerdings ist gerade die Assembler-Programmierung ein Feld, in dem die Auswirkungen der intelligenten Helferinnen beschränkter sein dürften als etwa bei Hochsprachen. Denn es gibt bereits seit Jahrzehnten Maschinen, die hervorragenden Assembler-Code auswerfen: Sie heißen »Compiler« und ihre Erfindung in den 1950er Jahren wird der US-Mathematikerin Grace Hopper zugeschrieben. [M1] In der Praxis dürfte sich der oben beschriebene Ablauf durch KI eher so verändern:

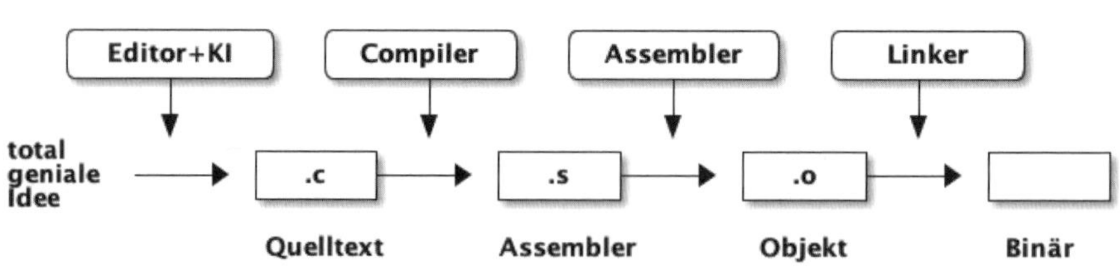


Auch das ist vereinfacht dargestellt, denn schon die total geniale Idee könnte aus einem Brainstorming mit einer KI entstanden sein. Zwar wurde die Technologie zuerst als »Copilot« in die IDEs eingebaut. Langfristig dürfte sie in alle Arbeitsschritte einfließen, irgendwie.

Was dabei abzusehen ist: Unsere Helferin wird uns zwar die Arbeit in vielen Punkten erleichtern, aber sie wird sie bestimmt nicht komplett für uns erledigen. Auch die Einführung des Taschenrechners erleichterte das Leben von Steuerberatern dramatisch und läutete eine Welt ein, in der einfache Rechenfehler praktisch ausgestorben sind. Die Zunft selbst gibt es immer noch, sie benutzt nur jetzt weniger Radiergummis.

Abzusehen ist ebenfalls, dass die neue Technologie neue Probleme mit sich bringt. Wie bei der Sprache neigen KIs bei der Programmierung zu Konfabulationen (»Halluzinationen«). Solcher Code sieht zwar wunderschön aus und die Maschine kann ihn auch mit einem verführerisch unerschütterlichen Selbstvertrauen erklären. Leider ist er komplett falsch. Das ist dummerweise bei Assembler noch schwieriger zu erkennen als bei Hochsprachen.

**Der Fluch der späten Geburt**

Speziell bei RISC-V könnte es ein Problem mit KI-erzeugtem Code geben. Als ChatGPT Anfang der 2020er Jahre trainiert wurde, gab es vergleichsweise wenige RISC-V-Programme auf der Welt und schon gar keine große Mengen an gutem, sauber geschriebenen Codes. Alle nach etwa 2023 trainierten KI sind allerdings mit dem Problem konfrontiert, dass sie Material aufnehmen könnten, das selbst von KIs erzeugt wurde – Forscher sprechen von der Gefahr eines *model collapse* als apokalyptischen Endzustand einer solchen Entwicklung. [OD] Ob das alles in der Praxis wirklich ein Problem ist, wird sich zeigen müssen.

Entsprechend führt auch mit KI kein Weg daran vorbei, sich das notwendige Wissen anzueignen. Wir werden daher in diesem Buch Assembler so erklären, dass wir notfalls unsere Programme mit Feder und Tinte auf Papyrus schreiben könnten. Wo es sich anbietet, werden wir jeweils auf lohnenswerte Stellen für den Einsatz von KI hinweisen. Später, wenn wir mehr Ahnung haben, gehen wir in einem eigenen Abschnitt auf die Möglichkeiten ein, schneller und mit weniger Fehlern arbeiten zu können.

## 4.3 Quellcode

Da wir hier erstmal Assembler quasi per Hand schreiben, müssen wir uns mit dem Format der entsprechenden Dateien beschäftigen. Sie erhalten bei RARS die Endung `.asm` und beim GCC `.s` oder `.S` – den Unterschied besprechen wir später. Assembler-Code ist zeilenbasiert mit höchstens einem Befehl pro Zeile. Eine verpflichtende Formatierung ist von den Machern von RISC-V nicht vorgegeben worden. Es gibt leider auch kein standardisiertes Formatierungsprogramm wie `rustfmt` bei Rust.

Also müssen wir uns selbst behelfen. In diesem Buch unterscheiden wir vier verschiedene Spalten für »Label«, »Direktiven«, »Befehle« und »Kommentare«.

- Ein **Label** markiert ein Ziel für Sprünge, Verzweigungen sowie den Anfang von Datenfeldern und Strings. Er fängt immer ganz links in der Zeile an und endet immer mit einem Doppelpunkt. Unsere Labels sollten nicht mit einem Punkt oder Unterstrich beginnen, weil diese Zeichen besondere Bedeutungen haben können.
- Eine **Direktive** ist eine Anweisung an den Assembler. Sie fängt mit einem Punkt an. Einige Direktiven haben Parameter.
- Ein **Befehl** ist eine Anweisung an den Prozessor, die der Assembler in Maschinensprache umsetzt – der Grund, warum wir das alles überhaupt machen. Die Mnemonik bei RISC-V ist einheitlich, es gibt nicht wie bei x86 so etwas wie Intel- und AT&T-Varianten für die Befehle.
- **Kommentare** sind für Menschen gedacht und fangen mit dem numerischen Zeichen # an. Sie können allein in einer Zeile stehen oder kommen ans Ende nach allen anderen Elementen.

Die einzelnen Spalten trennen wir durch einen Tabulator von acht Leerzeichen. Labels und Direktiven stehen oft allein in einer Zeile, um die Lesbarkeit zu verbessern.

```
hierher:
        .assembler_tu_was
                nop     # Der Befehl tut nix
                nop     # immer noch nicht
                nop     # das reicht jetzt
```

Am Ende des Buches gehen wir ausführlicher auf die Formatierung ein.

### 4.3.1 Sektionen

Beim Aufbau eines Programms unterscheiden wir verschiedene Abschnitte (*sections*), je nachdem, ob dort Code oder Daten gelagert werden. Dem Assembler erklären wir das mit Direktiven.

| Direktive | Sektion |
|---|---|
| .text | ausführbarer Code |
| .data | initialisierte Daten, die gelesen und geschrieben werden |
| .rodata | *(read-only data)* initialisierte Daten, die nur gelesen werden |
| .bss | *(block started symbol)* nicht initialisierte Daten |
| .noinit | nicht initialisierte Daten |

Im Quelltext können wir viele derartige Sektionen definieren. Unsere Werkzeuge kümmern sich darum, sie intern richtig anzuordnen.

Die mit `.text` markierten Abschnitte sind für die eigentlichen Assembler-Befehle gedacht. Sie können nicht überschrieben werden, denn selbst modifizierenden Code mögen Assembler und Compiler (meist) gar nicht. Da wir auf Sicherheit und Ordnung bedachte Menschen sind, die bei Rollenspielen immer als Charaktereigenschaft *lawful good* wählen, könnten wir das auch nicht gutheißen.

In `.rodata` werden Strings, Konstanten und andere unveränderliche Daten abgelegt. Bei `.data` sind Änderungen dagegen vorgesehen und erlaubt. Mit `.bss` markieren wir einen Speicherbereich, der vom Betriebssystem mit Nullen initialisiert wird, und in den wir ebenfalls Daten schreiben können. Die Abkürzung steht für *block starting symbol*, was auf die 1950er Jahre zurückgeht und heute keinerlei Bedeutung hat. Die Größe der Sektionen `.data` und `.bss` können wir mit der Direktive `.space` bestimmen, die die Anzahl von Byte als Parameter übergibt.

Die Direktive `.noinit` (von *no initialization*) markiert bei Embedded-Systemen einen Speicherbereich, der gar nicht initialisiert wird. Damit bleibt der Inhalt auch über einen Reset hinaus erhalten. [RP]

Ganz so einfach ist das leider dann doch nicht. RARS kennt `.rodata` und `.bss` nicht, nur `.data`. Der GCC will dagegen ausdrücklich die Direktive `.section` vorangestellt haben:

```
        .section .bss
mein_puffer:
        .space 256
```

### 4.3.2 Datenarten

Es gibt bei Assembler keine Datentypen wie bei Hochsprachen. Bestimmte Direktiven sagen dem Assembler allerdings, was er zu erwarten hat, und damit auch, wie er Daten speichern soll.

| Direktive | Datenart |
|---|---|
| .ascii | strings in Anführungsstrichen, ohne 0 am Ende |
| .asciz | strings in Anführungsstrichen, mit 0 am Ende |
| .byte | speichert Daten in Einheiten von 8 Bit |
| .hword | speichert Daten in Einheiten von 16 Bit |
| .word | speichert Daten in Einheiten von 32 Bit |
| .dword | speichert Daten in Einheiten von 64 Bit |
| .space | reserviert eine gegebene Anzahl von Byte |

Fast immer gehört zu einer solchen Definition auch ein Label. Die Einträge selbst werden durch Kommata getrennt.

```
        .section .rodata

unsere_katzen:
        .asciz "Twiggy", "Juniper Berry", "Boogie"
        .asciz "Minka", "Timmie", "The Doctor", "Tribbles"
```

Daneben gibt es Synonyme wie `.2byte`, `.4byte` und `.8byte`, weil die Definition von *word* von Maschine zu Maschine unterschiedlich sein kann.

**Bitte keine Fäden ziehen**

Ein Synonym für `.asciz` ist `.string`. Diese Direktive vermeiden wir in diesem Buch, weil sie in Zeiten von Unicode Verwirrung stiftet. Wir sollten stattdessen ausdrücklich darauf hinweisen, dass wir ASCII verwenden, und ebenso ausdrücklich, ob unsere Zeichenkette mit einer Null abgeschlossen wird.

### 4.3.3 Definitionen

Um uns nicht irgendwelche Zahlen im Quellcode als *magic numbers* merken zu müssen und für andere Vereinfachungen können wir Symbole definieren. Dazu dient die Direktive `.eqv` (bei RARS) oder `.equ` (beim GCC). Das Format ist jeweils anders: RARS will *kein* Komma und erlaubt *keine* Berechnungen.

```
    .eqv ADAMS 42
```

GCC will dagegen ein Komma nach dem von uns vergebenen Symbolnamen in der `.equ`-Direktive und erlaubt Berechnungen. In beiden Fällen schreiben wir die Symbole als Konstanten in VERSALIEN.

# 5 Konzepte

In diesem Abschnitt lassen wir die einzelnen Bausteine der Hardware und die Grundlagen des Codes hinter uns und steigen hinauf in höhere Sphären: Wir stellen grundlegende Strukturen und wiederkehrende Prinzipien der Programmierung vor. Auch hier gilt: Wer sich sicher fühlt, kann diesen Abschnitt überspringen.

»Springen« ist sonst unser erstes Stichwort.

## 5.1 Sprünge

Bei Sprüngen (*jumps*) wird die Ausführung an einer anderen Stelle des Programms fortgesetzt. Diese kennzeichnen wir mit einem Label.

```
        j most_successful_single
                  ...
most_successful_single:
```

In diesem Beispiel wird der Sprung *immer* ausgeführt. Es handelt sich daher um einen »unbedingten Sprung« (*unconditional jump*). Das entspricht einem `goto` bei Hochsprachen.

**Wir müssen gehen**

Wer jetzt unruhig wird, hat die ersten Programmierschritte vermutlich im Nach-BASIC-Zeitalter gemacht und gelernt, dass `goto` unbedingt vermieden werden muss. Die Vorbehalte gehen auf einen Brief von Edsger Dijkstra von 1968 zurück mit dem Titel »*Goto Statement Considered Harmful*«. [DE] Sein Vorschlag war, mit strukturierten Komponenten die Gefahr von »Spaghetticode« zu minimieren. Bei Assembler haben wir schlicht keine Wahl – hier ist alles irgendwie ein `goto`. Wir müssen selbst für eine klare Struktur sorgen, auch wenn Hamster klaglos Spaghetti fressen.

## 5.2 Verzweigungen

Sprünge sind nützlich, aber um als richtiger Computer zu gelten, dürfen einige nur unter bestimmten Bedingungen erfolgen (*conditional execution*). Wir sprechen hier von »Verzweigungen« (*branches*). In Hochsprachen sind das die »Wenn-Dann«-Kontrollstrukturen, auf Englisch *if-then* oder *if-then-else*.

Das Verfahren ist in Assembler oft zweistufig. Zuerst wird ein Vergleich vorgenommen, etwa ob ein Register den Wert Null enthält. Die Maschine merkt sich das Ergebnis als »Fahne« (*flag*). Im nächsten Schritt wird abhängig von dieser Flag an eine bestimmte Stelle »verzweigt« oder der nächste Befehl ausgeführt. Der Vergleich (*compare*) und die Verzweigung sind zwei getrennte Befehle. In Pseudo-Code:

```
        cmp r1, r2         # "compare", setzt Flag
        beq jefferson      # "branch if equal", Sprung wenn r1 = r2

        ...
jefferson:
```

Bei RISC-V werden Vergleich und Verzweigung dagegen zu einem Befehl verschmolzen (*fused compare-and-branch*).

```
        beq r1, r2, jefferson
        ...
jefferson:
```

Dieser Ansatz wurde unter anderem gewählt, damit der Prozessor keine Flags unterstützen muss.

## 5.3 Schleifen

Sobald wir Verzweigungen haben, können wir Schleifen (*loops*) bauen, also Programmabschnitte wiederholen. Es werden zwei Arten von Schleifen unterschieden: bedingte Schleifen (*conditional loops*), die so lange laufen, wie eine Bedingung erfüllt ist, und numerische Schleifen (*counted loops*), die eine bestimmte Anzahl von Wiederholungen ausführen. Ein Beispiel für die erste Art von Schleife sieht in Python so aus:

```
while is_overrated:
    remember(0xE2F8A)
    is_overrated = check(note_g)
```

Eine numerische Schleife benötigt drei Dinge:

1. Der Anfangszustand muss hergestellt werden (Initialisierung).
2. Die Durchläufe müssen kontrolliert werden.
3. Der Zustand muss nach jedem Durchlauf angepasst werden.

Etwa in C:

```
for (i=0; i<75; i++) {
        ... // dies geschieht immer wieder
}
```

Eine geschickt geschriebene Assembler-Schleife kann den Code massiv beschleunigen, weswegen wir viel Zeit mit dem Thema verbringen werden.

## 5.4 Stapel

Ein Stapel (*stack*) ist eine sehr häufig benutzte Datenstruktur, bei der die einzelnen Elemente wie Teller aufeinandergelegt werden. Daten werden immer »oben« hinzugefügt und auch von oben wieder entfernt. Formell sprechen wir von einer *last in*, *first out* (LIFO) Datenstruktur.

Stapel haben ein eigenes Vokabular und kommen mit komischen Konventionen daher. Sie »wachsen« (*to grow*) und »schrumpfen« (*to shrink*). Neue Daten werden auf den Stapel »gelegt«, wofür es das Fachverb *to push* gibt. Wenn wir die Daten wieder »herunternehmen«, heißt es *to pop* oder *to pull*. Ein Stapel wächst traditionell von »oben« nach »unten« im Speicher. »Oben« ist da, wo die Adressen größer sind, »unten« entsprechend in Richtung 0x0000_0000. Merksatz: »Unten im Stapel ist oben im Speicher.«

**Wer hat kein Grab im Keller?**

Es gibt noch seltsamere Begriffe. Alan Turing nutzte 1946 im Zusammenhang mit Rücksprungadressen von Subroutinen *bury* (»vergraben«) und *unbury*. [CB] In Deutschland erhielten Klaus Samelson und Friedrich Bauer 1957 ein Patent für das »Kellerprinzip«, wie es damals hieß, weswegen es die Begriffe »Kellerspeicher« und »Operationskeller« sowie »einkellern« und »auskellern« gab. Andere verloren gegangene deutsche Wörter sind »Analysator«, »Vorentschlüssler« und »Diskriminatorregister«. [LH]

Leider ist die Computerwissenschaft voller Schaubilder, in denen die niedrigen Speicheradressen eines Stapels – also »unten« im Speicher – *oben* gezeichnet sind. Offenbar wird die Sache mit den Tellern zu ernst genommen, und die Leute haben Angst, die Daten könnten vom Blatt fallen, wenn der Stapel nach unten zeigt. Wir malen »oben im Speicher« im Bild dort, wo es hingehört, oben auf dem Blatt. Der Stapel wächst nach unten, im Speicher und auf dem Papier.

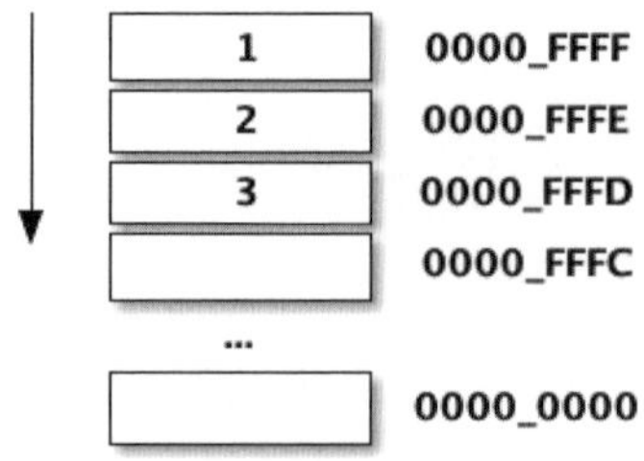


Was soll das mit dem »unten ist oben« bei Stapeln? So kann er sich den freien Platz mit einer anderen zentralen Datenstruktur, dem *heap* (»Haufen«), teilen. Der Heap wächst von unten nach oben.

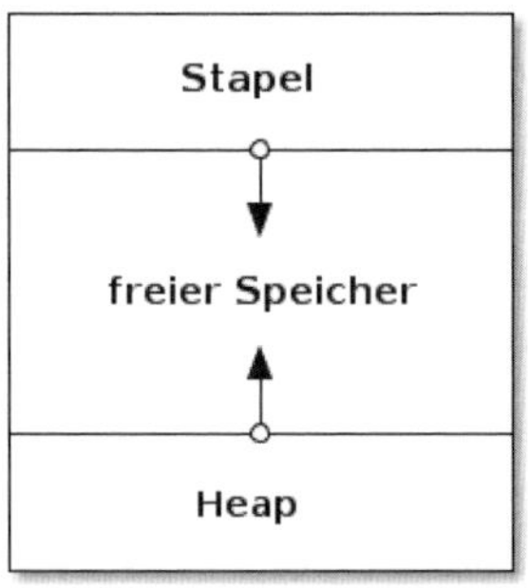


Egal wo oben ist, der Prozessor muss sich merken können, wo im Speicher der oberste Wert des Stapels liegt. Dazu gibt es den »Stapelzeiger« (*stack pointer*), der ein eigenes Register erhält. Bei RISC-V heißt dieser entsprechend `sp`. Bei einigen Prozessoren verweist der Zeiger auf die nächste freie Stelle auf dem Stapel, bei anderen wie RISC-V auf den obersten, jüngsten, zuletzt hinzugefügten Eintrag. Das hat Konsequenzen für den Anfangszustand, bei dem der Stapel leer ist: Dann zeigt `sp` auf die Speicheradresse *über* dem Stapel, was in unserem Bild 0x0001_0000 wäre. Das ist der »Initialwert« des Stapelzeigers.

In Programmiersprachen, die viel mit Stapeln arbeiten wie Forth, wird der aktuelle, oberste Wert *top of stack* (TOS) abgekürzt. Der Wert darunter heißt wenig originell *next on stack* (NOS). Wer unbedingt will, kann den dritten Wert als 3OS für *third on stack* (3OS) bezeichnen. Fassen wir das in einer neuen Version unseres Schaubildes zusammen:

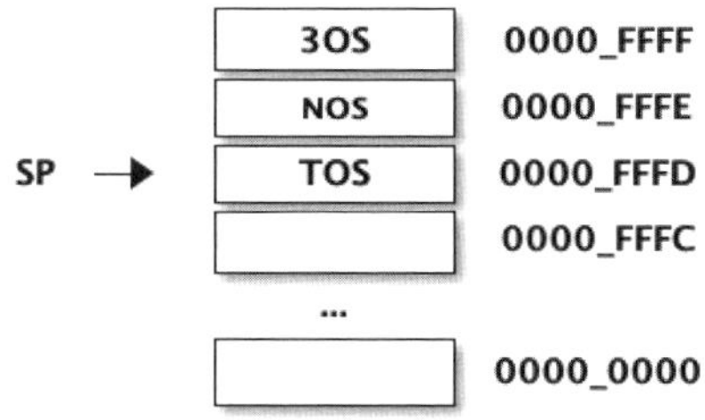


Aus Forth stammt auch eine Notation für Kommentare, die den Zustand des Stapels und auch Veränderungen beschreibt. Die einzelnen Elemente werden in diesen »Stapelbildern« von links nach rechts in runden Klammern aufgeführt, wobei der oberste, jüngste Wert rechts steht. Um zu zeigen, wie sich der Stapel bei einer Operation verändert, trennen wir das Vorher/Nachher-Bild durch doppelte Minuszeichen. [CE]

```
drop ( a b -- a )         # TOS verwerfen
dup ( a -- a a )          # TOS doppeln ("duplizieren")
swap ( a b -- b a )       # TOS und NOS tauschen
```

Die runden Klammern markieren in Forth einen Kommentar und können damit auch irgendwo im Code auftauchen. Wir haben für die Elemente des Stapels Buchstaben gewählt. In der Praxis ist es nützlicher, die Verwendung zu beschreiben:

| Typ | Abkürzung für | Typ |
|---|---|---|
| n oder i | *number, signed* | Zahl mit Vorzeichen |
| u | *number, unsigned* | positive Zahl |
| f | *flag* | Bool |
| addr | *address* | Adresse |

Stapel sind so nützlich, dass viele Prozessoren eigene Befehle für sie bereitstellen, oft `push` und `pop`. Wie wir später sehen werden, ist das bei RISC-V nicht der Fall. Das kann lästig sein, weil wir alles per Hand machen müssen, es erlaubt aber eine große Flexibilität.

## 5.5 Subroutinen

Nehmen wir an, wir sind in einem Hotel eingeschneit und müssten dort eigentlich arbeiten, aber drucken stattdessen aus Frust immer wieder denselben Satz aus. In einer Hochsprache würden wir hier eine Funktion verwenden, wenn eine Schleife nicht ausreicht. Bei Assembler greifen wir auf eine Subroutine zurück.

Eine Subroutine erhält wie bei einem normalen Sprung ein Label, zu dem wir hinspringen, nur mit einem etwas anderen Befehl wie `jal` für *jump and link*. Der Prozessor merkt sich dann, wo wir hergekommen sind – die Rücksprungadresse (*return address*) –, indem er sie in ein Register packt (bei RISC-V) oder auf den Stapel schiebt (andere Prozessoren). Im folgenden Beispiel sorgt der Befehl `ret` dafür, dass wir anschließend wieder zur ursprünglichen Programmstelle zurückkehren.

```
                jal too_much_work
                ...
too_much_work:
                ... # Subroutine, Satz wird hier ausgedruckt
                ret
```

Ein wichtiges Thema ist die Übergabe von Daten an eine Subroutine. Auch darauf gehen wir später ausführlich ein.

## 5.6 Byte-Reihenfolge

Wie speichern wir Zahlen mit einer Länge von mehr als einem Byte ab? Vielleicht so, wie wir sie aufschreiben. Dann haben wir für die 32-Bit-Hex-Zahl 0x1234_5678 ab der Adresse 0x0000 folgende Situation:

```
0000 12 34 56 78
```

An der *kleinsten* Speicherstelle liegt das *höchste* Byte. Das ist der Fall etwa bei den Mainframes von IBM. Weil das »große Ende« zuerst kommt, heißt diese Variante auf Englisch *big-endian*. Viele Prozessoren machen das allerdings umgekehrt. Bei ihnen liegt an der *kleinsten* Speicherstelle das *kleinste* Byte.

```
0000  78 56 34 12
```

Dieses *little-endian* ist das Format etwa bei x86-Prozessoren. Die Chips von Arm sind *bi-endian*, können also beides. Bei RISC-V ist die Sache etwas komplizierter: Die Befehle werden »mit dem kleinen Ende zuerst« abgespeichert, alles andere im Speicher kann entweder/oder sein.

**Es sind die wichtigen Dinge im Leben**

Der Begriff *endianness* stammt aus *Gulliver's Travels* von Jonathan Swift, wo die Liliputaner sich streiten, ob sie ein Ei an der spitzen (*little-endian*) oder der stumpfen Seite (*big-endian*) aufschlagen sollen.

Allerdings: Registerinhalte werden auch bei Little-Endian-Maschinen für Menschen im Big-Endian-Format dargestellt wie Zahlen auf dem Papier, also in unserem Fall als 0x1234_5678. Speichern wir eine Zahl aus einem Register ab, passiert aus unserer Sicht damit scheinbar das hier:

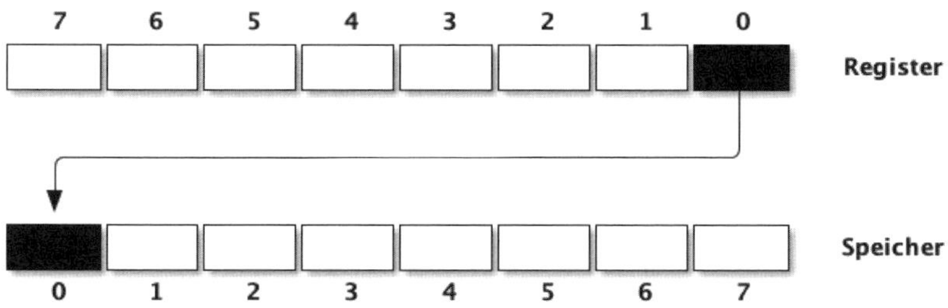


Um alles komplizierter zu machen, werden Strings *big-endian* abgespeichert: Der erste Buchstabe steht an der kleinsten Speicherstelle, eine etwaige Null als Abschluss an der höchsten – wichtig für Schleifen. Das kann bei Speicherbildern (*hex dumps*) von Strings verwirrend sein, wenn sie uns in Halbwort-, Wort- oder Doppelwort-Happen serviert werden. Bei RARS finden wir etwa im Datensegment für den String »redrum« ab der Speicherstelle 0x1001_0000 in der Standard-Anzeige das hier (Adresse mit Unterstrich umformatiert):

| ***Address*** | ***Value* (+0)** | ***Value* (+4)** |
|---|---|---|
| 0x1001_0000 | r d e r | \0 \0 m u |

Die beiden \0 stehen dabei für den Hex-Wert 0 als Zahl im Unterschied zu dem ASCII-Code für die Ziffer »0«, was 0x30 wäre. Das sieht auf den ersten Blick so aus, als wäre unser »redrum« brutal vom Assembler zerstückelt worden. Der Hintergrund wird klar, wenn wir uns die Werte nicht in ASCII anzeigen lassen, sondern als Zahlen, und uns die Titel der Spalten genauer anschauen (Zahlen umformatiert):

| ***Address*** | ***Value* (+0)** | ***Value* (+4)** |
|---|---|---|
| 0x1001_0000 | 0x7264_6572 | 0x0000_6D75 |

Die RARS-Anzeige liefert uns den Inhalt des Speichers in 32-Bit-Wörtern, also in Gruppen von acht Hex-Ziffern pro Spalte, in normaler (Big-Endian-)Darstellung. Das ist für RISC-V-Befehle und viele Arten von Daten genau richtig, aber für Strings nicht hilfreich, die damit gebrochen und verdreht erscheinen – nicht auszumalen, was bei einer Darstellung als Doppelwort passiert wäre. Dass alles gut ist, erkennen wir an den ASCII-Codes: 0x75 im zweiten Wort steht für »u«.

Schauen wir uns die Situation im Speicher Byte für Byte an, mit einer Leerspalte in der Tabelle zwischen den Vier-Byte-Blöcken:

| Adresse | +0 | +1 | +2 | +3 | | +4 | +5 | +6 | +7 |
|---|---|---|---|---|---|---|---|---|---|
| 0x1001_0000 | r | e | d | r | | u | m | 00 | 00 |
| | 0x72 | 0x65 | 0x64 | 0x72 | | 0x75 | 0x6D | 0x00 | 0x00 |

Unser »redrum« ist wohlbehalten mit dem ersten Buchstaben an der kleinsten Speicherstelle abgelegt.

### 5.6.1 Umgekehrte Polnische Notation (UPN)

Im Alltag werden mathematische Formeln in der sogenannten »Infix«-Notation geschrieben. Dabei geben wir zuerst eine Zahl an, dann die Rechenoperationen und dann die zweite Zahl, bevor schließlich ein Gleichheitszeichen die Eingabe abschließt.

```
2 + 3 =
```

Egal, was in der Grundschule behauptet wurde, das ist weder die einzige noch die effektivste Variante. In den Zeiten von wissenschaftlichen Taschenrechnern war eine andere Methode verbreitet, die »Umgekehrte Polnische Notation« (UPN, *reverse Polish notation*, RPN), benannt – indirekt – nach dem Mathematiker Jan Łukasiewicz. Sie wird auch »Postfix-Notation« genannt. Dabei werden zuerst die beiden Operanden angegeben und dann der Rechenvorgang.

```
2 3 +
```

Das Gleichheitszeichen ist unnötig, die Addition findet sofort statt. Damit entfallen auch andere Sonderzeichen wie Klammern und seltsame Regeln wie Punkt-vor-Strich-Rechnung. Die Terme werden einfach von links nach rechts abgearbeitet, also in unserer normalen Leserichtung.

```
(2 + 3) * (4 + 5) =     # infix
2 3 + 4 5 + *           # postfix
```

UPN ist für uns interessant, denn in Kombination mit Stapeln können wir damit auf Assembler-Ebene schnell Rechenwerke aufbauen.

## 5.7 Cache

Moderne Computer haben ein Problem: Der Prozessor verarbeitet Daten schneller, als sie aus dem Hauptspeicher geliefert werden können. Der Trend zu immer mehr Kernen verschärft die Situation durch einen noch höheren Datenhunger.

Hält das an, wird befürchtet, dass daraus eine neue Leistungsgrenze für CPUs entsteht, die *memory wall.* [HP]

Die gängige Lösung besteht darin, kleine, aber schnelle (und teure) temporäre Speicher zwischen den Registern des Prozessors und dem Hauptspeicher zu schalten – die *caches.* Zusammen mit dem Hauptspeicher und externen Datenträgern bilden sie die Speicherhierarchie (*memory hierarchy*) des Computers. Frühe Prozessoren hatten keinen Cache, inzwischen gelten sie als eine der wichtigsten Methoden, die Geschwindigkeit zu erhöhen. Deswegen verbringen wir jetzt etwas mehr Zeit mit ihnen.

Die Funktionsweise von Caches wird gerne mit einer Bibliothek erklärt. Wer ein gewisses Buch braucht, muss vom Tisch aufstehen, das richtige Regal suchen, es da herausholen und zurück zum Platz bringen – das Gegenstück zu einem langsamen Zugriff auf den Hauptspeicher. Wenn das Buch nicht im Regal steht, können wir zu den netten Leuten in der Bibliothek gehen und sie fragen, ob es im Magazin zu finden ist. Dieser noch sehr viel langsamere Vorgang entspricht dem Laden von Daten von einem externen Speichermedium.

Wenn die Bücher nach Themen sortiert sind, kann es sich lohnen, nicht nur dieses eine Buch, sondern auch gleich das daneben mitzunehmen, weil wir es vermutlich auch brauchen werden. [HP] Das ist das Lokalitätsprinzip (*principle of locality*). Es gilt für Code stärker als für Daten, weswegen einige Computer getrennte Caches – *instruction cache* und *data cache* – aufweisen. Eine Faustregel für das Lokalitätsprinzip besagt, dass 90 Prozent der Zeit in zehn Prozent des ausgeführten Codes verbracht werden. Das hat insbesondere mit Schleifen zu tun, in denen sehr kurze Abschnitte zum Teil millionenfach wiederholt werden. Auf Seiten der Daten haben wir ein ähnliches Phänomen beim Stapel, wo wir immer wieder auf einen vergleichsweise kleinen Speicherbereich zugreifen.

Zurück in die Bibliothek. Wenn wir mit einem Buch fertig sind, stellen wir es nicht sofort wieder ins Regal, sondern lassen es auf dem Tisch liegen. Was in Wirklichkeit aus Faulheit geschieht, wird in diesem Modell als tiefgreifende intellektuelle Erkenntnis verkauft: dass die Wahrscheinlichkeit hoch ist, dass wir dasselbe Buch wieder benötigen. Die Ecke des Tisches mit dem Bücherstapel ist damit ein Cache.

Ist der Tisch voll, können wir die Bücher auf den Fußboden legen. Das ist aufwendiger und mühsamer als auf dem Tisch, aber immer noch besser, als jedes Mal wieder in die Regale wandern zu müssen. Außerdem ist auf dem Fußboden mehr Platz. Wir haben damit eine »Cache-Hierarchie«: Den schnelleren, kleineren Cache auf dem Tisch nennen wir *level one* (»erste Ebene«, kurz L1), den langsameren, größeren auf dem Fußboden L2.

Irgendwann ist dieser Stapel allerdings so groß, dass er den Gang versperrt, und die netten Leute in der Bibliothek sind nicht mehr ganz so nett. Der Cache ist voll, einige der Bücher müssen zurück ins Regal. Dabei wählen wir natürlich die aus, von denen wir meinen, dass wir sie am ehesten nicht mehr benutzen werden. Wenn wir mit der Arbeit fertig sind, müssen alle Bücher wieder zurück.

Wie müssen wir uns die Geschwindigkeitsunterschiede zwischen den einzelnen Ebenen der Speicherhierarchie vorstellen? Es ist immer riskant, in einem Computer-Buch konkrete Zahlen, Preise oder andere Größen anzugeben, denn sie sind schnell veraltet. Um aber wenigstens ein Gefühl dafür zu vermitteln, wie sich die verschiedenen Cache-Ebenen verhalten, hier eine Momentaufnahme (nach: [HP])

| Speicher | Größe | Geschwindigkeit |
|---|---|---|
| L1 | 64 KiB | 1 ns |
| L2 | 256 KiB | 3 – 10 ns |
| L3 | 8 – 32 MiB | 10 – 20 ns |
| DRAM | 8 – 64 GiB | 50 – 100 ns |
| SSD | 256 GiB – 2 TiB | 50 – 100 µs |

Nach dem Motto *Bigger and dumber is better* kann ein größerer und schnellerer Cache mehr ausmachen als ausgeklügelte Optimierungsverfahren. Der Nachteil sind zusätzliche Kosten bei der Prozessorherstellung und ein höherer Stromverbrauch von 25 bis 50 Prozent. [HP]

In modernen Prozessoren gibt es daneben spezialisierte Caches wie *loopback cache* oder *micro-op cache*. Prozessoren ganz ohne Cache gibt es in der x86-Welt nicht mehr. Wegen der größeren Hardwarevielfalt bei RISC-V werden wir dagegen spätestens im Hobbybereich mit minimalistischen Systemen ohne Cache konfrontiert.

**Wenn die Bibliothek schon geschlossen hat**

RARS enthält ein Data Cache Simulation Tool, das Experimente mit unterschiedlichen Cache-Konfigurationen und -Strategien erlaubt.

## 5.8 Pipeline

Eine weitere zentrale Methode zur Beschleunigung des Ablaufes basiert auf der Erkenntnis, dass einige Befehle »überlappend« (*to overlap*) ausgeführt werden können. Wie wir gesehen haben, dauert ein Zugriff auf den Speicher vergleichsweise lange. Während ein Ladebefehl ausgeführt wird, kann der Prozessor daher schon etwas anderes tun, zum Beispiel den Inhalt von zwei Registern addieren. Das übergeordnete Prinzip nennen wir *instruction-level parallelism* (ILP). Der einfachste Weg zur Ausnutzung von ILP ist die Einrichtung einer »Befehlsleitung«

(*pipeline*). Das geht sogar bei Ein-Kern-Prozessoren: Bereits der 8086 aus dem Jahr 1978 hat so etwas. [SK]

Das gängige Modell hier ist der Waschtag. Wir haben als vier Schritte das Waschen in der Waschmaschine (WA), das Trocknen im Trockner (TR) und das Falten der Wäsche (FA), die dann im letzten Schritt eingeräumt (ER) wird. Diese Schritte müssen immer in der gleichen Reihenfolge absolviert werden. Wenn wir jede neue Ladung Wäsche erst dann anfangen, wenn der gesamte Prozess durchlaufen wurde, sieht das so aus:

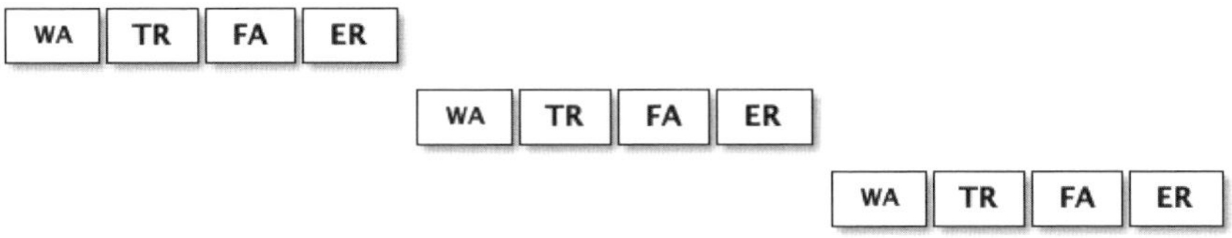


Wenn jeder Schritt eine Stunde dauert, brauchen wir für drei Ladungen Wäsche insgesamt zwölf Stunden. Dann sind wir aber nicht rechtzeitig fertig für unsere Fahrgemeinschaft nach Leipzig. Zum Glück können wir den ganzen Vorgang durch ein Pipeline-Verfahren beschleunigen. Der Clou besteht darin, dass die Waschmaschine wieder frei ist, wenn die Wäsche im Trockner gelandet ist. Wir können sofort die nächste Ladung einwerfen.

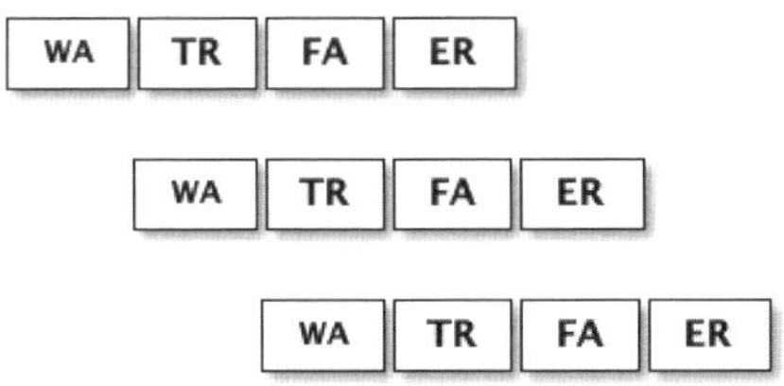


Diese versetzte Verwendung der Ressourcen erlaubt es, den Gesamtdurchsatz (*throughput*) zu erhöhen. Jetzt benötigen wir für drei Ladungen nur sechs Stunden. Wichtig: Die einzelnen Waschgänge werden *nicht* beschleunigt. Wir müssen immer noch vier Stunden darauf warten, bis unser schwärzestes T-Shirt wieder einsatzbereit ist.

Die vier Stufen in unserer Wäsche-Pipeline lassen sich gut auf die einzelnen Schritte des Befehlszyklus (*instruction cycle*) in einem Prozessor übertragen. Dabei werden Befehle geladen (*fetch*), dekodiert (*decode*), ausgeführt (*execute*) und das Ergebnis wird gespeichert (*write*). Auch sie können, die richtige Hardware vorausgesetzt, auf diese Art gestaffelt und damit effektiver ausgeführt werden.

Mit Pipelines holen wir uns allerdings eine Reihe von Zwängen und Problemen ins Haus:

1. Die einzelnen Schritte müssen gleich lang dauern. Es hilft nicht, dass das Einräumen nur 20 Minuten benötigt, wenn wir eine Stunde auf die Waschmaschine warten müssen.
2. Wenn nicht alle Daten rechtzeitig zur Verfügung stehen, kann die Pipeline stocken (*to stall*). Das ist etwa so, als wenn beim Falten der Wäsche ein Strumpf fehlt und wir erst in unserer Kiste der verwaisten Strümpfe danach suchen. Derartige Probleme werden als *data hazards* bezeichnet.
3. Verzweigungen stellen dagegen *control hazards* dar. Da der Prozessor nicht wissen kann, welcher der beiden Wege eingeschlagen wird, hat er ein Problem. Eigentlich müsste er warten, bis klar ist, welche Befehle er nun laden muss. Das blockiert aber die ganze Pipeline.

Um das letzte Problem zu umgehen, können wir »spekulieren«, indem wir einfach eine Variante ausprobieren. Bei der Waschmaschine wäre das so, als würden wir es zunächst mit unserem normalen Waschmittel probieren. Geht die schwarze Schminke nicht raus, müssen wir die Ladung noch mal mit einem Spezialwaschmittel waschen. Die Pipeline muss dann »gespült« werden (*pipeline flush*), um neu anfangen zu können – ein rechentechnisch teurer Vorgang.

Wir können uns allerdings auch die Wäsche sehr genau anschauen oder uns versuchen zu erinnern, was in den vergangenen Fällen passiert ist. Vielleicht erkennen wir dabei, dass das Spezialwaschmittel immer nur am Sonntag nach der Party benötigt wird. Derartige Vorhersage-Verfahren heißen *dynamic branch prediction*. Zum Teil liegen sie in mehr als 90 Prozent der Fälle richtig. [PH] Die zugehörige Maschinerie verbraucht allerdings vergleichsweise viel Energie. Deswegen kommen Energiespar-Varianten von Prozessoren auch mit gestutzten Pipelines daher.

Die Einzelheiten dazu füllen ganze Bücher, weswegen wir hier nur so weit darauf eingehen, wie wir sie für die Assembler-Programmierung brauchen. Insbesondere werden wir über Möglichkeiten sprechen, Verzweigungen zu vermeiden.

**Wenn auch der Waschsalon schon geschlossen hat**

Wer Pipeline und Cache bei RISC-V bei der Arbeit sehen will, kann sich QtRvSim der Czech Technical University unter *http://github.com/cvut/qtrvsim* anschauen.

# Teil II

# RISC-V

An dieser Stelle verabschieden wir uns von allen, die nur die absoluten Grundlagen über Assembler lernen wollten, um sich durch eine Pflichtprüfung zu mogeln. Alles Gute für den weiteren Werdegang und macht euch keine Sorgen, nur weil ihr das Beste verpasst.

Für alle anderen: Ab jetzt lernen wir endlich den RISC-V-Prozessor kennen, unseren neuen besten Freund.

# 6 Basen, Module und Profile

Die Macher von RISC-V wollten vermeiden, dass sich dessen Befehlssatz wie bei anderen Prozessorfamilien im Laufe der Zeit aufbläht. Ihre Lösung: Ein RISC-V-Prozessor kommt erst mal nur mit einer minimalen Anzahl von Befehlen daher, alles darüber hinaus wird bei Bedarf über »Module« hinzugefügt.

Zur Erinnerung: Die Zahl in den Namen dieser »Basis-Module« (*base modules*) steht für die Wortbreite des Prozessors, also 32, 64 oder 128 Bit. Das I (*integer*) steht für den minimalen Befehlssatz, den jeder RISC-V-Prozessor unterstützen muss. Der Sonderfall E (*embedded*) bei RV32E ist für kleinste Computer.

| Basis | Wortbreite |
|---|---|
| RV32I | 32 Bit |
| RV64I | 64 Bit |
| RV128I | 128 Bit |
| RV32E | 32 Bit |

Dazu kommen je nach Bedarf Erweiterungsmodule (*extension modules*). Eine Auswahl:

| Modul | Name | Funktion |
|---|---|---|
| A | *atomic* | atomare Befehle |
| C | *compressed* | komprimiert |
| M | *multiplication* | Multiplikation |
| F | *single-precision floating point* | Fließkommazahlen |
| D | *double-precision floating point* | Fließkommazahlen |
| Q | *quad-precision floating point* | Fließkommazahlen |

Wer also einen 32-Bit-Prozessor benötigt, der auch mit Fließkommazahlen zurechtkommt, könnte einen Prozessor mit der Typenbezeichnung `RV32IF` kaufen oder bauen. In der Praxis werden bestimmte Module ständig benutzt. Um den Buchstabensalat wenigstens etwas einzudämmen, wird für `IDAMF` die Abkürzung `G` verwendet. Zusammen mit den komprimierten Befehlen hätten wir also beispielsweise `RV64GC`.

Module werden nach einer Testphase für fertig erklärt und dann nie wieder verändert. Wenn neue Befehle für die entsprechenden Funktionen gebraucht werden, muss ein neues Modul definiert werden. Es gibt Mechanismen, damit Hersteller eigene Module entwickeln können.

Was kann mein Prozessor? Auf Linux ist es im laufenden System vergleichsweise einfach, das herauszufinden. Mit dem Befehl `cat /proc/cpuinfo` erhalten wir eine Liste von allen Prozessorkernen und ihren Eigenschaften. Bei unserem RISC-V-System auf QEMU und Ubuntu finden wir die Zeile:

```
isa             : rv64imafdcsu
```

Die zusätzlichen Buchstaben am Ende haben nichts mit Bayern zu tun, sondern verweisen auf das Modul C sowie darauf, dass der virtuelle Prozessor den Supervisor Mode (S) und User Mode (U) unterstützt. RISC-V hat maximal vier Ebenen mit abnehmenden Berechtigungen (*privilege levels* oder *modes*), in denen ein Prozess ablaufen kann:

| Ebene | Kürzel | Name |
|---|---|---|
| 0 | U | *User/Application* |
| 1 | S | *Supervisor* |
| 2 | H | *Hypervisor* |
| 3 | M | *Machine* |

Auf der Maschinenebene haben die Prozesse vollen Zugriff auf die Hardware. Diesen Modus gibt es immer, er ist bei Kleinstsystemen der einzige. Ein vollwertiges System wird uns Normalsterbliche im U-Modus mit den geringsten Privilegien einsperren und auch S und M unterstützen. Um auf eine mächtigere Ebene zu gelangen, muss mit dem Befehl `ecall` ein »Antrag« beim Betriebssystem gestellt werden.

## 6.1 Der Kleine: RV32E

Nach RV32I, RV64I und RV128I ist RV32E die vierte *base ISA* von RISC-V. Hintergrund ist der Wunsch, sehr kleine 32-Bit-Prozessoren zu unterstützen. Der wichtigste Unterschied besteht darin, dass die Zahl der Register halbiert wurde, um Transistoren zu sparen.

**Wer sich um den ganzen Kram nicht kümmern will**

Das Modulsystem erweist sich in der Praxis schon mal als unhandlich und für Neulinge verwirrend. Um die Sache einfacher zu machen, werden oberhalb der Module »Profile« (*profiles*) festgelegt, bestehend aus der Prozessordefinition, dem Speichermodell, wie gebootet wird und vieles andere mehr. Das soll es den Hardwareentwicklern erlauben, ein System von der Stange zu bestellen.

# 7 Register

Die Register in einem RISC-V-Prozessor sind alle gleich breit, keines davon ist kleiner oder größer. Aus Gründen, die später klar werden, wird als Symbol für die jeweilige Wortbreite XLEN benutzt.

Eine der größten Freuden, die RISC-V bietet, sind die vielen, vielen Register, – 32 Stück – ein wahrer Reichtum. Ihre Namen und Funktionen sind festgelegt durch die *Application Binary Interface* (ABI), der »Binärschnittstelle«. Einen Ausdruck davon legen wir uns unter unser Kopfkissen. Die ABI schreibt vor:

- fünf besondere Register `zero`, `ra`, `sp`, `gp` und `tp`.
- acht Register für Argumente (*argument registers*) von `a0` bis `a7`, die für die Übergabe und Rückgabe von Parametern bei Systemaufrufen verwendet werden.
- zwölf »Speicher-Register« oder »geschützte Register« (*saved registers*) von `s0` bis `s11`, die auch bei einem Sprung in eine Subroutine nicht verändert werden.
- sieben temporäre Register (*temporary registers*) von `t0` bis `t6`, mit denen wir uns beliebig austoben können.

Aus den letzten drei Gruppen benutzen wir die sieben temporären Register am häufigsten.

## 7.1 Die besonderen Fünf

Die ersten fünf Register haben Sonderfunktionen.

- **zero** Null-Register (*hard-wired zero*). Das absolut unbeeindruckte Register: Wenn wir aus diesem Register auslesen, bekommen wir immer eine Null. Was wir hier abspeichern, verschwindet ins Nichts. Diese Funktion einer festverdrahteten Null ist unter der Motorhaube enorm wichtig. Für uns spielt `zero` dagegen eine nachgeordnete Rolle. Auch das ist ihm egal.
- **ra** Rücksprungadresse (*return address*). Hier wird standardmäßig bei einem Sprung zu einer Subroutine die Adresse für die Rückkehr abgespeichert.

**Selbst das Neue hat Altlasten**

Der Name `return address` ist unglücklich gewählt, denn wie wir sehen werden, heißen die Sprungbefehle selbst immer irgendwas mit *link* wie `jal` für *jump and link*. Hier wäre *link address* mit der Abkürzung `la` konsequenter gewesen, aber es sollte wohl die Benennung der MIPS-Prozessoren beibehalten werden.

- **sp** Stapelzeiger (*stack pointer*). Der RISC-V-Prozessor hat keine besondere Hardware für Stapel, geschweige denn spezielle Befehle wie `push` oder `pop`. Streng genommen weiß er eigentlich gar nicht, dass es Stapel gibt. Entsprechend wird `sp` jedes Mal per Hand angepasst.

Die ABI ermahnt uns, gefälligst die Finger von `gp` und `tp` zu lassen, damit wir dem Betriebssystem nicht in die Quere kommen. Entsprechend stellen wir sie hier nur kurz vor.

- **gp** Globaler Zeiger (*global pointer*). Dieser verweist auf eine Region im Speicher, in der Daten gelesen und geschrieben werden – genauer gesagt, in die Mitte dieser Region. Damit können diese Speicherstellen relativ zum `gp` angesprochen werden, also als `gp+4` oder `gp-16`, ohne dass wir uns die Adressen merken müssen.
- **tp** Threadzeiger (*thread pointer*). Übernimmt eine ähnliche Funktion wie der `gp`, aber für einzelne Threads, Stichwort *thread local storage* (TLS).

In der Praxis haben wir es daher sogar nur mit den »wichtigen Drei« statt den »besonderen Fünf« zu tun: `zero`, `ra` und `sp`. Sie machen zusammen etwa ein Drittel aller Register-Zugriffe im Code aus. [WA]

## 7.2 Doppelbelegungen

Wo kämen wir denn da hin, wenn es keine Sonderfälle gäbe. Einige Register sind doppelt belegt:

1. Das **erste temporäre Register** `t0` wird als Alternative für Rücksprungadressen benutzt (*alternate link register*). Wir besprechen das im Zusammenhang mit *millicode*.
2. Das **zweite temporäre Register** `t1` wird von Compilern ebenfalls für gewisse Sprünge verwendet, etwa den *tail calls*.
3. Das **erste geschützte Register** `s0` kann als »Rahmenzeiger« (*frame pointer*, `fp`) benutzt werden. Bei einem Frame handelt es sich um einen zusammenhängenden Bereich im Stapel. Vereinfacht gesagt legt der `fp` einen größeren Bereich fest, innerhalb dessen der `sp` auf einzelne Werte zugreift. Auch das ist Sache des Betriebssystems.

## 7.3 Vogelfreie und geschützte Register

Die Funktionen der fünf speziellen Register sind klar definiert. Die Absicht hinter der Aufteilung der anderen 27 besteht darin, Chaos zu verhindern. Die zentrale Frage dabei: Wer ist bei einem Sprung in eine Subroutine dafür verantwortlich, den Inhalt der Register zu retten?

Im Englischen werden dabei die Begriffe *caller* (»Aufrufer«) und *callee* (»Aufgerufener«) verwendet, die schon für Muttersprachler schwer zu unterscheiden sind. Der folgende Ansatz ist leichter zu merken:

Ausgehend von der Ebene, in der wir uns gerade befinden, gibt es zwei Arten von Registern: »vogelfreie« und »geschützte«.

Mit den **vogelfreien Registern** können wir tun und lassen, was wir wollen, und niemand wird uns zur Rechenschaft ziehen. Allerdings: Bei einem Sprung in eine Subroutine müssen wir damit rechnen, dass sie dort verändert werden. Wenn wir den Inhalt noch brauchen, müssen wir ihn selbst retten.

Bei den **geschützten Registern** ist das umgekehrt. Wenn wir sie verwenden wollen, müssen *wir* dafür sorgen, dass ihr Inhalt irgendwo pfleglich und sicher aufbewahrt wird. Wenn wir fertig sind, muss alles wieder wie am Anfang sein. In der Praxis heißt das meistens, dass er auf den Stapel geschoben wird.

| Register | Beschreibung | Status |
|---|---|---|
| `zero` | Null-Register | *unbeeindruckt* |
| `ra` | Rücksprungadresse | vogelfrei |
| `sp` | Stapelzeiger | *geschützt* |
| `gp` | globaler Zeiger | *nicht definiert* |
| `tp` | Threadzeiger | *nicht definiert* |
| `a0-a7` | Argumenten-Register | vogelfrei |
| `s0-s11` | geschützte Register | *geschützt* |
| `t0-t6` | temporäre Register | vogelfrei |

Das sieht komplizierter aus, als es ist, da wir die Einträge für `gp` und `tp` ignorieren und bei `zero` ohnehin nichts falsch machen können.

## 7.4 Register bei RV32E

Der Kleine hat nur 16 Register:

- die fünf besonderen `zero`, `ra`, `sp`, `gp` und `tp`
- drei temporäre: `t0` bis `t2`
- zwei geschützte: `s0` und `s1`
- sechs für Argumente: `a0` bis `a5`

Das Übergewicht der Argumenten-Register stammt daher, dass sie für Funktionsaufrufe verwendet werden.

## 7.5 Register-Synonyme

Die 32 Register bringen ein Problem mit: Wir können leicht den Überblick verlieren, was wir wohin gepackt haben. Einige Assembler erlauben es, für die Namen der Register Synonyme zu vergeben. Das können wir nutzen, um ihre Funktion zu dokumentieren. Bei RARS benutzen wir dafür den `.eqv`-Befehl.

```
.eqv witches s0
.eqv shoes s1
```

Da insbesondere die geschützten Register wie `s0` gerne wie Variablen verwendet werden, sollten wir uns ein ähnliches Benennungssystem ausdenken und möglichst noch die Zuweisung kommentieren.

```
.eqv n_witches s0       # number of witches not yet hit by houses
.eqv have_shoes s1      # bool if user got silver shoes from dead witch
```

Wenn wir viel hin- und her wechseln, hilft es, die ursprüngliche Register-Bezeichnung mit in das Synonym aufzunehmen, etwa `n_clicks_s0`. Damit können die Register-Synonyme lang werden. Eine Möglichkeit, diese Definition wieder aufzuheben, gibt es zu diesem Zeitpunkt bei RARS nicht.

Der GCC erlaubt diesen Trick nicht mit `.equ`, aber bietet stattdessen ein mächtiges Werkzeug: den C-Präprozessor (CPP), das Makro-System von C. Das Format für unsere Zwecke sieht so aus:

```
#define N_WITCHES s0
```

Die Definition fängt ganz links in der Zeile an. Es gibt kein Leerzeichen zwischen dem numerischen Zeichen `#` und dem Schlüsselwort `define`. Weil es sich um eine Konstante handelt, werden derartige Definitionen großgeschrieben, aber das ist nicht zwingend. Hier haben wir die Möglichkeit, mit `#undef` Synonyme wieder zu löschen.

Das numerische Zeichen lässt stutzen, denn das ist auch beim GNU-Assembler als Teil des GCC das Kommentarzeichen. Der Einsatz des CPP bei Assembler erfordere *caution*, heißt es dann auch in der Dokumentation. Dort wird die Verwendung des »traditionellen Modus« empfohlen, der mit `-traditional-cpp` aufgerufen wird. Unter anderem werden dann die Makro-Direktiven nur dann erkannt, wenn sie ganz links in der Zeile anfangen. Umgekehrt bedeutet das für uns, Kommentare dann *nicht* ganz links beginnen zu lassen.

Damit sind unsere Synonymprobleme bei GCC noch nicht ganz gelöst. Wenn wir einen Kommentar hinter die Definition anfügen wollen, können wir nicht mehr das normale numerische Zeichen nutzen. Stattdessen müssen wir es in C-Manier machen:

```
#define N_WITCHES s0 /* number of witches not yet hit by houses */
```

Elegant ist das nicht. Einige Stilvorgaben für RISC-V enthalten weitergehende Regeln für den Umgang mit dem Präprozessor. [TO] Wem das alles zu viel Arbeit ist: Der Präprozessor muss beim GCC nicht benutzt werden. Er wird erst angeworfen, wenn der Dateiname mit `.S` endet statt dem normalen `.s`. Vergessen wir das, erzeugt ein Befehl wie `li N_WITCHES, 0` die Fehlermeldung

```
Error: illegal operands `li N_WITCHES,0'
```

Alternativ können wir den GCC mit der Option `-x assembler-with-cpp` aufrufen, was dem Compiler ausdrücklich sagt, dass er den Präprozessor verwenden soll.

# 8 Adressierungsarten

Zurück zum Prozessor. Wir erinnern uns: Eine Vielfalt von Adressierungsarten hilft, den Code kurz zu halten. Allerdings wird der Prozessor komplizierter, was mehr Transistoren (oder Relais oder Hamster) erfordert und ihn teurer macht. Umgekehrt muss ein Fehlen von Adressierungsarten durch mehr Code aufgefangen werden.

Entsprechend verfügt RISC-V über wenige Adressierungsarten im Vergleich zu anderen Prozessoren. Eigentlich gibt es nur drei (nach [HP]):

| Name | Beschreibung | Funktion | Beispiel |
|---|---|---|---|
| *register* | Register zu Register | rd ← rs | `add a0, a1, a2` |
| *immediate* | Konstante | rd ← rs + i | `addi t0, t0, 1` |
| *displacement* | Offset von Register | rd ← mem(i+rs) | `ld t0, 4(sp)` |

Wir finden diverse andere Begriffe, zum Beispiel *register offset* oder *base displacement* statt *displacement*. Aus diesen drei Adressierungsarten können wir zwei weitere herauskitzeln, wenn auch mit Einschränkungen. In beiden Fällen benutzen wir die Zahl 0 oder das Register `zero`.

| Name | Beschreibung | Funktion | Beispiel |
|---|---|---|---|
| *absolut* | konkrete Adresse | rd ← i(0) | `ld t0, 10(zero)` |
| *register indirect* | Register als Zeiger | rd ← (rs) | `ld t0, 0(t1)` |

Bei einer absoluten (auch *direct*) Adressierung geben wir die konkrete Adresse der Daten an. In dem Beispiel in der Tabelle würden wir damit auf den Speicherplatz mit der Adresse 0x10 zugreifen. Die indirekte Register-Adressierung funktioniert ähnlich mit einer Null als Offset.

**Lasst die Null leben!**

Viele Assembler lassen in diesem Fall auch das Format `ld t0, (t1)` zu, also ohne eine Null als Offset. Das ist keine gute Idee, weil es damit schwieriger wird, Tippfehler zu erkennen. Wir schreiben `ld t0, 0(t1)` aus.

# 9 Speicher

Für unsere Zwecke reicht es, uns den Speicher als eine »flache« Liste von Byte vorzustellen, mit Adressen von 0 bis $2^{32}$-1 (RV32) oder $2^{64}$-1 (RV64). Wir sprechen von einem *flat memory model*. RISC-V kann dabei jedes Byte ansprechen. Der Speicher ist ein »Ring« oder »Kreis« (*circular*): Wenn wir über das Ende hinausschießen, fangen wir am Anfang wieder an und umgekehrt.

## 9.1 Ausrichtung

Wichtiger in der Praxis ist die »Ausrichtung« (*alignment*) von Daten und Befehlen im Speicher. Prozessoren kommen wie beschrieben mit einer gewissen Wortbreite daher. Bei RISC-V sind es vier Byte für RV32, acht Byte für RV64 und 16 Byte für RV128. Wir können uns das nun so vorstellen, dass es »Spalten« im Speicher gibt mit einer entsprechenden Breite, auf die der Prozessor auf einmal zugreift. Schauen wir uns an, wie die ersten 16 Byte bei den verschiedenen Wortbreiten nach diesem Modell im Speicher organisiert sind.

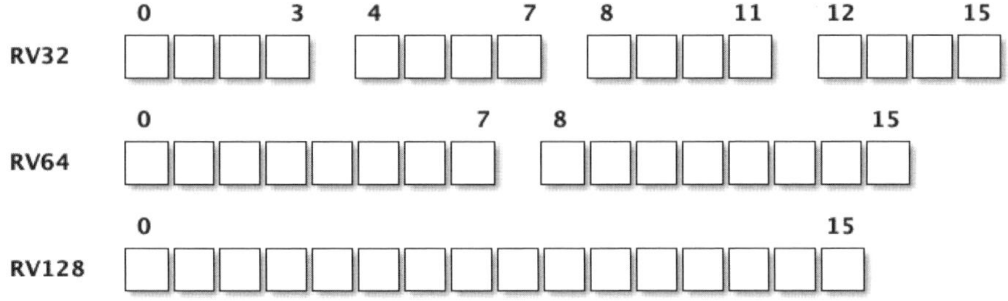


Wir sprechen hier von »Wortgrenzen«. Zugriffe auf Daten und Maschinenwörter sollten immer an diesen Grenzen ausgerichtet sein, um so schnell wie möglich sein zu können. Das ist die *natural alignment*. Ist das nicht der Fall, sind die Daten »falsch« ausgerichtet (*misaligned*). Es kommt dann zu einem *unaligned*

*memory access*, der so quälend langsam ist, dass die Hamster erst mal Kaffee kochen gehen, bis die Daten aus dem Speicher eintrudeln.

Nehmen wir ein Beispiel für RV32, bei dem wir ausgehend von der Speicheradresse 03 ein Wort – vier Byte – laden.

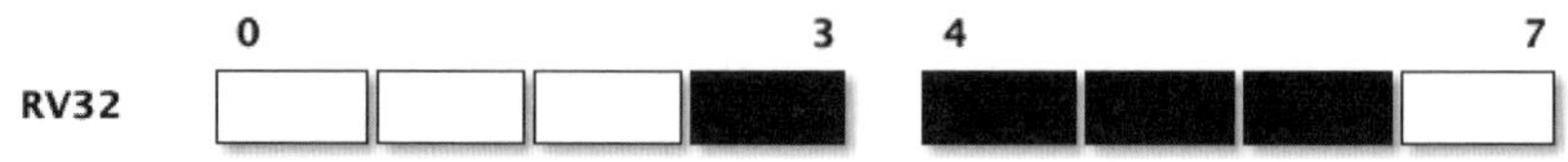


Diese »Fehlausrichtung« reicht von einem Wort in das nächste. Der Ladevorgang ist langsam. Schlimmer noch, vielleicht passt das jetzt nicht gut in den Cache. Noch viel, viel, albtraumhaft schlimmer: Möglicherweise ragt der Zugriff auch noch über die gegenwärtige Speicherseite hinaus. Das würde einen *page fault* generieren und das Betriebssystem auf den Plan rufen. Dann können die Hamster gleich nach Brasilien fliegen und sich die Bohnen für ihren Kaffee selbst pflücken.

Ob eine Speicheradresse richtig ausgerichtet ist, können wir testen, indem wir sie durch die Wortbreite dividieren und uns den Rest anschauen. Wenn dieser 0 ist, fällt die Kaffeepause aus. Um die Ausrichtung zu gewährleisten, nutzen Compiler und Assembler im Zweifelsfall Leerbefehle wie `nop` oder füllen die Lücken anderweitig auf. Dazu dient die Direktive `.align`, die wir selbst angeben müssen.

Nun würden normale Leute mit gesundem Menschenverstand als Parameter für diese Direktive die Wortbreite in Byte (oder wenigstens Bit) nehmen. Bei Informatikern ist das natürlich undenkbar. Stattdessen wird die Hochzahl der Zweierpotenz der Byte genommen, bei $2^k$ also das `k`. Damit haben wir für eine Ausrichtung an den Spalten von acht Byte `.align 3`. Das entspricht immerhin der Anzahl von Nullen am Ende der Adresse in Binärdarstellung.

Um nicht jedes Mal rechnen zu müssen, fassen wir die Ausrichtungen, die zugehörigen Direktiven und ihre Verwendung bei der jeweiligen Prozessor-Variante zusammen:

| Direktive | Wortgrenze | Datenbreite | RV32 | RV64 | RV128 |
|---|---|---|---|---|---|
| `.align 0` | $2^0 = 1$ Byte | 8 Bit | *keine* | | |
| `.align 1` | $2^1 = 2$ Byte | 16 Bit | komprimierter Code mit Modul C | | |
| `.align 2` | $2^2 = 4$ Byte | 32 Bit | Code, Daten | Code | |
| `.align 3` | $2^3 = 8$ Byte | 64 Bit | *keine* | Daten | *keine* |
| `.align 4` | $2^4 = 16$ Byte | 128 Bit | Stapel | | Stapel, Daten |

Fangen wir unten an: Die Spezifikation legt fest, dass der Stapel immer an 16-Byte-Linien ausgerichtet sein muss, was wegen RV128 einleuchtet. Entsprechend gilt hier `.align 4`, was das Betriebssystem bei der Initialisierung des Stapels für uns erledigt.

Bei RV64 wollen wir möglichst immer acht Byte auf einmal laden, weswegen wir eine Ausrichtung mit `.align 3` etwa für die Sektionen `.data`, `.bss` und `.rodata` vornehmen. Das können wir bei RV32 auch straflos machen, wir verschwenden nur jeweils vier Byte.

Bekanntlich haben alle Befehle bei RISC-V immer eine Breite von 32 Bit, auch bei RV64 und RV128, weswegen wir eigentlich bei allen Varianten des Prozessors für den Code eine Ausrichtung mit `.align 2` erwarten würden. Das ist bei RV32 auch die optimale Ausrichtung für Daten. Allerdings werden wir sehen, dass es ein spezielles Modul für komprimierte Befehle gibt, das Modul C. Dessen Befehle sind 16 Bit lang.

Wir müssen uns bei der Programmierung keine Gedanken über das Modul C machen, weil Compiler und Assembler von sich aus die Umwandlung unserer normallangen Befehle vornehmen. Was sie *nicht* für uns erledigen, ist die Ausrichtung. Wissen wir, dass wir mit einem Prozessor mit dem Modul C arbeiten, können wir `.align 1` nutzen. Wie wir später sehen werden, ist das der Normalfall.

Damit können wir die Tabelle verdichten:

| Basis | Modul C ? | .text | .data |
|---|---|---|---|
| RV32 | nein | `.align 2` | `.align 2` |
| | ja | `.align 1` | |
| RV64 | nein | `.align 2` | `.align 3` |
| | ja | `.align 1` | |
| RV128 | nein | `.align 2` | `.align 4` |
| | ja | `.align 1` | |

Der Fairness halber sollten wir erwähnen: Der GCC bietet immerhin die Direktive `.balign` für *byte align* an, der statt der Zweierpotenz die Anzahl von Byte nimmt. Ein `.align 3` wird damit zu `.balign 8`, immerhin ein kleiner Sieg für die Vernunft. In der Praxis sehen wir allerdings meist die alte Form.

# 10 Der Befehlssatz

*After weighing our options, we embarked on what we expected would be a semester-long effort to make a clean-slate design of a new ISA. To say we underestimated the task would be a charitable understatement: we completed the user-level instruction set architecture four years later.*

*–Andrew Waterman, Design of the RISC-V Instruction Set Architecture (2016)*

In diesem Buch behandeln wir die Befehle von zwei Modulen ausführlich: das Basismodul `I` (für *integer*) und `M` (für *multiplication*). Das `I`-Modul ist das Herz von RISC-V, in jedem Prozessor enthalten und besteht aus etwa 40 Einzelbefehlen. Vom `M`-Modul kommen noch acht hinzu.

## 10.1 Laden und speichern

Die mit Abstand wichtigsten Befehle bei RISC-V sind die zum Laden einer Zahl in ein Register, denn als *load-and-store* CPU kann der Prozessor nur Daten bearbeiten, die dort vorliegen. Unter den vielen Ladebefehlen sind wiederum die folgenden zwei die wichtigsten:

| Befehl | Beschreibung | Format | Funktion | Beispiel |
|---|---|---|---|---|
| `li` | *Load Immediate* | li rd, i | rd ← i | li t0, 0x2C03E |
| `la` | *Load Address* | la rd, symbol | rd ← addr | la t0, my_string |

### 10.1.1 Load Immediate `li`

Dieser Befehl dient dazu, eine explizit angegebene Zahl in ein Register zu laden. Allerdings gehört es zum guten Stil, nicht direkt Zahlen zu nehmen: In der Form wie oben liegen sie sonst im Code verstreut als *magic numbers*, die wir uns bei etwaigen Änderungen mühsam zusammensuchen müssen.

```
.eqv JONES 0x2C03E
        ...
        li t0, JONES
```

**Die einzig wahre Null**

Es gibt bei RISC-V viele Möglichkeiten, um ein Register zu »löschen«, also dort eine Null zu laden. Wir nehmen immer `li rd, 0`, weil das unserer Absicht entspricht. Insbesondere verzichten wir auf irgendwelche neunmalklugen Tricks wie `xor t0, t0, t0`, die bei anderen Prozessoren gängig sind.

### 10.1.2 Load Address `la`

Der beste Freund von `li` heißt *Load Address* (`la`). Bei der Programmierung von modernen Prozessoren benutzen wir fast nie absolute Adressen, sondern Label. Der Assembler rechnet das in Zusammenarbeit mit dem Linker für uns automatisch um. Mit `la` lassen wir diese Adressen erzeugen und laden sie in ein Register.

```
alices_cat_axiom:
        .asciz "A cat may look at a king"
                ...
                la t0, alices_cat_axiom
```

Als Variante von `la` gibt es den Befehl `lla` für *Long Load Address*, der eine Adresse aus einer weit entfernten Speicherstelle lädt. Verwendet wird der Befehl genauso wie `la`.

Der Unterschied zwischen `la` und `li` ist am Anfang nicht immer klar – warum können wir nicht einfach das Label `msg` auch mit `li` in ein Register laden? Das Problem besteht darin, dass für die endgültige Adresse auch der aktuelle Stand des Programmzählers `pc` benötigt wird. Auf die Details gehen wir später ein. Für den Moment merken wir uns: `li` für Zahlen und `la` für Adressen. Einige Assembler unterstützen uns dabei, indem sie negative Werte für die Operanden von `la` nicht zulassen.

**AI-Probleme mit A und I**

Der Unterschied ist nicht nur für Menschen am Anfang etwas verwirrend. Bei KI-generiertem Code finden wir vergleichsweise häufig eine Verwendung von `li` statt `la` – zumindest gegenwärtig noch.

### 10.1.3 Move `mv`

Wenn wir erstmal eine Zahl in einem Register haben, können wir sie von dort aus mit *Move* (`mv`) in ein anderes kopieren.

| Befehl | Beschreibung | Format | Funktion | Beispiel |
|---|---|---|---|---|
| mv | *Move* | mv rd, rs | rd ← rs | mv t1, t0 |

Nach diesem Befehl steht in rd der gleiche Wert wie in rs. Der Vorgang ist damit eigentlich kein *move*, sondern ein *copy*, aber der Begriff hat sich eingebürgert. Allgemein gilt: RISC-V-Befehle sind nicht destruktiv, was heißt, dass der ursprüngliche Wert in einem Register nicht gelöscht wird.

Ein Register kann nicht *indirekt* auf ein anderes zugreifen. Es gibt damit keine Möglichkeit, eine Schleife über die Inhalte von t0 bis t3 auszuführen. Um die Register t0 bis t3 zu löschen, brauchen wir vier einzelne Befehle.

### 10.1.4 Laden aus dem Speicher

Die Befehle dieser Gruppe beginnen mit dem Buchstaben »l« wie *load*, gefolgt von einer Abkürzung für die Wortbreite, also ein Buchstabe aus der Liste »bhwdq«. In ihrer einfachsten Form greifen sie auf eine Adresse im Speicher zu:

| Befehl | Beschreibung | Format | Funktion | Beispiel |
|---|---|---|---|---|
| lb | *Load Byte* | lb rd, symb | rd ← M(symb)[7:0] | lb t0, jennings |
| lh | *Load Halfword* | lh rd, symb | rd ← M(symb)[15:0] | lh t0, wescoff |
| lw | *Load Word* | lw rd, symb | rd ← M(symb)[31:0] | lw t0, lichterman |
| ld | *Load Doubleword* | ld rd, symb | rd ← M(symb)[63:0] | ld t0, snyder |
| lq | *Load Quadword* | lq rd, symb | rd ← M(symb)[127:0] | lq t0, bilas |

Dabei kommt ld bei RV64 hinzu und lq bei RV128. Ein Beispiel macht es klarer:

```
                lb t0, mcnulty
                ...
mcnulty:
        .byte 0xE6
```

Wie häufig bei RISC-V können wir aber auch eine andere Variante nutzen, die auf ein Register zugreift, das die eigentliche Adresse enthält.

| Befehl | Beschreibung | Format | Funktion | Beispiel |
|---|---|---|---|---|
| lb | *Load Byte* | lb rd, i(rs) | rd ← M(rs+i)[7:0] | lb t0, 0(t1) |
| lh | *Load Halfword* | lh rd, i(rs) | rd ← M(rs+i)[15:0] | lh t0, 1(t1) |
| lw | *Load Word* | lw rd, i(rs) | rd ← M(rs+i)[31:0] | lw t0, 2(t1) |
| ld | *Load Doubleword* | ld rd, i(rs) | rd ← M(rs+i)[63:0] | ld t0, -1(t1) |
| lq | *Load Quadword* | lq rd, i(rs) | rd ← M(rs+i)[127:0] | lq t0, -2(t1) |

```
my_number:
        .word 0x11223344
                ...
                la t0, my_number

                lb t1, 0(t0)
                lh t2, 0(t0)
                lw t3, 0(t0)
```

Am Ende enthält t1 das Byte 0x44, t2 das Halbwort 0x3344 und t3 das Wort 0x1122_3344.

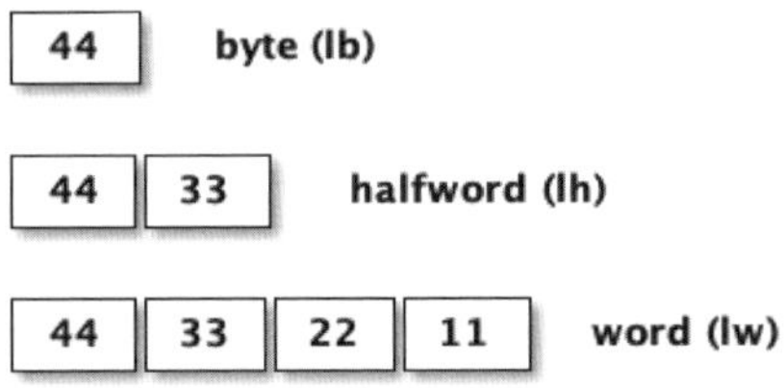


Der Offset »i« ist maximal 12 Bit breit und kann damit Zahlen von 0x800 (-2048) bis 0x7FF (2047) darstellen – ein Adressraum von 4 KiB. Bei diesen Befehlen wird das Vorzeichen erweitert.

### 10.1.5 Kampf der Vorzeichenerweiterung

Nicht immer wollen wir eine Vorzeichenerweiterung, etwa wenn wir ein Byte von einer Schnittstelle laden. Um sie auszuschalten, können wir die Zahl mit den Befehlen `lbu` und `lhu` – mit einem »u« wie *unsigned* – ohne Vorzeichen in ein Register laden. Bei `lbu` ist `0xFF` dann 255 und nicht -1. Wir geben hier nur die Varianten mit einem zweiten Register an:

| Befehl | Beschreibung | Format | Funktion | Beispiel |
|---|---|---|---|---|
| `lbu` | *Load Byte Unsigned* | lbu rd, i(rs) | rd ← M(rs+i)[7:0] | lbu t0, 0(t1) |
| `lhu` | *Load Halfword Unsigned* | lhu rd, i(rs) | rd ← M(rs+i)[15:0] | lhu t0, t1(a0) |

Für ASCII benutzen wir `lbu`, für 16-Bit-Unicode `lhu`. Bei RV32 gibt es kein `lwu`, weil das Register durch den 32-Bit-Wert komplett ausgefüllt wird. Wir finden diesen Befehl dagegen bei RV64.

### 10.1.6 Speicherbefehle

Die Speicherbefehle entsprechen im Wesentlichen den Ladebefehlen. Sie fangen mit »s« für *store* an.

| Befehl | Beschreibung | Format | Funktion | Beispiel |
|---|---|---|---|---|
| sb | *Store Byte* | sb rs, symb, rt | rs[7:0] → mem(symb) | sb t0, billing, t1 |
| sh | *Store Halfword* | sh rs, symb, rt | rs[15:0] → mem(symb) | sh t0, piloty, t1 |
| sw | *Store Word* | sw rs, symb, rt | rs[31:0] → mem(symb) | sw t0, lehmann, t1 |
| sd | *Store Doubleword* | sd rs, symb, rt | rs[63:0] → mem(symb) | sd t0, petri, t1 |
| sq | *Store Quadword* | sq rs, symb, rt | rs[127:0] → mem(symb) | sq t0, walk, t1 |

```
zuse:
        .space 8
                ...
                li t0, 0x1234
                sw t0, zuse, t1
```

**Dinah ist aus dem Sack**

Es ist auf den ersten Blick nicht klar, was das zweite Register `rt` da eigentlich soll – reicht es nicht zu sagen, dass wir den Inhalt des Quellregisters `rs` an der Speicherstelle `symb` abspeichern wollen? Hier lässt sich die furchtbare Wahrheit nicht länger verbergen: Die Speicherbefehle mit Symbolen gibt es eigentlich gar nicht, sie werden uns nur vorgegaukelt durch den Assembler als »Pseudo-Befehle«. Unter der Motorhaube muss ein Register als Zwischenspeicher benutzt werden. Wir erklären die hässlichen Einzelheiten später.

Auch hier gibt es Varianten mit Registern.

| Befehl | Beschreibung | Format | Funktion | Beispiel |
|---|---|---|---|---|
| sb | *Store Byte* | sb rs, i(rd1) | rs → mem(rd1+i) | sb t0, 8(t1) |
| sh | *Store Halfword* | sh rs, i(rd1) | rs → mem(rd1+i) | sh t0, 8(t1) |
| sw | *Store Word* | sw rs, i(rd1) | rs → mem(rd1+i) | sw t0, 8(t1) |
| sd | *Store Doubleword* | sd rs, i(rd1) | rs → mem(rd1+i) | sd t0, 8(t1) |
| sq | *Store Quadword* | sq rs, i(rd1) | rs → mem(rd1+i) | sq t0, 8(t1) |

Der Offset ist am Anfang etwas gewöhnungsbedürftig, aber damit können wir uns unter anderem Schleifen ersparen. Nehmen wir an, wir wollen bei einer RV32-Maschine die 16 Byte ab einer Speicherstelle mit 0xFF vollschreiben.

```
li a0, 0xFFFFFFFF          # a word of bit
la t0, van_der_mey

sw a0, 0(t0)               # Clear first four byte
sw a0, 4(t0)               # ... second
sw a0, 8(t0)               # ... third
sw a0, 12(t0)              # ... fourth
```

```
            ...
van_der_mey:
            .space 16
```

## 10.2 Mathe und Logik

Genug geladen, jetzt wird gearbeitet. Wir fangen mit den Befehlen des Rechenwerks (*arithmetic logic unit*, ALU) an.

### 10.2.1 Addition und Subtraktion

> *»Can you do Addition?« the White Queen asked. »What is one and one and one and one and one and one and one and one and one and one?« »I don't know,« said Alice. »I lost count.« »She ca'n't do Addition,« the Red Queen interrupted. »Can you do Subtraction?«*
>
> *–Lewis Carroll, Through the Looking-Glass and What Alice Found There (1871)*

Addition und Subtraktion kommen im gewohnten Format mit drei Operanden daher.

| Befehl | Beschreibung | Format | Funktion | Beispiel |
|---|---|---|---|---|
| add | *Add* | add rd, rs1, rs2 | rd ← rs1 + rs2 | add t0, t0, t1 |
| addi | *Add Immediate* | addi rd, rs1, i | rd ← rs1 + i | addi t0, t0, -4 |
| sub | *Subtract* | sub rd, rs1, rs2 | rd ← rs1 - rs2 | sub t0, t0, t1 |

Bei der Immediate-Variante kann die angegebene Zahl auch hier höchstens 12 Bit lang sein, selbst bei RV64. Es gibt keinen Befehl `subi`, denn das ist nur eine Addition mit negativem Vorzeichen.

**Der subi-Sonderfall**

Wegen der Asymmetrie des Zweierkomplements gibt es einen Fall, bei dem ein `subi` nicht durch ein `addi` mit einem negativen Wert ersetzt werden kann: Eine `subi`-Subtraktion mit einem Subtrahenden von $-2^{11}$ würde $2^{11}$ zu dem Zielregister hinzuaddieren. Das geht mit `addi` nicht. [WA]

Wer Erfahrung mit anderen Prozessoren hat, wird jetzt Begriffe wie *carry* oder *borrow* vermissen. Tatsächlich gibt es bei RISC-V keinen eingebauten Mechanismus, um einen Übertrag anzuzeigen oder gar in die Addition einzubeziehen. Er fällt einfach unter den Tisch. Das ist einer der häufigsten Kritikpunkte an RISC-V. Wir werden das später in den Griff bekommen.

Das bringt uns zu der Frage, wie wir das Vorzeichen einer Zahl ändern. Dazu nutzen wir den Befehl *Negate* (`neg`).

| Befehl | Beschreibung | Format | Funktion | Beispiel |
|---|---|---|---|---|
| neg | *Negate* | neg rd, rs | rd ← -rs | neg t0, t0 |

Zurück zur Addition. Viele Assembler sind gutmütig genug, dass sie das Richtige tun, wenn wir ihnen bei einem Immediate-Wert statt `addi` den normalen Additionsbefehl `add` mit einer Zahl unterschieben:

```
add t0, t0, 1          # don't do this
```

Das schreit nach Tippfehler – aber welcher? Fehlt hier das `i` von `addi` im Opcode oder ein Buchstabe wie `t` beim letzten Operanden? Niemand weiß es. Daher immer `addi`.

Im Gegensatz zu anderen Prozessoren gibt es bei RISC-V keine gesonderten Befehle wie `inc` oder `dec`, um den Inhalt eines Registers um eins zu erhöhen oder zu verkleinern, zwei sehr häufige Aufgaben bei Schleifen. Dazu werden normale Additionsbefehle verwendet:

```
addi t0, t0, 1       # "inc t0"
addi t0, t0, -1      # "dec t0"
```

**Alle lieben `addi`**

`addi` ist mit Abstand der am häufigsten auftretende Befehl in RISC-V-Code. In einigen Programmen macht er knapp ein Viertel aller Instruktionen aus. [WA] Wie wir später sehen werden, liegt das insbesondere an seiner Verwendung bei Pseudo-Befehlen.

Beim RV64 gibt es Varianten dieser Befehle, die sich nur auf die unteren 32 Bit beziehen: `addiw`, `addw`, `negw` und `subw`. Dabei wird die Berechnung normal vorgenommen, aber dann werden die oberen 32 Bit verworfen. Das kann zu unerwarteten Effekten führen. Schauen wir uns die Rechnung 0x0000_0000_FFFF_FFFF (dezimal 4.294.967.295) + 2 an:

```
li t0, 0x00000000FFFFFFFF
addi t1, t0, 2                 # no problem
addiw t2, t0, 2                # wrong
```

Eigentlich erwarten wir 0x0000_0001_0000_0001, was hier nach dem normalen `addi` auch das Ergebnis in `t1` ist. Dagegen werden bei `addiw` die oberen 32 Bit verworfen, was uns in `t2` die Zahl 0x0000_0000_0000_0001 beschert – also 1.

### 10.2.2 Multiplikation und Division

Multiplikation und Division sind nicht im Basismodul enthalten, dazu wird das Modul M benötigt. Im Gegensatz zu anderen Prozessoren ist die Multiplikation bei RISC-V nicht auf spezielle Register beschränkt.

**Herrschen, ohne zu teilen**

Neben dem Modul M gibt es das Modul Zmmul, das nur die Befehle für die Multiplikation beinhaltet. Das macht den Aufbau von kleineren Systemen einfacher, die keine Division brauchen. Denn für Assembler gilt, wie wir später genauer erläutern werden: Division ist doof.

Für die Multiplikation gibt es in M vier Befehle:

| Befehl | Beschreibung | Format | Funktion | Beispiel |
|---|---|---|---|---|
| `mul` | *Multiply Lower* | mul rd, rs1, rs2 | rd ← rs1 * rs2 | mul t0, t1, t2 |
| `mulh` | *Multiply High Signed* | mulh rd, rs1, rs2 | rd ← rs1 * rs2 | mulh t0, t1, t2 |
| `mulhu` | *Multiply High Unsigned* | mulhu rd, rs1, rs2 | rd ← rs1 * rs2 | mulhu t0, t1, t2 |
| `mulhsu` | *Multiply High Signed-Unsigned* | mulhsu rd, rs1, rs2 | rd ← rs1 * rs2 | mulhsu t0, t1, t2 |

Was es leider nicht gibt, ist ein Befehl nach dem Muster `muli` für eine Multiplikation mit kleinen Immediate-Zahlen als Gegenstück zu `addi`.

Wir hatten gesehen, dass RISC-V bei der Addition den Overflow ignoriert: Wer das haben will, muss gefälligst selbst dafür sorgen. Dieses »mir doch egal« zieht bei der Multiplikation nicht mehr, denn wenn wir zwei 32-Bit-Zahlen multiplizieren, ist das Ergebnis 64 Bit lang. Wir müssen daher zwischen einem »oberen« (*upper*) und einem »unteren« (*lower*) Teil des Ergebnisses unterscheiden.

**Ein H für ein U vormachen**

Das »h« in den Namen der Befehle steht für *high* und bezieht sich auf die oberen 32 Bit des Ergebnisses. In den Beschreibungen wird auf Englisch allerdings von *upper* gesprochen. Ein »u« für *upper* hätte allerdings mit dem bereits verwendeten »u« für *unsigned* verwechselt werden können.

Schauen wir uns das im Detail an. Der erste und einfachste Befehl lautet *Multiply Lower* (`mul`). Er gibt die unteren 32 Bit des 64 Bit langen Ergebnisses zurück.

```
mul rd1, rs1, rs2
```

Der obere Teil des Ergebnisses verschwindet einfach. Um ihn zu erhalten, benutzen wir in einem zweiten Schritt die Befehle mit dem »h« im Namen. Wir unterscheiden drei verschiedene Fälle: Multiplikand und Multiplikator mit Vorzeichen (`mulh`), ohne Vorzeichen (`mulhu`) und gemischt (`mulhsu`).

| **Multiplikator** | **Multiplikand** | **Befehl** |
|---|---|---|
| *mit* Vorzeichen | *mit* Vorzeichen | `mulh` |
| ohne Vorzeichen | ohne Vorzeichen | `mulhu` |
| *mit* Vorzeichen | ohne Vorzeichen | `mulhsu` |

Die Multiplikation ist damit bei RISC-V ein aus zwei Einzelbefehlen bestehender Vorgang. Sie sollen der Spezifikation zufolge möglichst in der gleichen, vorbestimmten Reihenfolge ablaufen: Erst die hohen Bit, dann die niedrigen.

```
mulh rdh, rs1, rs2
mul rdl, rs1, rs2
```

Damit können auf gewissen Systemen diese beiden Befehle zu einem verschmolzen werden durch *macro-op fusion*. Weitere Vorgabe: Das »obere« Ziel-Register `rdh` darf nicht identisch sein mit einem der Quell-Register.

### 10.2.3 Division

Auch für die Division haben wir vier Befehle im Modul M.

| **Befehl** | **Beschreibung** | **Format** | **Funktion** | **Beispiel** |
|---|---|---|---|---|
| `div` | *Division, Signed* | div rd, rs1, rs2 | rd ← rs1 / rs2 | div t0, t1, t2 |
| `divu` | *Division, Unsigned* | divu rd, rs1, rs2 | rd ← rs1 / rs2 | divu t0, t1, t2 |
| `rem` | *Remainder, Signed* | rem rd, rs1, rs2 | rd ← rs1 % rs2 | rem t0, t1, t2 |
| `remu` | *Remainder, Unsigned* | remu rd, rs1, rs2 | rd ← rs1 % rs2 | remu t0, t1, t2 |

Die Versionen mit einem »u« sind für *unsigned* Zahlen; `div` gibt uns das Ergebnis der Division mit erweitertem Vorzeichen, `rem` gibt uns den Rest (Modulo) und erweitert dabei auch das Vorzeichen. Auch hier gibt es eine empfohlene Vorgehensweise, wenn wir das Ergebnis und den Rest haben wollen:

```
div rdq, rs1, rs2
rem rdr, rs1, rs2
```

In der englischen Literatur werden `rdq` für *quotient* und `rdr` für *remainder* als Symbole bei der Darstellung der Division benutzt. Auch hier gilt, dass `rdq` nicht identisch sein darf mit `rs1` oder `rs2`.

Eine Besonderheit bei RISC-V besteht darin, dass kein Fehler gemeldet wird, wenn eine Division durch Null vorliegt. Um solche Fälle abzufangen, wird in der Spezifikation empfohlen, den Divisor *nach* der Rechenoperation zu prüfen – danach deswegen, weil die CPU-Einheit für die Vorhersage von Verzweigungen (*branch prediction*) dann besser funktioniert.

```
li t0, 0xEDF9C                # dividend
li t1, 0                      # divisor, not going to work

div t2, t0, t1
rem t3, t0, t1

beqz t1, div_by_zero          # test for division by zero
```

RISC-V lässt die Maschine bei einer Division durch Null nicht in einem undefinierten Zustand. Im Quotienten werden alle Bit gesetzt und als Rest wird der Dividend abgelegt. Im obigen Beispiel erhalten wir bei RV64 in `t2` 0xFFFF_FFFF_FFFF_FFFF und in `t3` 0x0000_0000_000E_DF9C.

### 10.2.4 Das Modul M bei RV64

Bei RV64 wird das Modul M um fünf Befehle erweitert.

| Befehl | Beschreibung | Format | Funktion | Beispiel |
|---|---|---|---|---|
| `mulw` | *Multiply, Lower Bits* | mulw rd, rs1, rs2 | rd ← rs1 * rs2 | mulw t0, t1, t2 |
| `divw` | *Division, Signed* | divw rd, rs1, rs2 | rd ← rs1 / rs2 | divw t0, t1, t2 |
| `divuw` | *Division, Unsigned* | divuw rd, rs1, rs2 | rd ← rs1 / rs2 | divuw t0, t1, t2 |
| `remw` | *Remainder, Signed* | remw rd, rs1, rs2 | rd ← rs1 % rs2 | remw t0, t1, t2 |
| `remuw` | *Remainder, Unsigned* | remuw rd, rs1, rs2 | rd ← rs1 % rs2 | remuw t0, t1, t2 |

Diesen Befehlen ist gemeinsam, dass sie auf 32-Bit-Daten in den 64-Bit-Registern einwirken und ein 32-Bit-Produkte erzeugen mit dem richtigen Vorzeichen. Ein `mulhw` gibt es nicht. Bei RV64 können wir ohnehin zwei 32-Bit-Zahlen mit `mul` multiplizieren und erhalten die oberen 32 Bit.

Wissen wir nicht, ob das Vorzeichen der beiden ursprünglichen 32-Bit-Zahlen richtig erweitert wurde, können wir sie beide zunächst um 32 Bit nach links verschieben und dann `mulh` oder eine der entsprechenden Varianten für *upper* verwenden. In diesem Zusammenhang werden wir den Befehl `sext.w` kennenlernen.

### 10.2.5 Logikbefehle

Die Opcodes tragen offensichtliche Namen und haben das übliche Dreierformat:

| Befehl | Beschreibung | Format | Funktion | Beispiel |
|---|---|---|---|---|
| `and` | *And* | and rd, rs1, rs2 | rd ← rs1 & rs2 | and t0, t0, t1 |
| `andi` | *And Immediate* | andi rd, rs1, i | rd ← rs1 & i | andi t0, t0, 1 |
| `or` | *Or* | or rd, rs1, rs2 | rd ← rs1 \| rs2 | or t0, t0, t1 |
| `ori` | *Or Immediate* | ori rd, rs1, i | rd ← rs1 \| i | ori t0, t0, 1 |
| `xor` | *Xor* | xor rd, rs1, rs2 | rd ← rs1 ^ rs2 | xor t0, t0, t1 |
| `xori` | *Xor Immediate* | xori rd, rs1, i | rd ← rs1 ^ i | xori t0, t0, 1 |

Die Immediate-Werte sind 12 Bit breit. Wie immer gibt es eine Vorzeichenerweiterung. Im Gegensatz zu den Rechenbefehlen gibt es keine `w`-Varianten.

Logikbefehle sind in der Assembler–Programmierung erstaunlich nützlich. Es kommt häufig vor, dass wir mit ihnen lange Vergleichsketten vermeiden können. Wir können zudem dafür sorgen, dass einzelne Bit in einem Register den gewünschten Wert annehmen, ohne dass die anderen Bit verändert werden.

| Funktion | Befehl | Maske | Beispiel mit Ziel-Bit 0 |
|---|---|---|---|
| Bit löschen | `and` | 0 | 0xFFFF_FFFE |
| Bit setzen | `or` | 1 | 0x0000_0001 |
| Bit flippen | `xor` | 1 | 0x0000_0001 |

Mit dem Befehl `ori t0, t0, 1` sorgen wir dafür, dass Bit 0 in `t0` auf jeden Fall gesetzt ist. Die anderen Bit in dem Register bleiben unberührt.

In diese Gruppe von Befehlen gehört das Einerkomplement `not`, bei dem die Bit umgekehrt werden:

| Befehl | Beschreibung | Format | Funktion | Beispiel |
|---|---|---|---|---|
| `not` | *Not* | not rd, rs | rd ← ~rs | not t0, t1 |

So wird aus 0x0000_FFFF dann 0x_FFFF_0000.

**Da waren's nur noch zwei**

Haben wir nicht gesagt, dass RISC-V-Befehle drei Operanden haben? Das gilt auch weiterhin. Allerdings ist `not` wieder ein Pseudo-Befehl, der intern zu `xori rd, rs, -1` übersetzt wird.

Pflicht in jeder Diskussion über Assembler ist der Trick, zwei Register mit xor zu tauschen, ohne ein drittes zu benutzen.

```
beq t0, t1, done      # skip if already equal
xor t0, t0, t1
xor t1, t0, t1
xor t0, t0, t1
done:
```

Bei 32 Registern ist das allerdings meist neunmalkluger Schnickschnack.

### 10.2.6 Schiebebefehle

Das ist die letzte Gruppe der ALU-Befehle.

| Befehl | Beschreibung | Format | Funktion | Beispiel |
|---|---|---|---|---|
| sll | *Shift Left Logical* | sll rd, rs1, rs2 | rd ← rs1 << rs2 | sll t0, t1, t2 |
| slli | *Shift Left Logical Immediate* | slli rd, rs1, u | rd ← rs1 << u | slli t0, t1, 2 |
| srl | *Shift Right Logical* | srl rd, rs1, rs2 | rd ← rs1 >> rs2 | srl t0, t1, t2 |
| srli | *Shift Right Logical Immediate* | srli rd, rs1, u | rd ← rs1 >> u | srli t0, t1, 2 |
| sra | *Shift Right Arithmetical* | sra rd, rs1, rs2 | rd ← rs1 >> rs2 | sra t0, t1, t2 |
| srai | *Shift Right Arithmetical Immediate* | srai rd, rs1, u | rd ← rs1 >> u | srai t0, t1, 3 |

Dabei tun sich zwei Fragen auf: Was passiert mit den Bit, die aus dem Register geschoben werden? Und was kommt an die freigewordenen Stellen auf der anderen Seite?

Zu den herausgeschobenen Bit haben wir gute Nachrichten: Sie werden auf einen wunderschönen Bauernhof gebracht, wo sie ihre Tage mit lustigen Spielen verbringen, umgeben von Freunden. Dass wir nie wieder etwas von ihnen hören, liegt daran, dass sie zu glücklich sind, um sich zu melden.

Bei den Nachrückern unterscheiden wir zwei Varianten. Bei der ersten, »logischen« Verschiebung werden die freien Stellen mit Nullen aufgefüllt. Bei der zweiten Variante, der »arithmetischen«, unterscheiden sich Verschiebungen nach links und rechts. Wenn es nach *links* geht, wird ebenfalls eine Null eingefügt, womit kein Unterschied zur logischen Verschiebung besteht. Entsprechend bieten viele Prozessoren – auch RISC-V – keine gesonderten Befehle für arithmetische Linksverschiebungen an. Bei einer arithmetischen Verschiebung nach *rechts* wird dagegen das MSB in die freie Stelle kopiert, damit das Vorzeichen erhalten bleibt.

Bei den Nicht-Immediate-Formen wie `sll` werden bei RV32 nur die untersten *fünf* Bit in `rs2` berücksichtigt, bei RV64 sind es die untersten *sechs*. Die Varianten wie `slli` begrenzen den Immediate-Wert entsprechend. Damit kann eine Verschiebung bei RV32 um 31 Stellen erfolgen und bei RV64 um 63 Stellen. Negative

Werte sind nicht erlaubt (daher u und nicht i in der Tabelle). Getrennte Rotationsbefehle (auch »zyklische Verschiebungen« genannt) gibt es bei RISC-V nicht.

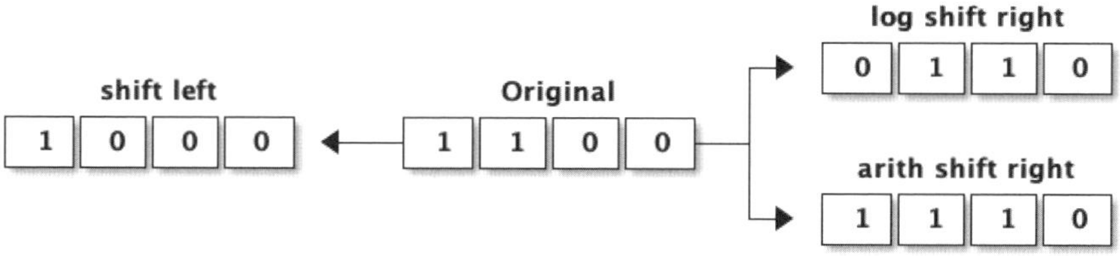


Verschiebungen werden gerne bei Assembler benutzt, um mit Zweierpotenzen zu multiplizieren. Das geht auch bei Prozessoren, die keine Hardware für die Multiplikation mitbringen.

| Befehl | Entspricht | Faktor |
|---|---|---|
| slli, t0, t0, 1 | $2^1$ | 2 |
| slli, t0, t0, 2 | $2^2$ | 4 |
| slli, t0, t0, 3 | $2^3$ | 8 |
| slli, t0, t0, 4 | $2^4$ | 16 |
| slli, t0, t0, 5 | $2^5$ | 32 |
| slli, t0, t0, 6 | $2^6$ | 64 |

Mit Kombinationen aus Verschiebungen und einzelnen Additionen können wir dann auch andere Multiplikationsaufgaben lösen, etwa indem wir statt `x*5` in Assembler `(x<<2)+x` rechnen.

Wir können mit einem Trick außerdem eine Vorzeichenerweiterung erzwingen. Nehmen wir an, bei einem RV64-Prozessor haben wir eine eigentlich negative 60-Bit-Zahl wie 0x0FFF_FFFF_FFFF_FFFF, deren Vorzeichen für die weitere Bearbeitung auf 64 Bit erweitert werden muss. Wir verschieben sie zuerst vier Stellen nach links bis an den »linken Rand« des Registers. Dann schieben wir sie arithmetisch um dieselbe Zahl von Stellen wieder zurück.

```
li t0, 0x0FFFFFFFFFFFFFFF     # note first nibble is zero
slli t0, t0, 4
srai t0, t0, 4
```

In `t0` liegt anschließend 0xFFFF_FFFF_FFFF_FFFF.

## 10.3 Sprünge und Verzweigungen

Richtige Computer brauchen Schleifen und Verzweigungen und damit Entscheidungen und Sprünge. Wir sprechen von *control flow instructions*, weil sie den »Fluss« des Programms ändern. Allen Sprüngen und Verzweigungen ist gemeinsam, dass sie bei RISC-V nur auf geraden Adressen landen können. Das letzte Bit der Adresse ist immer eine Null.

### 10.3.1 Nur hin: einfache Sprünge

Bei einem unbedingten Sprung wird das Ziel im Quellcode mit einem Label markiert. Der einfachste Fall heißt `j` für *jump*. Es gibt kein Zurück: Der Prozessor hat keine Ahnung, wo er hergekommen ist.

| Befehl | Beschreibung | Format | Funktion | Beispiel |
|---|---|---|---|---|
| j | *jump* | j symb | pc ← symb | j loop |

Liegt dieses Label hinter uns im Programmfluss, haben wir eine Endlosschleife.

```
groundhog:
                ...
                j groundhog
```

Aus Gründen, auf die wir später eingehen, hat `j` eine begrenzte Reichweite von ±1 MiB vom Programmzähler aus. Was aber, wenn wir höher, weiter, schneller springen wollen? Dann können wir die Zieladresse in ein Register packen und mit *Jump Register* (`jr`) dorthin springen.

| Befehl | Beschreibung | Format | Funktion | Beispiel |
|---|---|---|---|---|
| jr | *jump register* | jr rd | pc ← (rd) | jr t0 |

In der Regel benutzen wir `jr` im Zusammenhang mit einem Label wie bei jedem anderen Sprung oder einer Verzweigung. Auch hier gibt es keine Rückfahrkarte.

```
                la t0, carol     # note la, not li
                jr t0
                ...
carol:
```

Theoretisch könnten wir auf diese Weise an jede Stelle im Speicher springen, indem wir die Zahl mit `li` statt `la` laden. Dabei gilt wie besprochen: Es können nur gerade Adressen angesprungen werden, das letzte Bit im Register wird verworfen. Viele Betriebssysteme reagieren allerdings allergisch auf Versuche, irgendwo in den Adressraum einzudringen, und üben Druck aus. Selbst RARS meckert über einen *instruction load alignment error.*

```
li t0, 0xAA232187      # this is some address
jr t0
```

### 10.3.2 There and back again: Subroutinen

Aber was ist, wenn wir eine Rückfahrkarte brauchen? Vielleicht gibt es einen Code-Abschnitt, den wir immer wieder aufrufen müssen, also eine Subroutine. Dazu »verlinken« wir unseren Ausgangspunkt: Der Befehlszeiger wird um vier erhöht und dann in einem Register abgespeichert, damit wir wissen, wohin wir zurückkehren müssen. Der Befehl dazu heißt *Jump and Link* (`jal`).

| Befehl | Beschreibung | Format | Funktion | Beispiel |
|---|---|---|---|---|
| `jal` | *jump and link* | jal rd, symb | pc ← (rd) | jal t0, chain |

```
        jal arnold
        ...            # continue here after return
arnold:
          # subroutine start here
        ...
        ret            # return to main routine
```

Der Prozessor speichert die Rücksprungadresse nach der ABI-Konvention im Register `ra` ab, wenn wir nichts anderes angeben. Damit gibt es bei RISC-V Probleme, wenn wir von einer Subroutine aus in eine weitere springen wollen, weil es nur ein Register dafür gibt. Wie wir gesehen haben, ist `ra` ein »vogelfreies« Register, das jeder verändern kann. Daher müssen wir den alten Wert auf den Stapel oder in ein anderes Register retten.

Allerdings gibt es bei RISC-V keinen Zwang, `ra` zu benutzen. Wir können jedes Register angeben nach dem Format `jal rs, symb`, selbst den Stapelzeiger `sp`, auch wenn das dämlich wäre. Wenn wir `zero` benutzen, verschwindet der Wert ins Nichts und wir haben faktisch wieder `j`.

Oben haben wir einen weiteren Befehl eingeschmuggelt: `ret` für *Return*, was den Rücksprung erledigt. Dabei wird immer die Adresse aus `ra` genommen.

| Befehl | Beschreibung | Format | Funktion | Beispiel |
|---|---|---|---|---|
| `ret` | *Return* | ret | pc ← ra | ret |

Wir haben bei `jal` die gleiche Einschränkung wie bei `j`: Unsere Reichweite ist auf ±1 MiB zum `pc` begrenzt. Wir benutzen die gleiche Lösung: Die Zieladresse wird in ein Register abgelegt. Der Befehl heißt entsprechend `jalr` für *Jump and Link Register* und hat das Format `jalr rd`. Dabei wird die Rücksprungadresse wieder in `ra` abgelegt.

| Befehl | Beschreibung | Format | Funktion | Beispiel |
|---|---|---|---|---|
| `jalr` | *Jump And Link Register* | jalr i(rd) | pc ← (rd)+i | jalr 0(t1) |

Hier können wir ebenfalls die Rücksprungadresse in ein anderes Register legen. Dann erhalten wir das Format `jalr rt, rd`, wobei `rt` in diesem Fall für *return* steht. Mehr noch, wir können zusätzlich einen 12-Bit-Offset angeben, was uns `jalr rt, i(rd)` zur Verfügung stellt. Damit ist `jalr` einer der vielseitigsten Befehle, den RISC-V zu bieten hat.

Zwei weitere Befehle für Subroutinen besprechen wir zunächst nur im Vorbeigehen: `call` und `tail`.

| Befehl | Beschreibung | Format | Funktion | Beispiel |
|---|---|---|---|---|
| `call` | *Call* | call symb | pc ← symb | call dog |
| `tail` | *Tail Call* | tail symb | pc ← symb | tail wag |

Mit `call` springen wir an weit entfernte Subroutinen. Wie bei einem normalen Sprung dieser Art wird die Rücksprungadresse in `ra` abgelegt. Mit `tail` führend wir einen *tail call* (»Endrekursion«) zu einer weit entfernten Routine aus. Das besprechen wir, wenn es um Rekursion geht. Für den Moment merken wir uns als Besonderheit: Die Rücksprungadresse wird *nicht* in `ra` abgelegt, sondern in `t1`.

### 10.3.3 Verzweigungen

> *My philosophy, which I regularly try to teach, is that you minimize the number of conditionals in your program. Rather than having a word that tests something and either does this or that, you have two words: one that does this and one that does that, and you use the right one.*
>
> *–Chuck Moore, »Masterminds of Programming« (2009)*

Jetzt können wir hin- und herspringen, aber immer noch keine Entscheidungen treffen. Dazu brauchen wir eine Verzweigung, bei der wir die Wahl zwischen zwei Pfaden haben.

Zur Wiederholung für die Leute, die tatsächlich den Anfang des Buches übersprungen haben: Bei RISC-V werden Prüfung und Verzweigung in einen Befehl zusammengepackt als »verschmolzenen bedingten Sprung« (*fused compare-and-branch*). Die Befehle dafür fangen mit einem »b« wie *branch* an. Sie laufen alle gleich ab: Zuerst wird ein Vergleich vollzogen, dann springt das Programm je nach Ergebnis an das angegebene Label oder es geht normal mit dem nächsten Befehl weiter.

```
            beq t0, t1, jefferson
            ...             # not equal
jefferson:
            ...             # equal
```

Es ist dabei schneller, dem Hauptkontrollfluss zu folgen als der Verzweigung zu einem anderen Teil des Programms. Im Gegensatz zu Sprüngen gibt es bei Verzweigungen keine Varianten mit Registern. Wir haben bei RISC-V 16 Vergleiche, die wir auf drei Tabellen aufteilen. Zuerst die sechs einfachsten:

| Befehl | Beschreibung | Funktion | Beispiel |
|---|---|---|---|
| `beq` | *Branch if Equal* | if r1 = r2: pc ← addr | beq t0, t1, loop |
| `bne` | *Branch if Not Equal* | if r1 ≠ r2: pc ← addr | bne t0, t1, loop |
| `bgt` | *Branch if Greater Than* | if r1 > r2: pc ← addr | bgt t0, t1, loop |
| `blt` | *Branch if Less Than* | if r1 < r2: pc ← addr | blt t0, t1, loop |
| `bge` | *Branch if Greater Than or Equal* | if r1 ≥ r2: pc ← addr | bge t0, t1, loop |
| `ble` | *Branch if Less Than or Equal* | if r1 ≤ r2: pc ← addr | ble t0, t1, loop |

Alle haben drei Buchstaben, notfalls wird mit einem `t` für *than* aufgefüllt. Weiter steht `g` für *greater* und `l` für *less*. Diese Vergleiche beachten alle das Vorzeichen.

Wollen wir das Vorzeichen *nicht* beachten, gibt es vier Befehle, die mit einem `u` enden, und die deswegen *vier* Buchstaben lang sind. Es sind Varianten der letzten vier in der Tabelle oben:

| Befehl | Beschreibung | Funktion | Beispiel |
|---|---|---|---|
| `bgtu` | *Branch if Greater Than Unsigned* | if r1 > r2: pc ← addr | bgtu t0, t1, loop |
| `bltu` | *Branch if Less Than Unsigned* | if r1 < r2: pc ← addr | bltu t0, t1, loop |
| `bgeu` | *Branch if Greater Than or Equal Unsigned* | if r1 ≥ r2: pc ← addr | bgeu t0, t1, loop |
| `bleu` | *Branch if Less Than or Equal Unsigned* | if r1 ≤ r2: pc ← addr | bleu t0, t1, loop |

Weil Vergleiche mit Null so häufig vorkommen, werden schließlich die sechs Befehle aus der ersten Tabelle auch mit einem `z` angeboten und haben nur noch ein Register für die Prüfung.

| Befehl | Beschreibung | Funktion | Beispiel |
|---|---|---|---|
| `beqz` | *Branch if Equal to Zero* | if r1 = 0: pc ← addr | beqz t0, loop |
| `bnez` | *Branch if Not Equal to Zero* | if r1 ≠ 0: pc ← addr | bnez t0, loop |
| `bgtz` | *Branch if Greater Than Zero* | if r1 > 0: pc ← addr | bgtz t0, loop |
| `bltz` | *Branch if Less Than Zero* | if r1 < 0: pc ← addr | bltz t0, loop |
| `bgez` | *Branch if Greater Than or Equal to Zero* | if r1 ≥ 0: pc ← addr | bgez t0, loop |
| `blez` | *Branch if Less Than or Equal to Zero* | if r1 ≤ 0: pc ← addr | blez t0, loop |

Das ist eigentlich nur eine bequemere Art, zero mit einem anderen Register zu vergleichen: Wir könnten statt `beqz t0, loop` auch `beq t0, zero, loop` schreiben. Das verrät uns, dass auch diese sechs Instruktionen Pseudo-Befehle sind.

**Never send a branch to do a jump's job**

Wer Erfahrungen mit anderen Prozessoren mitbringt, könnte jetzt auf die Idee kommen, mit einem garantiert wahren Ergebnis eine Verzweigung zu erzwingen, etwa in der Form `beq t0, t0, loop` oder `beqz zero, loop`. Das ist bei RISC-V unsinnig, und die Spezifikation bittet ausdrücklich darum, einfach mit `j` zu springen.

Das Label ist eine Vereinfachung, die der Compiler für uns vornimmt. Eigentlich wird bei Verzweigungen keine absolute Adresse angegeben, sondern ein negativer oder positiver Offset zum Programmzähler pc. Als Faustregel: 75 Prozent aller Verzweigungen gehen nach »vorn«, der Offset ist also positiv. [HP]

Verzweigungen haben bei RISC-V eine Reichweite von 13 Bit oder ±4 KiB. Eigentlich hätten wir nur 12 Bit für ±2 KiB zur Verfügung, aber wie bei den Sprungbefehlen muss die Adresse am Ende gerade sein und damit das letzte Bit 0. Es wird daher nicht mit abgespeichert. Wir haben anders formuliert eine »Auflösung« von zwei Byte bei Verzweigungen.

**Ein kleiner Sprung für die Kleinen**

Wir hatten erklärt, dass alle RISC-V-Befehle eine Länge von vier Byte – 32 Bit – haben, egal ob RV32, RV64 oder RV128. Damit würde es sich eigentlich anbieten, die Abstände bei Verzweigungen ebenfalls mit einer Auflösung von vier Byte festzulegen. Dann wären die *letzten beiden* Bit Null, und die Reichweite würde sich auf 14 Bit oder ±8 KiB verdoppeln. Allerdings wollten die Macher von RISC-V, dass auch »komprimierte« 16-Bit-Befehle von Anfang an unterstützt werden. Dieses Modul C besprechen wir gleich.

Beim Normalfall von vier Byte je Befehl haben wir eine Reichweite von $\pm 2^{10}$ Instruktionen, also grob 1.000 in jede Richtung. Da Verzweigungen insbesondere für Schleifen verwendet werden, reicht das fast immer. Wenn nicht, kombinieren wir die Verzweigung mit einem Sprung:

```
            beq a0, a1, equality
            j revolution
equality:
            ...
revolution:
            ...                  # far away
```

Fassen wir die Reichweiten der einzelnen Sprünge und Verzweigungen am Beispiel von `beqz` zusammen. Wir schummeln dabei etwas mit der Auslegung des Zweierkomplements.

| Befehl | Reichweite |
|---|---|
| `beqz` | ± 4 KiB |
| `j` | ± 1 MiB |
| `jal` | ± 1 MiB |
| `jalr` | gesamter Adressraum |
| `c.beqz` | ± 256 B |
| `c.j` | ± 2 KiB |
| `c.jal` | ± 2 KiB |
| `c.jalr` | gesamter Adressraum |
| `call` | gesamter Adressraum |
| `tail` | gesamter Adressraum |

Die Reichweite von `jalr` hängt von der Größe des Registers nach RV32, RV64 oder RV128 ab. Die Befehle mit einem `c.` am Anfang stammen aus dem Modul C. Wir nehmen sie hier auf, um alles in einer Tabelle zu haben. Diese Befehle sind 16 Bit lang. Entsprechend wird bei `c.jalr` die in `ra` abgespeicherte Rücksprungadresse nicht um vier, sondern um zwei Byte erhöht.

## 10.4 Vergleichen und setzen

Die Verzweigungsbefehle haben Nachteile. Manchmal möchten wir nicht sofort springen, sondern zunächst nur vergleichen, denn vielleicht brauchen wir das Ergebnis später. Bei Prozessoren mit Pipelines wollen wir außerdem möglichst wenige Verzweigungen einbauen. Daher gibt es eine weitere Klasse von Befehlen, die ein Register mit etwas vergleichen, und dann in ein weiteres entweder eine 1 (»wahr«) oder eine 0 (»falsch«) ablegen. Entsprechend wird von »vergleichen und setzen« gesprochen (*compare and set*). Hier gibt es zwei Gruppen.

| Befehl | Beschreibung | Format | Funktion | Beispiel |
|---|---|---|---|---|
| `slt` | *Set if Less Than* | slt rd, rs1, rs2 | rs1 < rs2 ? | slt t0, a0, a1 |
| `slti` | *Set if Less Than Immediate* | slti rd, rs, i | rs < i ? | slti t0, a0, 42 |
| `sltu` | *Set if Less Than Unsigned* | sltu rd, rs1, rs2 | rs1 < rs2 ? | sltu t0, a0, a1 |
| `sltiu` | *Set if Less Than Immediate Unsigned* | sltiu rd, rs, u | rs < u ? | sltiu t0, a0, 16 |

**Das sitzt nicht**

Um es offen zu sagen: Die Erfinder von RISC-V haben bei der Benennung dieser Befehle ins Klo gegriffen. Die Mnemoniken fangen alle mit `s` an, einige von ihnen sogar mit `sl`, weswegen sie beim flüchtigen Lesen leicht mit den Schiebebefehlen `sll` und `slli` verwechselt werden können. Hier wurde wohl wieder die Nähe zu bestehenden ISA gesucht. Eine Mnemonik mit einem `t` für *test and set* wäre besser gewesen.

Die zweite Gruppe vereinfacht unser Leben durch direkte Vergleiche mit Null.

| Befehl | Beschreibung | Format | Funktion | Beispiel |
|---|---|---|---|---|
| `seqz` | *Set if Equal to Zero* | seqz rd, rs | rs = 0 ? | seqz t0, a0 |
| `snez` | *Set if Not Equal to Zero* | snez rd, rs | rs ≠ 0 ? | snez t0, a1 |
| `sgtz` | *Set if Geater than Zero* | sgtz rd, rs | rs > 0 ? | sgtz t0, a2 |
| `sltz` | *Set if Less than Zero* | sltz rd, rs | rs < 0 ? | sltz t0, a3 |

Was fehlt, ist die Möglichkeit, ein Register zu »setzen«, wenn ein anderes Register gleich einer gewissen Zahl ist, also eine Art `seqi`. Entsprechend sind zwei Befehle nötig, wenn wir mit diesen Setzbefehlen prüfen wollen, ob in einem Register eine gewisse Zahl steht: Wir ziehen die Zahl ab und schauen dann, ob das Ergebnis Null ist.

```
addi t0, t0, -42
seqz t1, t0
```

## 10.5 Reste

Einige Befehle stehen allein oder bilden so kleine Gruppen, dass sich ein eigener Abschnitt für sie nicht lohnt. Das heißt nicht, dass sie unwichtig sind oder wir sie nicht lieb haben. Im Gegenteil, hier finden wir einige der mächtigsten Befehle.

### 10.5.1 Systembefehle

RVI bietet einige Systembefehle, die zusammen mit den Status-Registern Zugang zur Umgebung ermöglichen. Die beiden interessanten Befehle für uns sind `ecall` und `ebreak`. Die Spezifikation lässt zu, dass diese beiden Befehle zu `system` zusammengefasst werden.

Mit `ecall` rufen wir das Betriebssystem an, wenn wir es um etwas bitten wollen. Dazu werden bestimmte Codes in bestimmte Register abgelegt – welche Codes wohin, ist von System zu System unterschiedlich – und dann wird ein `ecall` abgesetzt. Um das Zeichen »a« auf den Schirm auszugeben, nutzen wir bei RARS:

```
    li a0, 'a'
    li a7, 11           # magic number for PrintChar syscall
    ecall
```

Manchmal, besonders bei schmutzigen Tests, wollen wir aber nur, dass alles aufhört. Dazu dient `ebreak`. Er ruft den Debugger auf, was bei RARS einfach heißt, dass das Programm stoppt.

**Aus Siegfried wurde Emil**

In früheren Entwürfen der RISC-V ISA hießen `ecall` und `ebreak` noch `scall` und `sbreak`. Gelegentlich taucht diese Formulierung noch in Dokumenten auf.

### 10.5.2 Kontroll- und Status-Register

Über den Zustand des Prozessors informiert RISC-V mit Hilfe der *control and status registers*, die CSR. Sie müssen in den einfachsten Varianten von RISC-V nicht zur Verfügung stehen, gehören also nicht zu RV32I, sondern zu einem eigenen Modul Zicsr. Insgesamt kann es 4096 CSR geben. Als Normalsterbliche haben wir nur Lesezugang zu einigen wenigen:

| Name | Bedeutung |
|---|---|
| `cycle` | Taktzyklenzähler |
| `instret` | Zahl abgearbeiteter Befehle |
| `time` | Echtzeit-Uhr |

Der sperrige Name `instret` leitet sich von *instructions retired* ab. Die CSR-Register sind 64 Bit lang. Die Macher von RISC-V weisen darauf hin, dass damit `cycle` bei einer Maschine mit einer Taktfrequenz von 4 GHz erst nach mehr als einem Jahrhundert überläuft. [WA] Um den Inhalt in ein Register zu laden, gibt es bei RV64 und RV128 drei Befehle:

| Befehl | Beschreibung | Format | Funktion | Beispiel |
|---|---|---|---|---|
| `rdcycle` | *Read Cycle* | rdcycle rd | rd ← cycle | rdcycle t0 |
| `rdinstret` | *Read Instret* | rdinstret rd | rd ← instret | rdinstret t0 |
| `rdtime` | *Read Time* | rdtime rd | rd ← time | rdtime t0 |

Damit auch RV32-Maschinen in den Genuss dieser Register kommen – ein 32-Bit-Register läuft nach etwa einer Sekunde über –, werden die oberen 32 Bit ausgeschrieben als `cycleh`, `timeh` und `instreth` und können mit eigenen Befehlen gesondert angesprochen werden. Sie tragen die gleichen Namen wie die 64-Bit-Versionen, nur mit einem »h« für *high* am Ende.

| Befehl | Beschreibung | Format | Funktion | Beispiel |
|---|---|---|---|---|
| `rdcycleh` | *Read Cycle, Upper 32 Bit* | rdcycleh rd | rd ← cycle | rdcycleh t0 |
| `rdinstreth` | *Read Instret, Upper 32 Bit* | rdinstreth rd | rd ← instret | rdinstreth t0 |
| `rdtimeh` | *Read Time, Upper 32 Bit* | rdtimeh rd | rd ← time | rdtimeh t0 |

Damit kann ein CSR bei RV32 in zwei Register geladen werden. Eine Falle müssen wir trotzdem beachten: Das untere Register könnte genau dann überlaufen, wenn wir mit dem Lesen des oberen fertig sind. Als Vorgabe für das Auslesen der 64-Bit-CSR auf 32-Bit-Maschinen gilt daher:

```
again:
                rdcycleh t0
                rdcycle t1
                rdcycleh t2
                bne t0, t2, again
```

Wir lesen die Register so lange aus, bis wir für die oberen 32 Bit einen identischen Wert erhalten, uns also sicher sein können, dass es keinen Überlauf gegeben hat. Diese Befehle werden auch von RARS angeboten.

Wir können sie benutzen, um unseren Code zu optimieren. Dazu vergleichen wir für verschiedene Varianten die Anzahl der abgelaufenen Taktzyklen, die der verwendeten Befehle oder einfach die benötigte Zeit. In allen drei Fällen merken wir uns den Zählerstand vor dem jeweiligen Code-Abschnitt und vergleichen ihn anschließend mit dem danach. Für RV64:

```
rdcycle t0             # read initial cycle counter

nop                    # code to measure

rdcycle t1             # read new cycle counter
sub a0, t1, t0         # number of cycles passed
```

Testen wir diesen Code in RARS, erhalten wir in `a0` den Wert 2. Das mag verwundern, denn wir haben gesagt, dass Befehle idealerweise in einem Zyklus abgehandelt werden. Lassen wir zur Probe `nop` aus und lassen direkt hintereinander die beiden `rdcycle`-Befehle laufen, erhalten wir 1 und damit die Lösung: Der Befehl zum Auslesen des Registers benötigt selbst auch einen Zyklus. Dieses Verfahren können wir genauso für die Anzahl der Befehle mit `rdinstret` und die Zeit mit `rdtime` anwenden.

Als Alternative gibt es `csrr`, der allgemein den Inhalt eines CSR in ein normales Register lädt.

| Befehl | Beschreibung | Format | Funktion | Beispiel |
|---|---|---|---|---|
| `csrr` | *CSR Read* | csrr rd, csr | rd ← csr | csrr t0, time |

Neben den oben genannten Befehlen gibt es eine Reihe von weiteren für den Umgang mit den CSR, angefangen mit `csrw`, um etwas in ein Register zu schreiben. Da wir hier keine Systemprogrammierung betreiben, verzichten wir auf eine ausführliche Beschreibung der Familie, die mit `csrrw`, `csrrc`, `csrrs`,`csrrwi`, `csrrci` und `csrrsi` daherkommt. Bei diesen Befehlen gibt es ausnahmsweise *keine* Vorzeichenerweiterung.

### 10.5.3 Leerbefehl

Unser alter Freund `nop` tut das, was der Name sagt: absolut gar nichts. Er existiert als Platzhalter, oder um gewisse Adressgrenzen im Speicher einzuhalten, oder damit wir in Büchern über Assembler etwas anderes als Pünktchen in Code-Beispielen schreiben können.

| Befehl | Beschreibung | Format | Funktion | Beispiel |
|---|---|---|---|---|
| `nop` | *No Operation* | nop | *keine* | nop |

### 10.5.4 Speicherzugriffe

| Befehl | Beschreibung | Format | Funktion | Beispiel |
|---|---|---|---|---|
| `fence` | *Fence* | fence | s.u. | fence |

Dieser Befehl – wörtlich übersetzt »Zaun« – dient dazu, Speicher- sowie Ein- und Ausgabezugriffe abzustimmen. Da wir uns in diesem Buch nicht mit so was beschäftigen, ignorieren wir `fence`. Er darf in einfachen Systemen ohnehin als `nop` umgesetzt werden.

### 10.5.5 Besondere RV64- und RV128-Befehle

RV64 und RV128 benötigen weitere Befehle, die wir aber schon vorgestellt haben oder die selbsterklärend sind. Die Ausnahme ist `sext.w` für die Vorzeichenerweiterung eines 32-Bit-Wortes auf eine größere Breite.

| Befehl | Beschreibung | Format | Funktion | Beispiel |
|---|---|---|---|---|
| `sext.w` | *Sign Extend Word* | sext.w rd, rs | Vorzeichen | sext.w t0, t1 |
| `sext.d` (RV128) | *Sign Extend Doubleword* | sext.w rd, rs | Vorzeichen | sext.w t0, t1 |

Das offensichtliche Gegenstück `sext.d` für RV128 war zur Auflage dieses Buches nicht formal definiert.

Ansonsten fügt RV64I `ld` und `sd` für das Laden und Speichern von *double-words* hinzu sowie `lwu` für *Load Word Unsigned* und die Befehle `addw`, `subw`, `sllw`, `srlw`,`sraw`, `slliw`, `srliw` und `sraiw`. Entsprechend finden wir bei RV128I `lq` und `sq` für das Laden und Speichern von *quadwords* und Varianten der anderen Befehle mit einem »d«.

### 10.5.6 Illegale Befehle

Schließlich: Befehle, die nur aus Nullen oder nur aus Einsen bestehen, sind als illegal definiert. Damit soll bei einem Sprung in einen leeren Teil des Speichers sofort das Problem klar werden.

## 10.6 Komprimierte Befehle

Zwar ist es schön, wenn alle Befehle die gleiche Länge haben, aber vier Byte sind für etwas wie `nop` unsinnig. Die Macher von RISC-V haben daher von Anfang an eine Erweiterung mit komprimierten Befehlen mit einer Länge von 16 Bit entworfen. Dieses Modul heißt C für *compressed* und ist mit allen anderen Erweiterungen kompatibel, weswegen auch von »RVC« gesprochen wird. Es ist kein eigenständiger, alternativer Befehlssatz, sondern funktioniert nur in Kombination mit der Basis. Darin enthalten sind zudem verkürzte Versionen von Befehlen aus den Fließkomma-Modulen D und F, die wir hier nicht besprechen.

Wir haben bereits den Sprungbefehl `c.j` als Variante des normalen `j` mit einer kleineren Reichweite von ±2 KiB kennengelernt. Auch für `nop` gibt es eine komprimierte Version, `c.nop`, denn fürs Nichtstun reichen 16 Bit völlig. Einige der C-Befehle beziehen sich nur auf acht der Register, denn in der Praxis werden nicht alle gleich häufig verwendet. Es handelt sich um `s0` und `s1` sowie `a0` bis `a5`, die zusammen in der Dokumentation als `rd´` gekennzeichnet werden.

**Wer sich am C stößt**

Wer keine C-Befehle haben will, warum auch immer, kann sie im GCC mit `.option norvc` für einen gewissen Code-Abschnitt ausschalten.

Die Vorgabe bei RVC lautet, dass jeder komprimierte Befehl eins zu eins zu einem 32-Bit-Befehl aufgeblasen werden kann. Bei der Ausführung des Programms kann der Prozessor dann beim Dekodieren einfach die C-Befehle intern nach einer Dekomprimierung (*decompression*) in denselben Bahnen laufen lassen wie die großen Gegenstücke (nach [EE]):

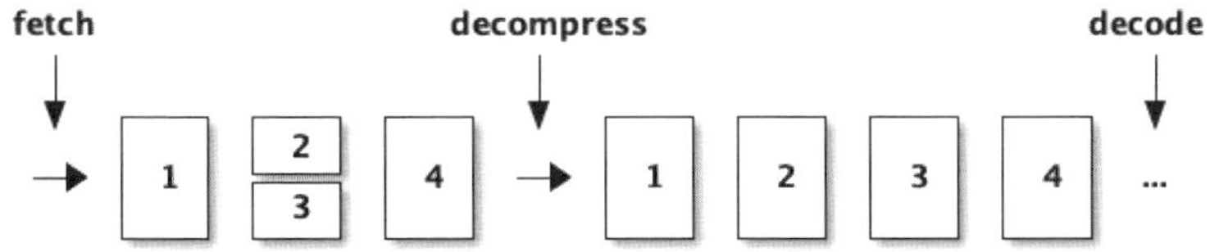


Dieser Ablauf erfolgt komplett transparent. In der Praxis ist es sogar schwierig, sich anzeigen zu lassen, wo komprimierte Befehle verwendet werden, weil sie auch bei der Disassemblierung normalerweise automatisch in die längeren Gegenstücke umgewandelt werden. Nehmen wir diesen Ausdruck eines Code-Schnipsels im GCC (umformatiert):

```
1101 addi sp, sp, -32
e022 sd s0, 0(sp)
e426 sd s1, 8(sp)
e84a sd s2, 16(sp)
ec4e sd s3, 24(sp)
```

Ganz links steht das Maschinenwort. Wir sehen nur an diesen vierstelligen Hex-Zahlen – 16 Bit –, dass der GCC eine Umwandlung in RVC vorgenommen hat. Mit `objdump -d -M no-aliases` können wir den expliziten Ausdruck der komprimierten Befehle erzwingen (wieder umformatiert):

```
1101 c.addi sp, -32
e022 c.sdsp s0, 0(sp)
e426 c.sdsp s1, 8(sp)
e84a c.sdsp s2, 16(sp)
ec4e c.sdsp s3, 24(sp)
```

Die Macher von RISC-V sind stolz auf RVC. Sie weisen darauf hin, dass in der Praxis üblicherweise zwischen 50 und 60 Prozent der Befehle durch ihre komprimierten Gegenstücke ersetzt werden können mit einer Verkleinerung des Codes um 25 bis 30 Prozent. Ihren Berechnungen zufolge erhöht der Einsatz des Moduls C die Leistung fast so gut wie eine Verdopplung der Cache-Größe. [WA]

Für uns ist am wichtigsten: Wir müssen uns nicht kümmern. Wir schreiben einfach die 32-Bit-Befehle hin und vertrauen dem Compiler oder Assembler. Entsprechend stellen wir hier nicht alle C-Befehle vor, sondern nur hin und wieder einzelne, wenn es sich anbietet.

Mit dem Modul C haben wir uns erstmals angeschaut, was innerhalb einer RISC-V-CPU passiert. Das war nur der Anfang. Es wird Zeit, dass wir lernen, was hinter der bislang makellosen Fassade unserer kleinen, geordneten Prozessorwelt wirklich passiert.

# 11 Die Wahrheit

*The explorer trembled, unwilling even to imagine what noxious thing might be lurking in that abyss, but in a moment mustered up the courage to peer over the rough-hewn brink; lying at full length and holding the torch downward at arm's length to see what might lie below.*

*–H.P. Lovecraft, The Case of Charles Dexter Ward (1927)*

Etwas Seltsames ist auf den vergangenen Seiten passiert. Eigentlich sollte RISC-V in Form von RV32I höchstens 46 Befehle umfassen. Das steht sogar in der Spezifikation:

*RV32I contains 40 unique instructions (...). In practice, a hardware implementation including the machine-mode privileged architecture will also require the 6 CSR instructions.*

Dazu kommen acht Befehle aus dem Modul M. Vorgestellt haben wir allerdings inzwischen fast 90, darunter allein 16 Verzweigungsbefehle. Wie passt das zusammen?

Es wurde angedeutet: Die Spezifikation von RISC-V definiert eine Reihe »Pseudo-Befehle«, also Instruktionen, die es eigentlich gar nicht gibt. Diese Fakes erleichtern uns Menschen die Arbeit. Ein solcher Befehl ist `nop`, der beim Prozessor am Ende als `addi zero, zero, 0` ankommt. Als Pseudo-Befehl ist sofort klar, was passieren soll, während die »echte« Version etwas Nachdenken erfordert. An dieser ungeheuerlichen Verschwörung sind alle beteiligt, Compiler, Assembler, Coder und ja, auch Buchautoren.

Wie wir gleich sehen werden, gaukelt RISC-V uns aber nicht nur ein paar Befehle vor. Der Aufbau des Prozessors ist in Wirklichkeit anders, als wir ihn vorgestellt haben, angefangen mit den Registern. Wir haben getäuscht und gelogen, und einige Leute werden jetzt menschlich enttäuscht sein. Von wegen *lawful good*! Warum nur?

Es gibt zwei Ansätze, um sich RISC-V zu nähern.

Ursprünglich kamen die meisten Interessierten aus der Hardwareecke, begeistert von der Freiheit, endlich einen modernen Prozessor ohne Einschränkungen studieren und sogar selbst nachbauen zu können. Für sie waren die Struktur der Befehle auf Bit-Ebene und ihre »echten« Namen wichtig. Die Pseudo-Befehle wurden am Rande erwähnt oder zum Teil nur irgendwo in einer Tabelle zusammengefasst. Die Folge allerdings: Neulinge bekommen die gesamte Komplexität des Prozessors auf einmal um die Ohren gehauen.

Dieses Buch kommt aus der anderen Ecke, dort, wo die Coder wohnen. Nach diesem Ansatz ist es am Ende schnurz, was in der Kiste genau passiert – ja, wir sind wieder bei den Hamstern – solange die Programme laufen. Wenn der Compiler die Befehle versteht, ist es egal, ob es sie wirklich gibt und wie welches Register auf Schaltplänen genannt wird. Das *Modell* des Prozessors ist anders. Insbesondere ist es einfacher und eleganter.

Dieser zweite Ansatz wurde hier aus der Überzeugung gewählt, dass es langfristig mehr Coder als Chip-Architekten geben wird. Wir haben uns daher zunächst einen Überblick über RISC-V verschafft, der »wahr genug« ist, um gut damit arbeiten zu können. In einem zweiten Schritt – der nächsten Iteration, sozusagen – gehen wir nun tiefer, als wir eigentlich müssten.

## 11.1 Register nach der roten Pille

Im vorherigen Abschnitt haben wir die 32 Register von RISC-V in Gruppen aufgeteilt und fünf von ihnen speziellen Aufgaben zugeordnet. Es war einfach, es war verständlich, aber leider auch gelogen.

Es gibt tatsächlich 32 Register – das ist immerhin wahr – und den Programmzähler `pc`. Allerdings werden die Register intern von `x0` bis `x31` durchnummeriert. Bis auf `x0` – unser `zero` – sind alle von ihren Funktionen und Fähigkeiten grundsätzlich gleichgestellt. Die beschriebene Unterteilung der Register nach Funktionen wird zwar von Assemblern und Compilern unterstützt, ist im Wesentlichen aber nur Konvention.

Die wirkliche Aufteilung ist leider ziemlich unübersichtlich.

| Register | ABI Name | Beschreibung | Übersetzung |
|---|---|---|---|
| `x0` | `zero` | *hard-wired zero* | Null-Register |
| `x1` | `ra` | *return address* | Rücksprungadresse |
| `x2` | `sp` | *stack pointer* | Stapelzeiger |
| `x3` | `gp` | *global pointer* | globaler Zeiger |
| `x4` | `tp` | *thread pointer* | Thread-Zeiger |
| `x5` | `t0` | *temporary/alternate link register* | temporäres Register/ alternative Rücksprungadresse |
| `x6-x7` | `t1-t2` | *temporaries* | temporäre Register |
| `x8` | `s0/fp` | *saved register/frame pointer* | geschütztes Register/Rahmenzeiger |

| Register | ABI Name | Beschreibung | Übersetzung |
|---|---|---|---|
| x9 | s1 | *saved register* | geschütztes Register |
| x10-x11 | a0-a1 | *function arguments/return values* | Funktions- und Rückgabewerte |
| x12-x17 | a2-a7 | *function arguments* | Funktionswerte |
| x18-x27 | s2-s11 | *saved registers* | geschützte Register |
| x28-x31 | t3-t6 | *temporaries* | temporäre Register |

zero bleibt auch in seiner Inkarnation als x0 von allem unbeeindruckt. Die Tabelle trägt der Doppelbelegung einiger Register Rechnung, etwa der von t0 – geheime Identität x5 –, das als alternatives Register für Rücksprungadressen dient. Jetzt wissen wir auch endlich, warum es XLEN heißt: Das steht für »Länge der x-Register«.

**Das (inoffizielle) Debugging-Register**

Aus der Tabelle ergibt sich folgender Tipp: Wir können uns bei der Fehlersuche das Leben erleichtern, wenn wir die interessanten Werte in t6 ablegen. Da es sich um x31 handelt, ist es das letzte Register, das in einer Auflistung nach »X-Namen« auftaucht.

Bei erster Betrachtung kommt die Frage auf, ob die Macher von RISC-V noch ganz dicht waren. Die Verteilung wirkt chaotisch, etwa dass die temporären Register von x5 bis x31 verstreut sind. Auch die geschützten Register wie s0 sind aufgebrochen statt ordentlich aufgereiht. Aber es steckt eine Logik dahinter. Wir erinnern uns an RV32E für Embedded-Prozessoren mit 16 Registern: Die komische Aufteilung sorgt dafür, dass der Kleine trotzdem von allem etwas abbekommt. Wie wir gleich sehen werden, sind aus gutem Grund auch s0, s1 sowie a0 bis a5 von x8 bis x15 verteilt.

Zunächst aber: Wer nach den bösen Erfahrungen der vergangenen Seiten mit einem gewissen Misstrauen an diesen Abschnitt herangegangen ist, wird sich seit dem zweiten Absatz fragen, warum wir da nur von einer »grundsätzlichen« Gleichheit der Register gesprochen haben. Auch das »im Wesentlichen« klingt so, als würden wir uns eine Hintertür offen halten. Sind etwa einige Register doch gleicher als andere?

Leider ja, selbst wenn wir zero ausklammern. Die Verwendung gewisser Register *impliziert* eine Absicht bei der Nutzung. Nehmen wir den Aufruf von Subroutinen. Wenn die Rücksprungadresse in ra abgespeichert wird, soll der Compiler davon ausgehen, dass es sich um eine normale Subroutine handelt. Wird dagegen t0 als Register verwendet, deutet dies auf Millicode hin.

Das kann Folgen bis herunter auf die Hardwareebene haben. Ein etwaiger *return-address stack* (RAS) hilft beim Versuch, Vorhersagen über Rücksprungadressen zu treffen. In der Spezifikation von RISC-V ist festgelegt, wie diese Einheit sich verhalten soll, je nachdem, ob ra, t0 oder ein anderes Register für diese Adressen verwendet wird. Dabei wird von »impliziten Hinweisen« (*implicit hinting*) gesprochen.

Spätestens mit der Verwendung der komprimierten Befehle werden die Annahmen, nun, erdrückend. Hier wird fest von der Verwendung der Register zero, ra und sp ausgegangen sowie den »beliebtesten acht« – s0, s1 sowie a0 bis a5, die deswegen in x8 bis x15 zusammengelegt wurden. Einige Lade- und Speicherbefehle von RVC nutzen sp *immer* als Basis-Register, weil bei »normaler« Verwendung Stapelzugriffe so häufig sind. Wer das Optimale aus dem Code herausholen will, kommt nicht umhin, sich an die empfohlene Verwendung der Register zu halten.

**Die kalte, bleierne Hand des EDV-Establishments**

Anhängern von alternativen Sprachen wie Forth wird übel aufstoßen, dass wir selbst bei RISC-V doch nicht die ganz große Freiheit haben. Das »System RISC-V« wehrt sich dagegen, dass jemand die ABI komplett aus dem Fenster wirft, die am Ende wieder auf Mainstream-Sprachen wie C oder Rust mit ihren kleinbürgerlichen Vorstellungen von Funktionsaufrufen, Heap-Bereichen und Stapelzeigern ausgerichtet ist.

## 11.2 Mikroanatomie der Befehle

Um den Aufbau der Pseudo-Befehle zu verstehen, müssen wir uns anschauen, wie die Instruktionen von RISC-V auf Bit-Ebene aufgebaut sind. Sie folgen vier Grundmustern, den *base* oder *core instruction formats:*

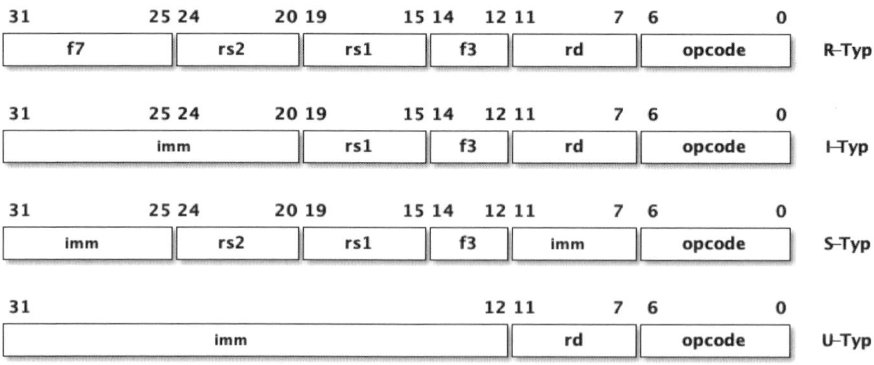


Wir können uns merken: R wie *register*, I wie *immediate*, S wie *store* und U wie *upper*, was auf prominente Vertreter der jeweiligen Gattung verweist. Die vier Buchstaben sind wie »RISC«, nur dass das C umgefallen ist.

Es fällt auf: Die Opcodes sind sieben Bit lang und immer an den Positionen 0 bis 6 (»ganz rechts«). Die Felder `f3` und `f7` kennzeichnen Untervarianten der jeweiligen Opcodes. Die Register nehmen fünf Bit ein, wie wir es bei 32 Stück erwarten. Wenn es ein Ziel-Register `rd` gibt, befindet es sich an den Bit-Positionen 7 bis 11 (»links neben dem Opcode«). Etwaige Quell-Register `rs1` und `rs2` liegen bei Bit 15 bis 19 beziehungsweise 20 bis 24. Nicht in der Zeichnung zu erkennen, aber wichtig: Bei Immediates ist das Vorzeichen immer an der Position 31 (»ganz links«).

Der Rest ist irgendwie drumherum und dazwischen gepackt. Mitgelieferte Zahlen werden da schon mal zerhackt, wie etwa die Immediate-Werte beim S-Format. Diese 12 Bit finden sich wie folgt wieder:

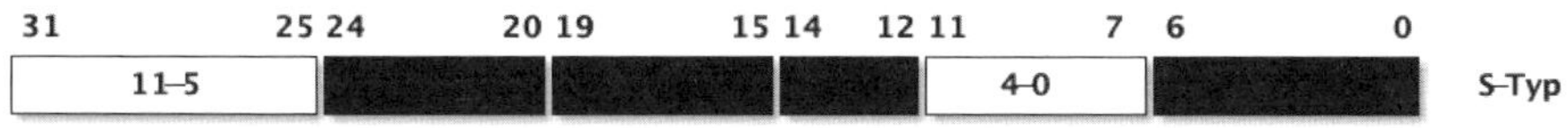


Der Übersicht halber haben wir die anderen Felder geschwärzt. Wir sehen hier, dass das Vorzeichen – das Bit an Position 11 des Immediate-Wertes – sich immer noch ganz links an der Position 31 des Befehls wiederfindet.

Diese komplizierte Aufteilung soll die Dekodierung der Befehle einfacher machen, um möglichst wenig Hardware zu erfordern. Deswegen war die Priorität, den Opcode und die Registernummern – falls vorhanden – immer an die gleichen Stellen zu setzen, wie auch das Vorzeichen. Dann kann etwa der *fetch*-Schritt für Registerinhalte parallel zu der eigentlichen Dekodierung des Befehls ablaufen.

Zusätzlich zu diesen vier Grundformaten gibt es zwei abgeleitete: B wie *branch* ist eine Variante von S, die für Verzweigungen eingesetzt wird, und J wie *jump* ist eine Variante von U für Sprünge. Bei ihnen sind die Immediate-Felder intern anders organisiert, damit die Dekodierung effizienter abläuft.

Das B-Format zeigt, welche Blüten es treibt, wenn die Bit möglichst immer an derselben Stelle liegen sollen. Wir erinnern uns, dass die drei Operanden eines Verzweigungsbefehls aus zwei Registern bestehen, die verglichen werden, sowie einem Offset für den Sprung relativ zum Programmzähler in der Form `beq t0, t1, loop`.

Für den Offset stehen im S-Format zunächst 12 Bit in den beiden Immediate-Feldern zur Verfügung. Eigentlich könnten wir bei Verzweigungen genauso vorgehen und bräuchten das B-Format gar nicht. Aber damit würden wir eine wichtige Gelegenheit verpassen: Bei Verzweigungen ist das unterste Bit des Offsets immer Null, weil wir nur an gerade Adressen springen. Diese Null müssen wir nicht mitschleppen. Damit können wir in den 12 Bit der beiden Immediate-Felder funktionell einen Offset von 13 Bit speichern. Das gibt uns am Ende die schon beschriebene Reichweite von ±4 KiB bei Verzweigungen.

Nun gut, dann könnten wir einfach die Bit 12 bis 6 des Offsets vorne und die von 5 bis 1 hinten in die jeweiligen Immediate-Felder packen. Bei der Dekodierung des Befehls könnten wir sie dann einfach wieder zusammenfügen und um eine Stelle arithmetisch nach links verschieben. Das B-Format würde bei diesem Vorgehen so aussehen:

Auf den ersten Blick ist alles gut, insbesondere weil das Vorzeichen ganz links steht, wie wir es haben wollen. Aber die Macher von RISC-V wollten noch mehr von der bestehenden Dekodierungshardware des S-Formates nutzen. Sie entschieden sich daher, auch möglichst viele Bit des Immediate-Wertes an den alten Stellen zu lassen.

Damit wäre die offensichtliche Lösung, das oberste Bit dorthin zu tun, wo das unterste war. Aber das würde die eiserne Regel verletzen, dass das Vorzeichen immer ganz links im Befehl stehen muss. Stattdessen wurde das 11. Bit der Zahl an die Stelle verlegt.

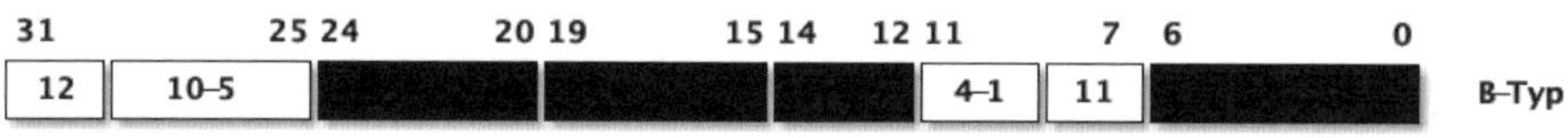


Dieser Aufbau soll eine einfachere und kostengünstigere Hardware erlauben, auch wenn der Befehl jetzt so aussieht, als wäre er von Viktor Frankenstein zusammengesetzt worden. Dieser Gedankengang führt zu einer ähnlichen Aufsplittung der Sprungbefehle im Format J als Abwandlung von U:

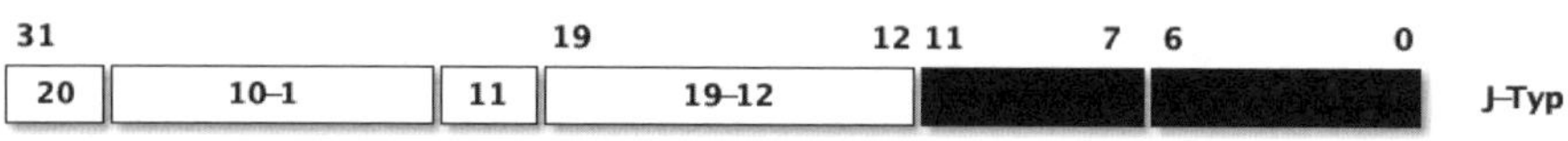


Die gruseligen Einzelheiten dieser Bit-Chirurgie ersparen wir uns.

### 11.2.1 Genaueres zur Befehlslänge

Wir haben gesehen, dass RISC-V-Befehle entweder 16 (beim Modul C) oder 32 Bit lang sein können und im Little-Endian-Format abgespeichert werden. Das war nicht gelogen, aber auch nicht die ganze Wahrheit.

Genauer gesagt werden die Befehle in »Päckchen« (*parcels*) zu 16 Bit abgespeichert, die *jeweils little-endian* vorliegen. Damit können RISC-V-Befehle immer ein Vielfaches von 16 Bit sein, es wären also auch 48- oder 64-Bit-Befehle und so weiter denkbar. Analog zu XLEN wird die kleinste Länge eines Befehles bei einem RISC-V-Prozessor mit der *instruction length* (ILEN) angegeben. Ein RV32GC- und ein RV64GC-Chip hätten damit beide eine ILEN von 16 Bit, weil sie 16- und 32-Bit-Befehle verarbeiten können, auch wenn die XLEN mit 32 und 64 Bit unterschiedlich ist.

Besteht ein Befehl aus mehreren Päckchen, wird zuerst das im Speicher abgelegt, das die *unteren* Bit enthält. Faktisch haben wir damit für den gesamten Befehl das Little-Endian-Format, weswegen unsere Aussage nicht falsch war. Noch anders formuliert: Die kleinsten Bit des Befehls kommen zuerst im Speicher, liegen also an den unteren Adressen. Das ist wichtig, denn in diesen Bit liegen die Angaben zur Länge des Befehls. Bei der Dekodierung kann die CPU damit immer sofort an den ersten, untersten Bit sehen, wie viele Päckchen sie zu erwarten hat, ähnlich wie das höchste Bit eines Befehls immer das Vorzeichen enthält.

Wir schauen uns hier den entsprechenden Aufbau nur für 16- und 32-Bit-Befehle an. Im ersten Fall sind die ersten beiden Bit alles, nur *nicht* 0b11. Im zweiten Fall sind genau diese unteren Bit *immer* 0b11, die nächsten drei dann *nicht* 0b111.

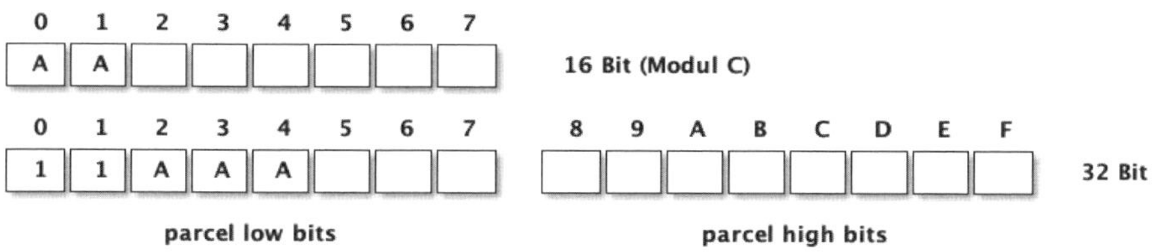


Den Ausschluss von 0b11 bei 16-Bit-Befehlen und 0b111 bei 32 Bit haben wir hier jeweils mit »AA« und »AAA« gekennzeichnet. Befehle mit größerer Länge würden nach einem ähnlichen Verfahren codiert, aber da wir so etwas nicht bei RV32, RV64 oder RV128 haben, überspringen wir das.

## 11.3 Pseudo-Befehle

Schauen wir uns stattdessen an, welche der uns lieb gewordenen Befehle gar nicht existieren.

### 11.3.1 Ladebefehle

Wie wir wirklich eine Zahl in ein Register laden, ist kompliziert und hängt von deren Größe ab. Bei Werten, die in 12 Bit passen, können wir einfach addieren. Nehmen wir die Zahl sieben, die wir in unserer rosaroten Scheinwelt mit `li a0, 7` in `a0` laden würden. Daraus wird in Wirklichkeit:

```
addi a0, zero, 7
```

Da im Register zero immer eine Null steht, wird der Wert von a0 am Ende sieben sein. Genauer gesagt natürlich, der Wert von x10:

```
addi x10, x0, 7
```

Die Verwendung der X-Namen ist allerdings so unübersichtlich, dass wir auch in diesem Abschnitt weiter die ABI verwenden. Wie auch immer: Das kommt also am Ende für li a0, 7 an. Außer natürlich, unser Prozessor hat das Modul C installiert und kann damit auf komprimierte Befehle zugreifen, um noch zwei Byte zu sparen. Dann wird daraus diese Instruktion, die trotz des Namens kein Pseudo-Befehl ist:

```
c.li a0, 7
```

Der c.li-Befehl erlaubt signierte Immediate-Werte mit einer Breite von sechs Bit, also ±32, was für viele Situationen reicht.

Mit dem Null-Trick können wir auch den Befehl mv umsetzen, der ebenfalls eigentlich ein Pseudo-Befehl ist. Aus mv t0, t1 wird:

```
addi t0, t1, 0
```

Theoretisch wäre auch beispielsweise add t0, t1, zero denkbar, aber die Spezifikation definiert dies als die einzig zulässige Umsetzung von mv.

Was ist aber, wenn 12 Bit nicht reichen und wir nicht mehr einfach addieren können? Ganz grundsätzlich, wie bekommen wir mit einem Befehl, der nur 32 Bit lang sein darf, eine 32-Bit-Zahl in ein 32-Bit-Register? Wir müssen in zwei Schritten vorgehen. Zuerst laden wir 20 Bit in den oberen Teil des Registers mit einem neuen Befehl, lui für *Load Upper Immediate*. Die restlichen, unteren Bit werden dabei auf Null gesetzt.

| Befehl | Beschreibung | Format | Funktion | Beispiel |
|---|---|---|---|---|
| lui | *Load Upper Immediate* | lui rd, i | rd ← i << 12 | lui t0, 0x1000 |

Danach addieren wir auf bekannte Weise die unteren 12 Bit mit einem normalen addi hinzu. Damit wird aus li t0, 0x1234567:

```
lui t0, 0x12345
addi t0, t0, 0x678
```

Bei lui schreiben wir die 20-Bit Zahl in den Operanden, *nicht* die 32-Bit-Zahl 0x1234_5000. Bei der Ausführung des Programms wird diese Zahl dann um 12 Bit nach links geschoben und die freiwerdenden Stellen werden mit Nullen aufgefüllt. Diese 32-Bit-Zahl wird dann in das angegebene Register – hier t0 – abgespeichert.

Einige Fallstricke zeigen, warum wir die Berechnung dieser Adressen besser der Maschine überlassen. Bei `lui` wird gerne die Verschiebung um 12 Bit vergessen.

```
lui t0, 0x1                 # wrong
```

Danach steht in `t0` nicht, wie es bei einem flüchtigen Hinsehen scheinen könnte, 0x1000_0000, sondern 0x0000_1000. Bösartiger ist die automatische Vorzeichenerweiterung. Nehmen wir an, wir werden von gemeinen Menschen gezwungen, ohne die Verwendung von Pseudo-Befehlen die Zahl 0x1111_1800 in ein Register laden, was wir in der Praxis mit `li t0, 0x11111800` erledigen würden. Die folgende Umsetzung ist nicht richtig (hier zur Abwechslung bei RV64I, daher `addiw`):

```
lui t0, 0x11111
addiw t0, t0, 0x800         # wrong
```

Das Problem: Aus der Sicht von `addi` ist 0x800 eine negative Zahl und bekommt das Vorzeichen erweitert. Wenn wir mit `objdump -d` schauen, was der GCC aus unserem `li`-Befehl macht, finden wir die Lösung:

```
lui t0, 0x11112             # note last digit
addiw t0, t0, -2048
```

Compiler und Assembler sind klug genug, um den oberen 20-Bit-Wert anzupassen, indem sie ihn um eins erhöhen. In der Spezifikation finden wir für diese »angepasste« Vorzeichenerweiterung eine etwas andere Notation: Hier wird zum ersten Befehl noch einmal das elfte Bit addiert.

```
lui rd, symb[31:12]+symb[11]
addi rd, rd, symb[11:0]
```

Das ist für uns in diesem Buch zu unleserlich. Wir behalten im Kopf, dass die Maschine für uns die Vorzeichenerweiterung bändigt.

**Abrakadabra – und nix passiert**

Hintergrund ist eine Erkenntnis aus der Binärmathematik: Addieren wir zu einer beliebigen Zahl eine Binärzahl, die nur aus Einsen besteht, und erhöhen dann das Ergebnis um eins, haben wir wieder die ursprüngliche Zahl. Denn Binärzahlen, die nur aus Einsen bestehen, entsprechen dezimal -1.

Am klarsten wird das alles, wenn wir dem GCC die Zahl 0xFFFF_FFFF zur Berechnung geben. Die Maschine gibt uns dann:

```
lui t0, 0x10000
addiw t0, t0, -1
```

Der Wert für `addiw` bleibt -1, aber der Wert für `lui` ist um eins erhöht worden. Wer trotzdem unbedingt alles per Hand berechnen will (oder muss), dem hilft der GCC. Mit der Modifizierung (*modifier*) `%hi(ZAHL)` bekommen wir die oberen 20 Bit einer Zahl und mit `%lo(ZAHL)` die unteren 12 Bit:

```
.equ    ZAHL, 0xEECD6
        ...
        lui t0, %hi(ZAHL)
        addi t0, t0, %lo(ZAHL)
```

Wenn `li` ein Fake ist, was ist dann mit `la`? Das ist noch komplizierter. Um `la` zu verstehen, führen wir den nächsten Ladebefehl ein: `auipc`, *Add Upper Immediate to Program Counter.*

| Befehl | Beschreibung | Format | Funktion | Beispiel |
|---|---|---|---|---|
| `auipc` | *Add Upper Immediate to pc* | auipc rd, i | rd ← PC + (i << 12) | auipc t0, 0x10 |

Dieser Befehl ist die Grundlage für die `pc`-relative Adressierung bei RISC-V. Er addiert eine gegebene 20–Bit-Zahl zum *oberen* Teil des Programmzählers und schreibt das Ergebnis in das angegebene Register. Grafisch dargestellt:

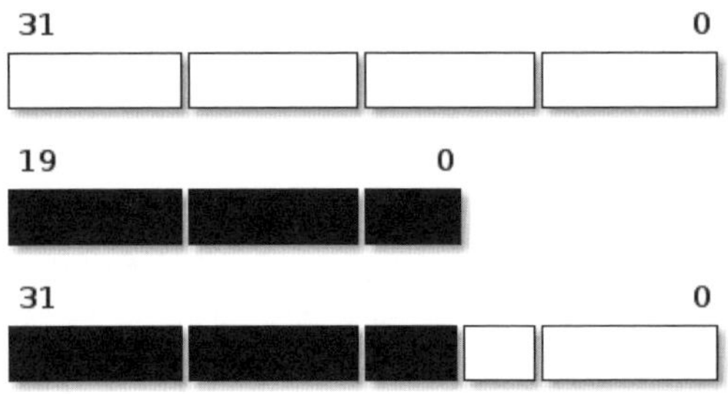


Nehmen wir eine Stelle, die sich 0x1234 Byte vom Programmzähler entfernt befindet. Mit `auipc` haben wir:

```
auipc t1, 0x1               # PC + 0x0000_1000
lw t1, 0x234(t1)            # t1 <- (PC + 0x000_1000 + 0x0234)
```

Ohne `auipc` wäre das erheblich schwieriger:

```
            jal t1, get_pc          # PC+4 jetzt in t1
get_pc:
            lui t2, 0x1             # t2 <- 0x0000_1000
            add t1, t1, t2
            lw t1, 0x230(t1)        # adjusted for PC+4
```

**Der einzig wahre Weg zur Selbstfindung**

Damit können wir jetzt den Programmzähler `pc` auslesen: mit dem Befehl `auipc t0, 0`. Theoretisch ginge das auch mit dem Sprungbefehl `jal`, der dann `pc+4` in `ra` erhält. Die Spezifikation warnt allerdings ausdrücklich, dass dieses `jal`-Verfahren Pipelines und etwaige *branch target buffers* durcheinanderbringt.

Der Befehl `auipc` ist fast überall mit im Spiel, wenn es darum geht, Adressen zu generieren. Nehmen wir einen Ladebefehl, der ein Byte von einer weit entfernten Speicherstelle in ein Register holen soll, etwas wie `lb s0, 0xF04E9`. Auch hier wird die eigentliche Adresse in einem Register zusammengebaut.

```
auipc s0, %hi(0xF04E9)
lb s0, s0, %lo(0xF04E9)
```

**Komm klammern**

Wer genau aufgepasst hat, wird an dieser Stelle stutzen. Wir haben bislang Befehle wie `lb` immer mit dem Offset so geschrieben, dass dieser *vor* die Klammer gesetzt wird, in der das Register steht – also `lb t0, 4(t0)`. Hier haben wir ihn angehängt und nur mit einem Komma getrennt, also `jalr t0, t0, 4`. Tatsächlich akzeptieren Compiler beide Formen. Die Variante mit der Klammer wird bevorzugt, aber in diesem Fall wird es klarer, wenn wir den Offset anhängen.

Wir hatten bei den Speicherbefehlen angemerkt, dass ein zweites Register angegeben werden muss – die »furchtbare Wahrheit«, die damals die Existenz der Pseudo-Befehle verriet. Jetzt kennen wir den Grund dafür: Irgendwo muss der Platz herkommen, um die Adresse zu berechnen, wenn wir ein Label `worsley` haben und `sb t0, worsley, t1` schreiben.

```
auipc t1, %hi(worsley)
sb t0, t1, %lo(worsley)
```

Das Prinzip der Pseudo-Befehle dürfte jetzt klar sein. Wir besprechen zwei Gruppen noch, weil sie so häufig auftauchen: Sprünge und Verzweigungen.

### 11.3.2 Verzweigungen

Letztere können wir mit einer Tabelle abhandeln: Eigentlich gibt es nur sechs Verzweigungsbefehle – `beq`, `bne`, `blt` und `bgt` sowie `bltu` und `bgeu`. Die übrigen zehn sind Pseudo-Befehle, die mit dem Register `zero` arbeiten oder die die Operanden vertauschen.

| Pseudo-Befehl | Wirklichkeit |
|---|---|
| `beqz rs, i` | `beq rs, zero, i` |
| `bnez rs, i` | `bne rs, zero, i` |
| `blez rs, i` | `bge zero, rs, i` |
| `bgez rs, i` | `bge rs, zero, i` |
| `bltz rs, i` | `blt rs, zero, i` |
| `bgtz rs, i` | `blt zero, rs, i` |
| `bgt rs, rt, i` | `blt rt, rs, i` |
| `ble rs, rt, i` | `bge rt, rs, i` |
| `bgtu rs, rt, i` | `bltu rt, rs, i` |
| `bleu rs, rt, i` | `bgeu rt, rs, i` |

### 11.3.3 Sprungbefehle

Auch hier gibt es nur `jal` und `jalr`, aus denen `j`, `jr`, `call`, `ret` und `tail` mit Hilfe des `zero`-Registers und `auipc`-Befehlen zusammengezimmert werden. Dabei hat `jal` das J-Format, was die Begrenzung auf eine Sprungweite von ±1 MiB erklärt. Bei `jalr` wurde das I-Format genommen, daher der Offset.

Somit ist `ret` in Wirklichkeit `jalr zero, 0(ra)`. Auch `call` – ein Sprung an eine »weit entfernte« Subroutine – ist nichts weiter als ein normaler Sprung, der je nach Entfernung mit `jal` oder einer Kombination von `auipc` und `jalr` umgesetzt wird. Der Pseudo-Befehl dient als Hinweis an Compiler (und Mensch), dass es ein größerer Sprung werden dürfte.

### 11.3.4 Weitere Pseudo-Befehle

Die anderen Pseudo-Befehle sind selbsterklärend. Diese Umsetzungen sind verpflichtend.

| Pseudo-Befehl | Wirklichkeit |
|---|---|
| `nop` | `addi zero, zero, 0` |
| `mv rd, rs` | `addi rd, rs, 0` |
| `not rd, rs` | `xori rd, rs, -1` |
| `neg rd, rs` | `sub rd, zero, rs` |
| `negw rd, rs` | `subw rd, zero, rs` |
| `sext.w rd, rs` | `addiw rd, rs, 0` |
| `seqz, rd, rs` | `sltiu rd, rs, 1` |

| Pseudo-Befehl | Wirklichkeit |
|---|---|
| `snez rd, rs` | `sltu rd, zero, rs` |
| `sltz rd, rs` | `slt rd, rs, zero` |
| `sgtz rd, rs` | `slt rd, zero, rs` |

## 11.4 Macro-Op-Fusion

Die Verwendung komprimierter Befehle ist bei RISC-V eng verbunden mit der Strategie der *macro-operation fusion*, hier kurz Macro-Op genannt. Dabei werden bei der Dekodierung mehrere aufeinanderfolgende Befehle intern zu einem einzigen Befehl zusammengefasst. Die Welt erfährt nichts davon. Das Verfahren reduziert die Zahl der Befehle in der Pipeline, weswegen es etwa auch bei *Just In Time* (JIT)-Compilern funktioniert. Intel-Prozessoren gehen so vor. [FA2] Wir haben beim Modul M gesehen, wie der Boden für die flächendeckende Nutzung dieser Strategie bereitet wird, als festgeschrieben wurde, in welcher Reihenfolge und mit welchem Muster von Registern die Multiplikation zu vollziehen ist.

In Kombination mit dem Modul C kann so eine große Befehlsdichte zustandekommen. Aus zwei »normalen« Befehlen mit zusammen acht Byte baut der Compiler in einem ersten Schritt zwei komprimierte Befehle mit insgesamt vier Byte. Diese werden dann im Chip zu einem Macro-Op-Befehl verschmolzen. Bei ihrer ursprünglichen Vorstellung des Verfahrens 2016 berichten die Erfinder von RISC-V von einer durchschnittlichen Verringerung der Zahl der effektiven Befehle um 5,4 Prozent. [CC]

Wir können entsprechend unsere Darstellung des Ablaufs bei komprimierten Befehlen erweitern (nach [EE]):

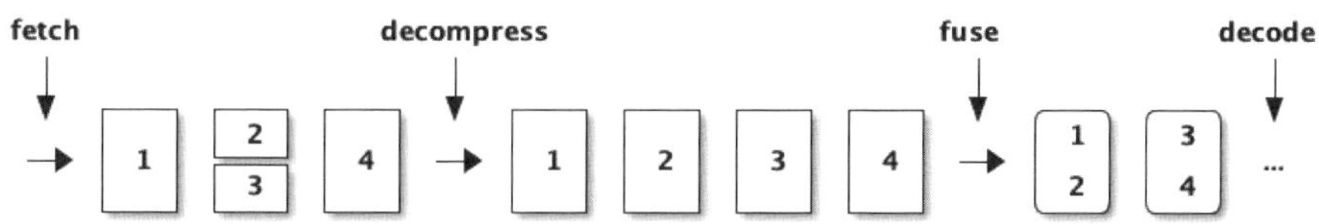


Die Strategie ist für RISC-V besonders verlockend, weil sie es ermöglicht, den Befehlssatz weiter klein zu halten, statt weitere Instruktionen einzuführen. Die Last wird damit von der ISA auf die Hersteller der Prozessoren umgelegt: Sie müssen die entsprechende Hardware bereitstellen. Um Macro-Op richtig umzusetzen, müssen allerdings alle Beteiligten mitziehen, angefangen mit den Compilern, denen erst beigebracht werden muss, derartige Befehlskombinationen zu erstellen. Ursprünglich mussten die Macher mehr als die Hälfte – 57 Prozent – solcher Sequenzen per Hand im Code umstellen.

Als dieses Buch geschrieben wurde, gab es noch keine endgültig festgelegten Sequenzen für die Macro-Op-Fusion. Als Kandidaten wurden die folgenden Befehle diskutiert, hier mit ihrer angedachten Funktion (nach [CW]):

| Befehlssequenz | Funktion | Befehlsname | Beschreibung |
|---|---|---|---|
| `add rd, rs1, rs2ld rd, 0(rd)` | `rd = array[offset]` | *Index Load* | Laden mit Base+Index-Registern |
| `slli rd, rs1, iadd rd, rd, rs2` | `rd = &(array[offset])` | *Load Effective Address* | Erhöhung der Adresse um Offset |
| `slli rd, rs1, iadd rd, rd, rs2ld rd, 0(rd)` | `rd = array[offset]` | *Load Effective Address* | Kombination beider oberer Befehle |
| `slli rd, rs1, 32srli rd, rd, 32` | `rd = rs1 & 0xFFFF_FFFF` | *Clear Upper Word* | Obere 32 Bit werden gelöscht |
| `lui rd, i[31:12]addi rd, rd, i[11:0]` | `rd = i` | *Load Immediate* | Laden einer Zahl ins Register |
| `auipc rd, symb[31:12]ld rd, imm[11:0](rd)` | `rd = symb` | *Load Address* | Laden einer Adresse ins Register |
| `auipc t0, symb[32:12]jalr ra, imm[11:0]` | `pc = symb` | *Jump* | Springen an (entfernte) Adresse |
| `addiw rd, rs, islli rd, rs, 32srli rd, rs, 32` | `rd = zero-extend (rs+i)` | *Zero-Extended 32 Bit Add* | 32-Bit-Addition ohne Vorzeichenerweiterung |
| `mulh rdh, rs1, rs2mul rdl, rs1, rs2` | `rdh, rhl = rs1 * rs2` | *Multiply* | 32-Bit-Multiplikation (auch `mulhs` etc.) |
| `div rdq, rs1, rs2rem rdr, rs1, rs2` | `rdq, rdr = rs1 / rs2` | *Divide* | Division und Modulo |
| `ld rd1, i(rs1)ld rd2, 8+i(rs1)` | `rd1 = i(rs1)rd2 = 8+i(rs1)` | *Load Pair* | Laden von zwei nachfolgenden Werten in zwei Register |
| `ld rd, i(rs)addi rs, rs, 8` | `rd = i(rs)rs = rs+8` | *Post-Index Load* | Adresse nach Speicherzugriff automatisch erhöhen |

Was auffällt: Eine Reihe von Instruktionen, die wir bislang nur als Pseudo-Befehle kennen, wie `li` und `j`, würden als wirkliche Instruktionen eingeführt, wenn auch nur tief im Inneren des Prozessors.

## 11.5 Zurück ans Licht

*The nethermost caverns (...) are not for the fathoming of eyes that see; for their marvels are strange and terrific.*

*–H.P. Lovecraft, The Festival (1923)*

Was haben wir in der Unterwelt gelernt? Dass Compiler und Assembler am besten wissen, wie die Pseudo-Befehle zu echtem Code umgesetzt werden. Einmal die Berechnung per Hand gemacht zu haben ist zwar lehrreich, aber eben auch fehlerbehaftet, langsam und schlicht unnötig. Selbst die Macher von RISC-V gestehen indirekt in der Spezifikation ein, dass die Komplexität überwältigend werden kann: Als Umsetzung für `li rd, i` schreiben sie einfach *myriad sequences*. Befehle wie `auipc` und `lui` sowie die »internen« Register-Namen wie `x13` sollten Maschinen vorbehalten bleiben.

Später stellen wir eine Stilfibel für RISC-V vor. Ein großer Teil der Empfehlungen darin dient dazu, die vergangenen Seiten wieder glücklich vergessen zu können.

# Teil III

# Vertiefung

Wir verfügen nun über die Grundlagen, um mit dem RISC-V-Prozessor umgehen zu können. Ab jetzt behandeln wir drei Dinge: Wir gehen ausführlich – vertieft, eben – auf spezifische Strukturen und Verfahren ein, die häufig oder sogar ständig verwendet werden; wir besprechen Möglichkeiten, unseren Code effektiver zu machen; und schließlich bieten wir Gerüste und Anregungen für eigene Experimente in Form von Projekten an.

# 12 Effizienter Code

*MULTICS was a mixed success. It was designed to support hundreds of users on a machine only slightly more powerful than an Intel 386-based PC, although it had much more I/O capacity. This is not quite as crazy as it sounds, since in those days people knew how to write small, efficient programs, a skill that has subsequently been completely lost.*

*–Tanenbaum und Bos, Modern Operating Systems (2015)*

Zunächst stellen wir hier einige allgemeine Grundprinzipien für effizienten Assembler-Code vor. Sie sind im Grunde nicht wirklich anders als die Ansätze, die ein Compiler verfolgt.

## 12.1 Das Ziel

Aber was meinen wir überhaupt mit »effizientem« Code?

Traditionell geht es bei Assembler um zwei Dinge: entweder den Code *klein* zu halten, also den Speicherplatz möglichst effektiv auszunutzen, etwa beim 6502 mit seinem Adressraum von 64 KiB. Bei moderneren Prozessoren gilt dieses Prinzip immer noch, aber heutzutage eher, damit der Code in den Cache passt. Oder das Ziel kann sein, den Code möglichst *schnell* zu machen, etwa bei kritischen Stellen eines Computerspiels. Wir werden sehen, dass oft ein Zielkonflikt besteht: Der Code kann meist entweder kurz oder schnell sein, aber nicht beides.

Bei modernen Prozessoren besteht zudem ein erheblicher Druck, die Zahl der *Speicherzugriffe* klein zu halten, weil die dafür benötigte Zeit im Vergleich zur reinen Rechenzeit der CPU so groß ist. Fast alle Maschinen, besonders aber tragbare Geräte, sollen zudem möglichst *wenig Strom* verbrauchen. Diese beiden Ziele können sich überlappen: Ein 32-Bit-Zugriff auf den DRAM-Hauptspeicher verbraucht 20.000-mal so viel Energie wie die Ausführung eines 8-Bit-Additionsbefehls. [HP] Schließlich wollen wir möglichst wenige *Verzweigungen* einbauen, um die Pipeline besser ausnutzen zu können.

## 12.2 Verfahren

Wir stellen hier einige der wichtigsten Tricks in allgemeiner Form mit ihren englischen Begriffen vor.

### 12.2.1 Strength Reduction

Gewisse »teurere« Assembler-Befehle können unter bestimmten Umständen durch solche ersetzt werden, die weniger Ressourcen verbrauchen. Das klassische Beispiel ist eine Multiplikation mit einer Zweierpotenz, an deren Stelle eine Linksverschiebung verwendet wird. Ein Code wie

```
li t1, 4            # multiplicator
mul t0, t0, t1      # t0 = t0 * 4
```

wird entsprechend durch `slli t0, t0, 2` ersetzt. Die Tabelle dazu haben wir schon bei den Verschiebebefehlen vorgestellt. Wir werden die Division im Abschnitt über Mathe behandeln.

### 12.2.2 Inlining

Subroutinen dienen dazu, mehrfach aufgerufenen Code nur einmal schreiben zu müssen. Wenn es aber um die Geschwindigkeit geht und nicht um die Code-Größe, kann es sich lohnen, die entsprechenden Befehle »in der Zeile« (*in line*) zu wiederholen. Das gilt besonders für Schleifen, wo derartige Aufrufe – und Sprünge allgemein – den Ladeschritt des Befehlszyklus verzögern. [AF]

Wer viel mit Hochsprachen arbeitet, insbesondere »eleganten« wie Haskell oder Lisp, kann hier tief sitzende Hemmungen haben, weil eine derartige Redundanz als verschwenderisch gilt, wenn nicht sogar als Zeichen einer intellektuellen Minderleistung. In Assembler kann das Inlining jedoch zu deutlich schnellerem Code führen.

### 12.2.3 Verzweigungen ersetzen

> *»I only said if!« poor Alice pleaded in a piteous tone. The two Queens looked at each other, and the Red Queen remarked, with a little shudder, »She says she only said if – «*
>
> *–Lewis Carroll, Through the Looking-Glass and What Alice Found There (1871)*

Bei Prozessoren mit Pipelines wollen wir möglichst wenige Verzweigungen im Code haben, also möglichst lange *basic blocks*. Ein Weg dazu besteht darin, Setzbefehle wie seqz zu benutzen. In anderen Fällen können wir auf Logikbefehle zurückgreifen.

Nehmen wir an, wir wollen wissen, ob in einem der vier Register s0 bis s3 etwas anderes als eine 0 steht. Leider erlaubt es RISC-V nicht, über Register zu iterieren. Wir könnten die vier Register jeweils einzeln testen, aber mit dem or-Befehl geht es schneller:

```
li t0, 0

or t0, s0, s1           # does s0 or s1 contain a set bit?
or t1, s2, s3           # does s2 or s3 contain a set bit?
or t0, t0, t1           # is any bit set anywhere?

beqz t0, all_regs_zero
```

Ist in diesen Registern auch nur ein Bit versteckt, wird es bei der dritten Prüfung enttarnt.

Dieses Muster finden wir auch in anderer Form. Nehmen wir nun an, wir wollen wissen, ob die vier Register a0 bis a3 gleich sind. Wir könnten dazu eine Kette aufmachen mit beq-Befehlen, aber es geht auch mit xor. Wir nutzen dabei die Tatsache aus, dass zwei Bit-Sequenzen identisch sein müssen, wenn das exklusive Oder eine Null ergibt.

```
xor t0, a0, a1         # are a0 and a1 the same?
xor t1, a2, a3         # are a2 and a3 the same?
xor t0, t0, t1         # are the results the same?

seqz t6, t0            # if all are the same, set t6
```

Hier nutzen wir am Ende zur Abwechslung einen Setzbefehl statt einer Verzweigung.

### 12.2.4 Parallele Befehlsausführung

*»Curtsey while you're thinking about what to say. It saves time.«*

*–Lewis Carroll, Through the Looking-Glass and What Alice Found There (1871)*

Wenn wir mehrere Dinge gleichzeitig machen können, geht die Arbeit insgesamt schneller – wir erinnern uns an die Pipeline-Verfahren bei der Waschmaschine, der *instruction-level parallelism* (ILP). Wichtig ist in diesem Zusammenhang die Latenz (*latency*) der Befehle, die überschlagsmäßig so aussieht (nach [FA1] und [CK]):

| Befehlstyp | Zyklen |
|---|---|
| Integer-Addition | 1 |
| Integer-Multiplikation | 3 |
| Integer-Division | 20 – 40 |
| Daten laden aus L1-Cache | 5 |
| Daten laden aus Hauptspeicher | >100 |

Wir sehen hier, wie brutal langsam die Division selbst auf Prozessoren ist, die dafür spezielle Hardware mitbringen, und wie viel ein Cache beim Speicherzugriff ausmacht.

Als Faustregel könnten wir damit sagen, dass Ladebefehle vor Befehlen kommen sollten, die die ALU beanspruchen. Allerdings müssen diverse mögliche Komplikationen berücksichtigt werden, etwa wenn auf Daten gewartet werden muss, die von früheren Befehlen abhängen. Das ganze Spiel wird sehr schnell sehr kompliziert.

Ein guter Compiler kennt die spezifische Hardware in- und auswendig und damit auch Dinge wie die genauen Latenzen. Er ist damit in der Lage, die Reihenfolge der Befehle durch dieses *instruction scheduling* so effektiv anzuordnen, dass sie sich optimal überlappen. Es wäre vermessen zu glauben, dass wir als Menschen mit einem vertretbaren Aufwand mit einem Compiler dieser Klasse mithalten könnten. Aber wir können mit einer geschickten Reihenfolge der Befehle wenigstens etwas zur Effizienz beitragen.

**Parallele Parallelisierungsansätze**

ILP war einmal ein großer Hoffnungsträger, etwa beim Itanium-Prozessor Anfang des Jahrtausends. Allerdings erweist es sich als schwierig, in konventionell strukturiertem Code ausreichende Gelegenheiten dafür zu finden, egal wie ausgeklügelt die Pipeline-Verwaltung und die Befehlsanordnung sind. In vielen Fällen ist ein größerer Cache effektiver. [HP]

Entsprechend wandten sich die Prozessorhersteller danach verstärkt der Strategie zu, zusätzliche Kerne in ihre CPUs zu packen und die Parallelverarbeitung auf der Ebene der Prozesse anzusiedeln, genauer, bei den Threads als *thread-level parallelism*. Gleichzeitig wurde »echte« Parallelverarbeitung mit dem Aufkommen von Multimedia wichtiger, Stichwort *Single Instruction, Multiple Data* (SIMD). Das alles wird in diesem Buch nicht behandelt.

### 12.2.5 Entkopplung

Wenn Dinge gleichzeitig passieren sollen, dürfen sie nicht voneinander abhängen. Daher spielt das Prinzip der Entkopplung bei der Parallelisierung eine große Rolle. Dabei versuchen wir dafür zu sorgen, dass keine Abhängigkeitsketten (*dependency chains*) entstehen. [CK] Nehmen wir an, wir wollen acht Zahlen addieren, die wir mit acht Buchstaben darstellen.

```
z = a + e + e + h + i + k + l + s
```

Eine naive Umsetzung in Pseudo-Code könnte so aussehen:

```
add z, a, e
add z, z, e
add z, z, h
add z, z, i
add z, z, k
add z, z, l
add z, z, s
```

Das Problem: Jeder Schritt muss auf den vorherigen warten, der Vorgang kann nicht parallel ausgeführt werden, egal wie viele Additionseinheiten wir in dem Kern haben. Wenn wir davon ausgehen, dass jede Addition einen Taktzyklus braucht, benötigt dieser Code sieben Zyklen. Aber wir können die Ketten sprengen und die Rechnung anders darstellen:

```
z = (a + e) + (e + h) + (i + k) + (l + s)
```

Mit einem Haufen Zwischen-Register, die wir bei RISC-V ja haben, lautet der Pseudo-Code dann so:

```
add t0, a, e         # addition level 1
add t1, e, h
add t2, i, k
add t3, l, s

add t0, t0, t1       # addition level 2
add t2, t2, t3

add z, t0, t2        # addition level 3
```

Der Code ist nicht kürzer geworden, sondern besteht immer noch aus sieben Befehlen. Allerdings können wir die ersten vier jetzt parallel ausführen lassen, wenn wir die notwendige Hardware dafür haben. Die nächsten beiden Befehle mit Zwischensummen können ebenfalls gleichzeitig ablaufen. Damit haben wir die Dauer der Ausführung von sieben auf drei Taktzyklen verkürzt.

Abhängigkeitsketten treten auch innerhalb von Schleifen auf, wenn jeder Schleifendurchlauf auf das Ergebnis des vorherigen Durchlaufs warten muss. Hier kann Linderung geschaffen werden, indem wir Zwischensummen erstellen.

### 12.2.6 Das große Bild lässt die Kirche im Dorf

Bevor wir in zu tiefe Begeisterung für diese und andere Optimierungen verfallen, müssen wir uns klarmachen, dass es einen Grund gibt, warum Compiler so beliebt sind: Sie verfügen über Hunderte solcher Strategien, um den Code besser zu machen, zumindest, wenn sie die Hardware gut genug kennen. [CK]

**Drachenzähmen (vergleichsweise) leicht gemacht**

Aber was tun wir ohne Super-Compiler? Wer ein eigenes RISC-V-Projekt in Hardware, als Emulation oder per Hamster-Ranch vorantreibt, kann sich in der Situation wiederfinden, einen eigenen Compiler schreiben zu müssen. Landläufig gilt der Übersetzerbau allerdings als kompliziert und schwer. Entsprechende Bücher haben grandiose Titel wie *Engineering a Compiler* [CK] oder tragen zur Abschreckung sogar Drachen auf dem Cover. [AA]

Es gibt einen alternativen Ansatz, der zwar nicht schön, schnell oder elegant ist, aber auch zum Ziel führt: Nanopass-Compiler. [SD] Der Grundgedanke besteht darin, dass der Übersetzer Dutzende von Durchläufen ausführt und dabei jedes Mal nur eine kleine Sache ändert. In der Summe entsteht dann Code, der vielleicht nicht optimal ist, aber läuft. Damit haben auch Leute ohne Dragonbane eine Chance.

# 13 Systemaufrufe und Bibliotheken

Besonders am Anfang ist es unwahrscheinlich, dass wir Assembler auf blankem Metall (*bare metal*) programmieren werden, das heißt, direkt auf der Hardware. Eher werden wir zunächst in einer Umgebung arbeiten, in der ein Betriebssystem und Bibliotheken zur Verfügung stehen. Wir können damit Aufgaben auf unseren »großen Bruder« – dem Kernel, über Systemaufrufe – oder unsere »große Schwester« – die Standardbibliothek der Programmiersprache C – übertragen.

Das bietet mehrere Vorteile: Diese Routinen sind über Jahrzehnte getestet worden und dürften damit sicherer sein als alles, was aus unserer Tastatur kommt oder sich die KI ausdenkt. Sie bringen uns nicht mit dem Betriebssystem in Konflikt, und wenn etwas schiefgeht, gibt es im Internet nette Leute, die uns helfen können.

## 13.1 Systemaufrufe

Wir haben bei der Vorstellung des Prozessors auf die bis zu vier *privilege modes* hingewiesen, die regeln, welche Zugriffe auf welche Ressourcen gewährt werden. Es gibt immer eine Maschinenebene M, auf der wir kompletten Zugang zur Hardware haben. Da wir hier mit einem Betriebssystem arbeiten, sind wir aber weit entfernt in der Ebene U wie *user* für Normalsterbliche. Das heißt nicht, dass wir nicht an die Hardware kommen. Es heißt nur, dass wir die mächtigeren Ebenen des Betriebssystems höflich darum bitten müssen, uns zu helfen.

Der Ablauf ist für uns immer gleich: Wenn wir beim Kernel einen Dienst anfordern wollen, laden wir eine Kennnummer in ein bestimmtes Register und etwaige Parameter in andere. Wir lösen dann einen *trap* mit dem Befehl `ecall` aus. Das ist ein »Systemaufruf« (*system call*).

```
li a7, SYS_CALL        # magic number of call
li a0, PARA1           # first parameter
li a1, PARA2           # second parameter
ecall
```

Dabei funktioniert `ecall` wie eine Subroutine. Nach dem Systemaufruf landen wir wieder dort, wo wir losgesprungen sind. Dieses Verfahren ist bei RARS und

Linux identisch. Mehr noch, in beiden Fällen werden der jeweilige Befehlscode in das Register a7 und die Parameter in den Registern ab a0 abgelegt. Etwaige Rückgabewerte finden sich in a0.

**Der Kleine braucht eine Extrawurst**

Bei RV32E gibt es einen Sonderfall, weil das Register a7 nicht existiert. Die Nummer des Befehls wird in t0 übergeben.

Leider sind die magischen Zahlen nicht gleich. Um bei RARS das Programm sauber mit einem `exit` zu beenden, brauchen wir die 10, bei Linux ist es die 93. Wir schauen uns den Vorgang für beide Umgebungen getrennt an.

### 13.1.1 Systemaufrufe bei RARS

Der Umgang mit RARS ist einfacher. Eine komplette Liste der Systemaufrufe – *environment calls* genannt – findet sich unter *https://github.com/TheThird-One/rars/wiki/Environment-Calls*. Für uns besonders interessant sind:

| Systemaufruf | Nummer | Funktion |
|---|---|---|
| `PrintChar` | 11 | druckt das Zeichen in a0 aus |
| `ReadChar` | 12 | liest ein Zeichen nach a0 ein |
| `PrintInt` | 1 | druckt die Zahl in a0 aus |
| `PrintString` | 4 | druckt Null-String aus, Adresse in a0 |
| `ReadString` | 8 | liest String ein, Buffer in a0, max Zeichen in a1 |
| `Sbrk` | 9 | Speicherplatz von a0 Byte anfordern, Adresse in a0 |
| `Sleep` | 32 | schickt Prozessor (etwa) a0 Millisekunden schlafen |
| `Exit` | 10 | beendet das Programm mit Rückgabewert 0 |

Daneben können Dialoge geöffnet, Dateien geschrieben und Töne erzeugt werden. Nützlich bei RARS ist auch die Garantie, dass bei Systemaufrufen nur die Register für die Ausgabewerte verändert werden, nicht aber die anderen, auch nicht die vogelfreien wie t0. Das erspart uns Arbeit. Für schnelle Experimente ist daher RARS unser Mittel der Wahl.

Ein einfaches Beispiel: Wir lesen unter RARS ein Zeichen ein und geben es wieder aus, immer wieder, auf ewig.

```
.eqv SYS_PRINTCHAR 11
.eqv SYS_READCHAR 12 .eqv SYS_EXIT 10

.text
```

```
loop:
                li a7, SYS_READCHAR      # syscall code for ReadChar
                ecall                    # returns char in a0

                li a7, SYS_PRINTCHAR     # syscall code for PrintChar
                ecall
                j loop
```

### 13.1.2 Systemaufrufe bei Linux

Bei Linux ist das nicht ansatzweise so handlich. Mit `man 2 syscalls` (Plural) erhalten wir eine Liste aller verfügbaren Routinen. Details dazu finden wir in Büchern wie [LR], Auflistungen im Internet wie [CO] (dort besonders die letzte Tabelle) oder der eingebauten Linux-Dokumentation über den Befehl `man 2 syscall` (Singular). Allgemein gilt: Die Nummer des Aufrufs wird wie bei RARS in `a7` gespeichert und die Parameter in `a0` bis `a5`. Etwaige Rückgabewerte finden sich in `a0` und `a1`.

**Der Pinguin lässt einen liegen**

Wir erinnern uns: Es stehen uns bei RISC-V eigentlich *acht* Register für Argumente zur Verfügung, von `a0` bis `a7`, Linux nutzt bei RISC-V hier aber nur `a0` bis `a5` für Parameter, das Register `a6` nicht. Das liegt daran, dass die Zahl der Parameter auf sechs begrenzt ist.

Wir schauen uns drei Linux-Aufrufe genauer an:

| Systemaufruf | Nummer | Funktion |
|---|---|---|
| `read` | 63 | liest String ein |
| `write` | 64 | druckt String aus |
| `exit` | 93 | beendet Programm, Rückgabewert in `a0` |

Diese und andere magische Nummern finden wir auf Linux-Systemen unter `/usr/include/asm-generic/unistd.h`. Wenn irgendwas nicht funktioniert, sind wir dort an der Quelle. Als Beispiel wollen wir diesmal einen ganzen String ausgeben. Ja, es ist endlich Zeit für *Hello world!*

Schauen wir uns zunächst an, wie `write` aufgebaut ist. Unter `man 2 write` finden wir das Format in C:

```
ssize_t write(int fd, const void *buf, size_t count);
```

Wir haben drei Parameter: `fd` ist der *file descriptor*, oder wo wir die Daten hinschicken. `*buf` ist der Zeiger auf unsere Zeichenkette, also eine Adresse, und `count` die Zahl der Zeichen, die wir ausgeben.

**Die seltsame Größe T**

Wer keine Erfahrung mit C hat, wird sich vielleicht wundern, warum bei den Parametern als Type für `count` nicht etwas wie `int` aufgeführt ist, sondern `size_t`. Dieser Typ wird benutzt für einen vorzeichenlosen Integer.

Linux-Unkundigen müssen wir `fd` erklären. In den Betriebssystemen der Unix-Familie ist alles grundsätzlich erst mal eine Datei. Obwohl es sich bei der Ein- und Ausgabe am Terminal eigentlich um Datenströme (*data streams*) handelt, werden standardmäßig drei »Pseudo-Dateien« dafür definiert, die besondere Nummern erhalten:

| Name | Zahl | Beschreibung |
|---|---|---|
| STDIN | 0 | Eingabe |
| STDOUT | 1 | Ausgabe |
| STDERR | 2 | Fehlerausgabe |

Dieses System erlaubt es Funktionen wie `write`, alles wie eine Datei zu behandeln. In unserem Beispiel wollen wir Zeichen ausgeben, weswegen wir über die Standardausgabe `STDOUT` gehen und `fd` auf 1 setzen.

Wir können jetzt den Parametern Register zuordnen:

| Register | Parameter | Typ | Beschreibung |
|---|---|---|---|
| `a0` | `fd` | Zahl | Standardausgabe `STOUT` |
| `a1` | `*buf` | Adresse | Anfang der Zeichenkette |
| `a2` | `count` | Zahl | Zahl der Zeichen |

Jetzt müssen wir noch das Betriebssystem davon überzeugen, dass es unser Programm erkennt. Dazu geben wir mit der Direktive `.global` ein allgemein sichtbares Label an, das `_start` heißt.

**Vm Unfg, einzlne Buchstben auszulasen**

Bei vielen Assemblern heißt die Direktive `.globl`, ohne »a«. Die Schreibweise reiht sich ein in andere unrühmliche Beispiele von verstümmelten Namen in der Computerwissenschaft wie `umount` (statt `unmount`) in der Unix-Systemfamilie oder die Programmiersprache Perl (die ursprünglich tatsächlich »Pearl« hieß). Forth (statt »Fourth«) ist entschuldigt, weil damals nur fünf Buchstaben zur Verfügung standen. GCC akzeptiert `.globl` und `.global`. Wir benutzen nur die ausgeschriebene Variante, um den Unfug nicht noch weiter zu fördern.

Als weitere Direktiven benötigen wir `.rodata` für den String und `.text` für das eigentliche Programm. Dieses Mal wollen wir unsere gute Kinderstube unter Beweis stellen, indem wir das Programm ordentlich mit dem Systemaufruf `exit` abschließen.

```
                .equ SYS_WRITE, 64
                .equ SYS_EXIT, 93
                .equ STDOUT, 1

                .section .rodata
                .align 3

msg:            .asciz "Hello World!\n"

                .section .text
                .align 3

                .global _start
_start:
                        li a7, SYS_WRITE
                        li a0, STDOUT       # file descriptor
                        la a1, msg          # address of string
                        li a2, 13           # number of chars
                        ecall

                        li a7, SYS_EXIT
                        ecall
```

Der GCC-Aufruf ist auf den ersten Blick etwas kompliziert.

```
gcc -o hello -O2 -nostartfiles -nostdlib hello.s
```

Die einzelnen Optionen lauten (*https://gcc.gnu.org/onlinedocs/gcc/Link-Options.html*):

| Option | Funktion |
|---|---|
| `-o hello` | Nenne die fertige, ausführbare Binärdatei `hello` |
| `-O2` | Optimiere den Assembler-Code, zweite Stufe |
| `-nostartfiles` | Linker soll Start-Dateien nicht einbinden |
| `-nodefaultlibs` | Linker soll die üblichen Bibliotheken nicht einbinden |

Die letzten beiden Optionen können wir zusammenfassen als: Ich kann das alleine!

Dieser Befehl erzeugt eine ausführbare Datei mit dem Namen `hello`. Alternativ dazu können wir Assembler und Linker als getrennte Programme aufrufen:

```
as hello.s -march=rv64gc -o hello.o
ld linux-gnu-ld hello.o -o hello
```

Mit dem Parameter `-march=rv64gc` (für *machine architecture*) sagen wir dem Assembler `as`, für welche Ziel-CPU wir das Programm bauen lassen wollen.

Wir können uns schließlich mit einem Disassembler wie `objdump` die Binärdatei anschauen:

```
objdump -d hello
```

In der Originalformatierung erhalten wir:

```
00000000000002b8 <_start>:
 2b8: 04000893 li a7,64
 2bc: 4505 li a0,1
 2be: 00002597 auipc a1,0x2
 2c2: d5a5b583 ld a1,-678(a1)        # 2018 <_GLOBAL_OFFSET_TABLE_+0x8>
 2c6: 4635 li a2,13
 2c8: 00000073 ecall
 2cc: 05d00893 li a7,93
 2d0: 00000073 ecall
```

Wir sehen hier wie erwartet den Umbau des Pseudo-Befehles `la` für die Adresse unseres Strings als Kombination aus `auipc` und `ld`.

**Linker-Bürokratie**

In dem Listing sehen wir einen Kommentar, der sich auf den *Global Offset Table* bezieht, kurz GOT genannt. Das ist wichtig für den Linker, der diese Struktur für Code benutzt, dessen Adresse nicht festgelegt ist (*position independent code*, PID). Die zweite wichtige Struktur in diesem Zusammenhang ist die *Procedure Linkage Table*, kurz PLT, der wir später begegnen.

Nützlich bei `objdump` ist auch der Parameter `-t`, der die Symboltabelle ausgibt.

### 13.1.3 Von x86 zu RISC-V

Es gibt für Linux zahlreiche Einführungen in Systemaufrufe für Assembler, aber leider wurden die meisten davon für x86- oder Arm-Prozessoren geschrieben. Um sie mit RISC-V nutzen zu können, müssen wir die Register anpassen. Mit `man 2 syscall` erhalten wir die entsprechende Tabelle (auch [CO]):

| Prozessor | Befehl | Para 1 | Para 2 | Para 3 | Para 4 | Para 5 | Para 6 | Para 7 |
|---|---|---|---|---|---|---|---|---|
| RISC-V | a7 | a0 | a1 | a2 | a3 | a4 | a5 | - |
| x86 | eax | ebx | ecx | edx | esi | edi | ebp | - |
| x86_64 | rax | rdi | rsi | rdx | r10 | r8 | r9 | - |
| Arm/OABI | *n/a* | r0 | r1 | r2 | r3 | r4 | r5 | r6 |
| Arm/EABI | r7 | r0 | r1 | r2 | r3 | r4 | r5 | r6 |
| Arm64 | x8 | x0 | x1 | x2 | x3 | x4 | x5 | - |

Nein, das ist bei x86_64 kein Tippfehler: r10 kommt *vor* r8 und r9. Beim x86 gibt es keinen Befehl, um einen Syscall auszuführen, stattdessen wird mit int 0x80 ein Interrupt ausgelöst. Bei x86_64 lautet der Befehl syscall.

## 13.2 Die C-Bibliothek

Wenn das Betriebssystem unser großer Bruder ist, ist die C-Bibliothek – die *Standard C Library*, kurz libc – unsere mindestens so hilfreiche große Schwester. In der Praxis wird meist das GNU C Library Project glibc benutzt. Das Handbuch finden wir unter *https://www.gnu.org/software/libc/manual/*. Im Unterschied zu den Systemaufrufen müssen wir keine magische Zahl in a7 ablegen, sondern rufen die Funktionen mit call direkt auf. Auch der Auftrag an den Compiler ist deutlich einfacher als bei einem Systemaufruf, da wir ihm nichts verbieten müssen.

```
gcc -O2 -o hello hello.s
```

Dieses Verfahren werden wir an mehreren Funktionen durchspielen. Insbesondere schauen wir uns Routinen für die Ein- und Ausgabe an, weil diese bei der Assembler-Programmierung die größten Probleme bereiten.

### 13.2.1 Ausgabe: puts

Schreiben wir ein einfaches Programm hello.s, das die Funktion puts aufruft, die in stdio.h wohnt. Den notwendigen Hintergrund erhalten wir mit man 3 puts.

```
        .section .rodata
        .align 3
msg:
        .asciz "Alan Turning"               # no EOL char

        .section .text
        .align 1

        .global main
main:
                        addi sp, sp, -16    # save our return address
                        sd ra, 8(sp)

                        la a0, msg          # only address needed
                        call puts

                        ld ra, 8(sp)        # retrieve our return address
                        addi sp, sp, 16

                        ret
```

Wir sehen zuerst: Unser `_start` ist durch `main` ersetzt worden, den Standard-Einstiegspunkt für ein C-Programm. Am Ende mag dann verwundern, dass wir einfach mit einem `ret` abschließen können. Aber aus der Sicht des Betriebssystems ist unser Programm nur ein Stück Code, zu dem es hinspringt. Deswegen müssen wir auch sehr sorgfältig mit unserer Rücksprungadresse `ra` umgehen. Ein `exit 0` ist sauberer, wir wollten das nur einmal gezeigt haben.

### 13.2.2 Ausgabe: printf

Das gleiche Spiel können wir auch mit anderen Funktionen aus der Standardbibliothek spielen. Am bekanntesten ist `printf` für die Ausgabe. Das Format findet sich inzwischen bei zahlreichen Sprachen wie Go, Haskell, Java und Python wieder. Entsprechend ist `printf` für uns meist die erste Wahl.

Details erhalten wir mit `man 3 printf`. Die Veränderungen sind gering: Im Gegensatz zu `puts` wird bei `printf` kein Zeilenumbruch gesendet, weswegen der String ein `\n` am Ende verpasst bekommen muss.

```
        .section .rodata
        .align 3
s_name:
        .asciz "John Astanasoff"

        .align 3
sf_printf:
                .asciz "%s\n"             # printf format string

                .section .text
                .align 1

                .global main
main:
                        addi sp, sp, -16    # save our return address
                        sd ra, 8(sp)

                        la a0, sf_printf    # load format string
                        la a1, s_name       # load payload string
                        call printf

                        ld ra, 8(sp)        # retrieve our return address
                        addi sp, sp, 16

                        ret
```

### 13.2.3 Eingabe: scanf

Eine weitere nützliche Funktion aus `stdio.h` ist `scanf`, mit der wir Strings, Zeichen und Zahlen einlesen können. Die Details erhalten wir auch hier mit `man 3 scanf`.

In diesem Beispiel wollen wir einen String einlesen und ihn dann wieder ausgeben. Neu ist dabei, dass wir einen Ort angeben müssen, wo wir den String abspeichern, einen Eingabepuffer (*input buffer*):

```
        .section .bss
        .align 3
cib_start:
        .space 256
```

Hier steht `cib` für `character input buffer`. Wir reservieren mit der Direktive `.space` 256 Byte, die das Betriebssystem für uns mit Nullen füllt. Jetzt brauchen wir einige Strings. Wir wollen eine Eingabeaufforderung (*prompt*) ausgeben, aber ohne einen Zeilenumbruch am Ende. Das übernimmt `printf`.

Der `scanf`-Befehl selbst erhält als Parameter ebenfalls einen Formatstring und die Adresse unseres Eingabepuffers. Der String gibt an, welche Art von Eingabe `scanf` zu erwarten hat, wir bleiben schnörkellos bei `%s` für String. Andere Möglichkeiten wären `%c` für ein Zeichen und `%d` oder `%i` für Zahlen. Dabei liest `scanf` nur die Eingabe bis zum ersten *whitespace* ein, also Leerzeichen, Tabulator oder Zeilenende.

Schließlich werden wir mit einem zweiten `printf`-Befehl den eingegebenen Namen mit einer freundlichen Begrüßung herausgeben. Auch dafür brauchen wir einen Formatstring.

```
        .section .rodata
        .align 3
s_prompt:
        .asciz "Name: "                 # no EOL
        .align 3
sf_scanf:
        .asciz "%255s"                  # max number of chars to accept

        .align 3
s_hi:
        .asciz "Yo ho ho, %s!\n"
```

Der eigentliche Code lautet dann:

```
        .section .text
        .align 1
        .global main
main:
                addi sp, sp, -16        # save our return address
                sd ra, 8(sp)

                # print prompt to get name
                la a0, s_prompt
                call printf
```

```
# get a string, max length given
la a0, sf_scanf
la a1, cib_start
call scanf

# print pirate greeting with name
la a0, s_hi
la a1, cib_start
call printf

ld ra, 8(sp)          # retrieve our return address
addi sp, sp, 16

ret
```

Wir haben hier eine etwas andere Form für die Kommentare verwendet: Sie stehen jetzt über den einzelnen Code-Blöcken, quasi als Überschriften. Es ist damit leichter, einen Überblick über die Funktion der einzelnen Abschnitte zu erhalten. Einzelne, weitere Kommentare am Ende der Zeile dienen dazu, Feinheiten zu erklären.

**Avoid the .gets hit**

In älteren Beispielen wurde oft die Funktion `gets` verwendet, um Strings einzulesen. Diese wird aus Sicherheitsgründen nicht mehr benutzt, weder in C noch in Assembler. Wir werden nie wieder von ihr sprechen.

### 13.2.4 Umwandlung: strtol

Eine weitere nützliche Funktion, diesmal aus `stdlib.h`, ist `atoi` für *ASCII to integer*. Wir übergeben ihr einen String aus Ziffern und erhalten die entsprechende Zahl zurück. Den Aufruf können wir uns inzwischen auch ohne Code denken: Adresse des Strings in `a0` laden und dann `call atoi`, Rückgabewert in `a0`. Bei einem Fehler steht dort eine Null.

Wer sich jetzt fragt, wie wir das von einer Eingabe des Strings »0« unterscheiden, hat ein zentrales Problem bei `atoi` erkannt: gar nicht. Wir könnten theoretisch etwas Code vorschalten, der nach dem ASCII-Wert von »0« Ausschau hält, aber das hilft uns nicht bei »00«, »000« und so weiter.

Daher ist `strtol` die bessere Wahl. Diese Funktion aus `stdlib.h` überspringt auch gleich Whitespace am Anfang des Strings, berücksichtigt etwaige Vorzeichen und erlaubt die Eingabe von Hex-Zahlen. Der Rückgabewert ist ein `long integer`. Das sind laut des ABI von RISC-V bei RV32 vier Byte und bei RV64 acht, also immer eine Registerbreite XLEN. Der C-Aufruf lautet:

```
long strtol(const char *restrict nptr, char **restrict endptr, int base)
```

Diesmal müssen wir etwas mehr arbeiten.

1. In a0 wird die Adresse des Strings abgelegt, den wir auswerten wollen. Das ist noch einfach.
2. In a1 soll die Adresse eines Zeigers auf den Anfang eines anderen Strings übergeben werden. Wer nicht mit C-Voodoo vertraut ist, kann aufatmen: Wir übergeben hier eine 0 und können den Parameter erstmal ignorieren.
3. In a2 kommt die Basis der umzuwandelnden Zahl – üblicherweise 2, 10 oder 16 – oder 0 als eine »magische Zahl«. Das ist nicht so toll, wie es klingt. Auch dazu kommen wir später.

Schauen wir uns zunächst den Normalfall an: die Umwandlung eines Zahlenstrings mit der Basis 10, was folgendem C-Befehl entspricht:

```
ret = strtol(str, NULL, 10);
```

Die NULL ist der *null pointer* von C und steht hier für unsere 0, also »ignorieren«. Als Test wandeln wir einen Zahlenstring in eine Zahl um und drucken diese dann mit printf aus. Unsere dazugehörigen Strings sehen ohne Boilerplate so aus:

```
num:
        .asciz "1701"
f_printf:
        .asciz "%d\n"
```

Im eigentlichen Code schieben wir wie immer die Rücksprungadresse auf den Stapel und sorgen für die richtige Ausrichtung im Speicher mit .align, bevor wir zu main kommen:

```
        la a0, num          # addr of number string
        li a1, 0            # NULL ignore second parameter
        li a2, 10           # number base is 10
        call strtol

        mv a1, a0           # return number from strtol
        la a0, f_printf     # output format string
        call printf
```

Danach holen wir uns die Rücksprungadresse vom Stapel und kehren mit ret zurück.

Ist die Zahl im Hex-Format angegeben, nehmen wir statt der Basis 10 im dritten Parameter a2 die Basis 16. Der Zahlenstring kann dann mit 0x (oder 0X) anfangen. Als Alternative können wir als Basis die »magische Zahl« 0 angeben. Dann schaut strtol selbst, ob der String mit 0x oder 0X anfängt.

Nun hatten wir atoi verworfen, weil wir nicht unterscheiden konnten zwischen der Umwandlung des Zahlenstrings »0« und der Rückgabe der Zahl 0 als Fehlermeldung. Dummerweise zeigt strtol das gleiche Verhalten.

**Oktal, die Zombie-Grundzahl von C**

Aber Obacht! Die angeblich so magische 0 birgt einen alten Fluch: Zahlenstrings, die mit einer »0« anfangen (mit Ausnahme von »0x« und »0X«), werden automatisch als Oktalzahlen interpretiert, also mit der Basis 8. Wenn wir »010« eingeben, erhalten wir dann nicht 10 als Ergebnis, sondern 8.

Kein Mensch benutzt heute mehr Oktalzahlen. Aber in den Untiefen von C hausen sie als Untote weiter, denn sie waren die Grundzahl bei der PDP-11 – die Maschine, die wie wohl keine andere zur Verbreitung von C und Unix beitrug. [DJE] Entsprechend finden wir Oktal-Fossile bis heute im Fundament der gesamten Unix-Familie. Moderne Programmiersprachen wie Rust akzeptieren nur noch »0o« als Präfix für Oktalzahlen und interpretieren Eingaben wie »010« daher korrekt.

Hier kommt der zweite Parameter ins Spiel. Ist dieser nicht `NULL` (0 in Assembler), sondern die Adresse eines Zeigers (also eine Adresse im schreibbaren Speicherbereich `.data` oder `.bss`), legt `stdtol` dort eine 0 oder eine weitere Adresse ab. Als Erstes müssen wir diesen Speicherplatz reservieren:

```
        .section .data
        .align 3

strtol_endptr:
        .space 8            # für RV64
```

Wir übergeben dann beim Aufruf von `strtol` in `a1` diese Adresse als `la a1, strtol_endptr` statt wie bislang als `li a1, 0`. Jetzt hängt es vom ursprünglichen String ab, was passiert:

1. Scheitert die Umwandlung, wird die Anfangsadresse des Strings an die Stelle im Speicher abgelegt, die wir in `a1` übergeben haben – in unserem Beispiel also `strtol_endptr`. In `a0` kommt eine 0.
2. Bei einer erfolgreichen Umwandlung steht die Zahl in `a0`. Dies gilt auch für eine »0« als Eingabe. In `a1` finden wir die Adresse des ersten Zeichens *nach* dem Ziffernstring.

Zusammengestellt:

| String ist | Beispiel | Wert in a0 | Wert in (a1) |
|---|---|---|---|
| gültig | »1701« | 1701 | Adresse nach Zahl |
| gültig, »0« | »0« | 0 | Adresse nach Zahl |
| ungültig | »Kelvin« | 0 | Adresse String |

Das gibt uns die Möglichkeit zu prüfen, ob die Umwandlung funktioniert hat: Wir vergleichen die Anfangsadresse des ursprünglichen Strings mit der im Speicher abgelegten Adresse.

```
la t0, num                  # addr of string to convert
la t1, strtol_endptr        # addr where addr of string stored
ld t1, (t1)                 # get addr of string
beq t0, t1, error
```

Frustrierend an `stdtol` ist, dass wir erst Speicher reservieren müssen, was langsam und umständlich ist und mehr Strom verbraucht. Es wäre besser, wenn der durch den zweiten Parameter angeforderte Rückgabewert in `a1` landen würde. Hier sehen wir einen Nachteil der C-Bibliotheken: Wir müssen uns an ihre Vorgaben halten. Die große Schwester hat immer recht.

### 13.2.5 Und tschüss: exit

Bislang sind wir aus unseren Programmen mit dem normalen Rücksprungbefehl `ret` ausgestiegen. Als Alternative könnten wir `ebreak` benutzen, aber auch das ist nicht die feine Art.

Deswegen bringen wir unseren Programmen jetzt Manieren bei: Wir schließen sie mit dem Befehl `exit` ab. Dieser gibt einen Rückgabewert (*return value*) in `a0` zurück. In der C-Welt gilt die Konvention, dass eine 0 einen geplanten, sauberen, regulären Abschluss signalisiert, alles andere ist ein Problem. Um den Rückgabewert in Bash zu sehen, können wir ihn mit `echo $?` ausdrucken. In Rust kann dieses Verhalten mit `std::process::ExitCode` nachgebildet werden.

In Assembler ist das alles viel einfacher:

```
li a0, 0        # clean exit
call exit
```

Jetzt müssen wir auch nicht mehr unsere ursprüngliche Rücksprungadresse auf dem Stapel retten, wenn wir zu einer anderen Routine springen wollen.

Das soll uns erst mal für Systemaufrufe und Rückgriffe auf die C-Bibliothek reichen. Am Ende dieses Abschnittes noch der Hinweis, dass diese Verfahren nicht zu den schnellsten gehören, denn im Hintergrund wird jedes Mal eine riesige Maschinerie angeworfen. Sie können zudem frustrierend sein, denn die Infrastruktur ist eigentlich für C-Programmierer gedacht und nicht für Leute, die direkt in Assembler arbeiten. Allerdings ermöglichen sie Dinge, die sonst schwierig oder sogar unmöglich wären. Es mag manchmal schwer sein, mit den großen Geschwistern auszukommen, aber hin und wieder können sie nützlich sein.

## 13.3 Schummeln macht klug

Das Spiel geht auch umgekehrt: Wir können Programme in einer Hochsprache schreiben und uns dann anschauen, was der Compiler daraus macht. Das bietet sich insbesondere dann an, wenn wir daran scheitern, einen Systemaufruf oder einen Aufruf an die C-Bibliothek in Assembler umzusetzen, und nicht verstehen, was die blöde Kiste von uns will. Ein noch so kurzes Programm kann uns die Lösung zeigen. Anders formuliert, wir können schummeln.

### 13.3.1 Schummeln mit C

In den meisten Fällen werden wir dafür auf C zurückgreifen. Die Sprache ist alt und einfach gestrickt, weswegen wir hier am leichtesten sehen können, wie höhere Strukturen in Assembler umgewandelt werden. Gegeben sei diese kleine C-Datei:

```
#include <stdio.h>
int main(void)
{
        printf("Hello world!\n");
        return 0;
}
```

Mit dem Befehl `gcc -S -O2 hello.c` sorgen wir dafür, dass dieses C-Programm nur in Assembler herausgegeben wird, *nicht* als Binärdatei. Das gibt uns `hello.s`. Wir formatieren sie für eine bessere Lesbarkeit nach unseren Vorgaben um:

```
        .file "hello.c"
        .option pic

        .text
        .section        .rodata.str1.8,"aMS",@progbits,1

        .align 3
.LC0:
        .asciz "Hello world!"

        .section        .text.startup,"ax",@progbits

        .align 1
        .global main
        .type main, @function
main:
                addi sp,sp,-16
                lla a0,.LC0
                sd ra,8(sp)
                call puts@plt
```

```
        ld ra,8(sp)
        li a0,0
        addi sp,sp,16
        jr ra

    .size main, .-main
    .ident "GCC: (Ubuntu 9.3.0-17ubuntu1~20.04) 11.3.0"
    .section .note.GNU-stack,"",@progbits
```

Mehrere Dinge sind hier bemerkenswert.

Zunächst sehen wir, dass mehr Bürokratie mit im Spiel ist, angefangen mit dem Dateinamen. Ähnliche Funktionen erfüllen die Direktiven `.size` und `.ident`. Die Option `pic` legt fest, dass *position independent code* (PIC) generiert werden soll, also kein Code, der an einer festen Stelle im Speicher stehen muss. Die beiden Ausrichtungsbefehle, `.align 3` für die Daten wie unseren String und `.align 1` für den Programmabschnitt, sind ebenfalls so, wie wir sie erwartet haben: Die Daten werden an 64 Bit ausgerichtet, das Programm wegen des Moduls C an 16 Bit.

Weiter erkennen wir, dass der Stapelzeiger um 16 Byte bewegt wird, obwohl wir nur acht Byte nutzen. Dazu kommen wir im nächsten Abschnitt. Zudem wird für die Ausgabe des Strings nicht die C-Routine `printf` benutzt, die wir eigentlich angefordert hatten, sondern `puts`. Unsere große Schwester hat ihren eigenen Kopf.

Das ist nur das einfache Listing. Es geht noch doller:

```
gcc -S -O0 -Wa,-adhls -fverbose-asm hello.c
```

Fangen wir mit dem Einfachen an: `-fverbose-asm` fügt Kommentarzeilen ein, die den zugehörigen C-Code mitliefern. Damit ist es leichter, einen direkten Vergleich herzustellen. `-O0` heißt, dass wir keine Optimierung haben wollen, was für den Lerneffekt besser sein kann. Fairerweise müssen wir dann aber bei der Bewertung des Codes berücksichtigen, dass wir den IQ des Compilers beschnitten haben.

Das `-Wa,-adhls` ist für die Optionen, die der GCC direkt an den Assembler weitergibt. Deswegen findet sich zwischen dem `-Wa` und dem Rest auch *kein* Leerzeichen. Im Einzelnen haben wir:

| Option | Funktion |
|---|---|
| a | signalisiert Listing |
| d | keine Debugging-Direktiven |
| h | C-Quellcode einbauen |
| l | Assembler-Ausgabe einbauen |
| s | Symbole einbauen |

Wir können bei einer Übersetzung in eine Binärdatei – also ohne `-S` – auch anordnen, dass ein getrenntes Listing ausgegeben wird, wenn wir mit `-Wa,-adhls,-L` noch ein `-L` anhängen, wieder ohne Leerzeichen. Ein Fragment aus einem solchen Listing:

```
0000 4111 addi sp,sp,-16
0002 06E4 sd ra,8(sp)
0004 22E0 sd s0,0(sp)
0006 0008 addi s0,sp,16
```

Interessant ist auch, sich nach einer vollständigen Übersetzung das fertige Binärprogramm mit `objdump -d` anzuschauen:

```
00000000000005b0 <main>:
5b0: 1141               addi sp,sp,-16
5b2: 00000517           auipc a0,0x0
5b6: 0d650513           addi a0,a0,214      # 688 <_IO_stdin_used+0x8>
5ba: e406               sd ra,8(sp)
5bc: fe5ff0ef           jal ra,5a0 <puts@plt>
5c0: 60a2               ld ra,8(sp)
5c2: 4501               li a0,0
5c4: 0141               addi sp,sp,16
5c6: 8082               ret
```

Die Pseudo-Befehle `lla` und `call` sind in ihre `auipc`- und `jal`-Gegenstücke verwandelt worden, dagegen wurde aus `jr ra` plötzlich der Pseudo-Befehl `ret`.

Spätestens jetzt müssen wir uns mit der Frage beschäftigen, wie groß die einzelnen Datentypen von C bei RISC-V sind. Die ABI gibt uns (unter anderem) folgende Werte:

| **Typ** | **Byte RV32** | **Byte RV64** |
|---|---|---|
| `bool` | 1 | 1 |
| `char` | 1 | 1 |
| `short` | 2 | 2 |
| `int` | 4 | 4 |
| `long` | 4 | **8** |
| `long long` | 8 | 8 |

Den einzigen Unterschied haben wir hervorgehoben: Bei RV64 ist `long` acht Byte lang – ein Doppelwort – und bei RV32 vier Byte.

### 13.3.2 Schummeln mit Rust

Rust macht es uns noch einfacher, denn mit `cargo new hello` bekommen wir im Verzeichnis `hello/src` sofort eine Datei `main.rs` mit unserem bekannten Code:

```
fn main() {
        println!("Hello, world!");
```

Dort können wir eine Ausgabe in Assembler erzwingen:

```
rustc --emit asm main.rs
```

Die Datei heißt dann `main.s`. Sie ist mit gut 400 Zeilen – einschließlich der Direktiven – etwa 20 Mal so lang wie die Version in C. Wir schauen uns nur den Teil an, der sich mit `main` beschäftigt, wieder nach unseren Vorgaben formatiert.

```
        .section        .text.main,"ax",@progbits
        .globl main
        .p2align 1
        .type main,@function
main:
        .cfi_startproc
                addi sp, sp, -16
        .cfi_def_cfa_offset 16
                sd ra, 8(sp)
        .cfi_offset ra, -8
                mv a2, a1
                sext.w a1, a0
.LBB10_1:
                auipc a0, %pcrel_hi(_ZN4main4main17hda07c92be1b81a59E)
                addi a0, a0, %pcrel_lo(.LBB10_1)
                li a3, 0
                call _ZN3std2rt10lang_start17h5eefea36d030346dE
                ld ra, 8(sp)
                addi sp, sp, 16
                ret
.Lfunc_end10:
        .size main, .Lfunc_end10-main
        .cfi_endproc
```

Leider wird das verstümmelte `.globl` verwendet. Die Direktiven mit `.cfi` am Anfang (von *call frame information*) sind zusätzliche Informationen, die der Compiler dem Debugger zur Verfügung stellt. Wir können sie bei sonstigen GCC-Aufrufen mit der Option `-fno-asynchronous-unwind-tables` ausschalten.

Bei `%pcrel_hi` und `%pcrel_lo` handelt es sich um *assembler modifiers*, die wie die schon besprochenen `%hi` und `%lo` uns jeweils die oberen 20 und unteren 12 Bit liefern – hier allerdings für Code, der auf relativen und nicht absoluten Adressen beruht (daher `pcrel` als *program counter relativ*). Wieder wird der Stapelzeiger um 16 Byte bewegt, obwohl wir auch hier nur acht davon verwenden.

Als Alternative für die Assembler-Ausgabe bei Rust gibt es `cargo-show-asm` von *https://github.com/pacak/cargo-show-asm*. Wir gehen dazu in das Verzeichnis unseres Programms und lassen `cargo asm` laufen. Das gibt uns eine Liste von möglichen Zielen, wir wollen `hello::main`:

```
cargo asm hello::main
```

Die Ausgabe ist jetzt hübsch farblich markiert.

### 13.3.3 Noch viel mehr schummeln

Wir können dieses Spiel auch mit anderen Hochsprachen spielen. Wer einmal einen völlig anderen Code sehen will, kann sich anschauen, welche Assembler-Befehle aus Haskell hervorgehen. Unsere Datei `hello.hs`:

```
main :: IO ()
main = putStrLn "Hello world!"
```

Der Assembler-Parameter für den Glasgow Haskell Compiler (GHC) lautet `-S`:

```
ghc -S hello.hs
```

Damit wird eine Datei `hello.s` erzeugt. Der Code mitsamt Assembler-Direktiven ist über 500 Zeilen lang. Wer Spaß an so etwas hat: Der Godbolt Compiler Explorer unter *https://godbolt.org/* macht es noch einfacher, Assembler-Übersetzungen zu studieren.

Am Ende zeigen uns diese Beispiele vor allem eins: Assembler ist der große Gleichmacher. Egal wie elegant und cool eine Hochsprache an der Oberfläche aussehen mag, am Ende muss sie sich in Maschinensprache bewähren. Auf blankem Metall kann sich niemand verstecken.

# 14 Stapel

Wir sind in diesem Buch erstaunlich weit gekommen, ohne uns ausführlicher mit Stapeln zu beschäftigen. In der Praxis werden wir viel Zeit mit ihnen verbringen, eigentlich bei (fast) jedem Sprung in eine Subroutine und auf höherer Ebene bei jedem Funktionsaufruf. Stapel werden je nach Hochsprache auch für Variablen benutzt, allgemeiner für jede Form von Daten, die eine bekannte Größe haben.

Stapel haben mehrere Vorteile, etwa dass die Daten immer wieder an denselben Stellen im Speicher geschrieben werden, was für eine effektive Ausnutzung des Caches sorgt. Die in unserem Abschnitt des Stapels abgelegten Daten sind im Regelbetrieb davor geschützt, dass ein anderer Prozess auf sie zugreift – sie sind *thread safe*.

> **Ein großer Haufen Ärger**
>
> Wissen wir nicht, wie groß die Daten sein werden oder ändern sie die Größe, müssen wir sie in der zweiten zentralen Datenstruktur abspeichern, dem Heap. Das erfordert mehr Aufwand und ist langsamer, weil wir erst das Betriebssystem bitten müssen, den Platz für uns zur Laufzeit zu reservieren (*to allocate*).

## 14.1 Stapelnutzung im Alltag

Wie schon beschrieben gibt es keine speziellen Befehle wie `push` oder `pop` für RISC-V und es ist keine Hardwareunterstützung vorgeschrieben. Der Stapelzeiger `sp` soll angeblich auch nichts Besonderes sein, sondern nur das normale Register `x2`, das als Konvention für diese Aufgabe benutzt wird. Wir werden allerdings sehen, dass die Verwendung von `sp` so tief im Befehlssatz verwurzelt ist, dass wir keine wirkliche Wahl haben.

Zur Wiederholung: Der Stapelzeiger verweist bei RISC-V auf den *obersten* Eintrag im Stapel. Der Stapel wächst von den »hohen« Adressen zu den »niedrigen«, also von »oben« mit vielen 0xFFFF nach »unten« in Richtung der Speicherstelle Null. Auch das ist implizit im Befehlssatz eingebrannt.

Wir müssen den Stapelzeiger jedes Mal per Hand selbst anpassen. *Bevor* wir Daten auf den Stapel schieben, müssen wir ihn *herabsetzen* durch einen Subtraktionsbefehl:

```
addi sp, sp, -16
```

*Nachdem* wir die Daten heruntergezogen haben, müssen wir den Stapelzeiger mit einem Additionsbefehl entsprechend *erhöhen:*

```
addi sp, sp, 16
```

Diese beiden Befehle tauchen immer und immer wieder im Code auf. Wir können auf den Stapel zugreifen wie auf jeden anderen Teil des Speichers mit einem Befehl wie `lw t0, 0(sp)`, um den TOS einzulesen, `li t1, 4(sp)` (bei RV32) für den NOS und so weiter. Speichern geht entsprechend mit `sw t0, 0(sp)`. Damit können auch Einträge mitten im Stapel überschrieben werden, ohne dass der Stapelzeiger verändert werden muss. Der ursprüngliche Wert des Stapelzeigers wird vom Betriebssystem festgelegt und muss uns nicht kümmern. Auch die absolute Adresse hat uns nicht zu interessieren. Wir müssen nur wissen, dass er auf 16 Byte ausgerichtet ist, da die größte Maschinenwort-Breite 128 Bit beträgt bei RV128-Prozessoren.

Und damit fangen die Probleme an.

### 14.1.1 I love my sweet 16 stack pointer

Denn die Konvention bei RISC-V sieht vor, dass *alle* Stapeländerungen in Schritten von 16 Byte vorgenommen werden. Der entsprechende Satz der Spezifikation lautet:

*In the standard RISC-V calling convention, the stack pointer sp is always 16-byte aligned.*

Die *calling convention* beschreibt das »vereinbarte Vorgehen« beim Aufruf einer Subroutine. Mehr dazu findet sich unter *https://github.com/riscv-non-isa/riscv-elf-psabi-doc/blob/master/riscv-cc.adoc.* Weiter finden wir in der ABI diese Vorschrift:

*In the standard ABI, the stack pointer must remain aligned throughout procedure execution.*

Anders formuliert: Die beiden `addi`-Befehle oben zur Veränderung des Stapelzeigers sind eigentlich die einzigen zugelassenen. Diese beiden Sätze müssen die am häufigsten überlesenen der ganzen Spezifikation sein, denn in der Praxis scheren sich viele Leute einen Dreck darum.

Die Compiler halten sich dagegen eisern an die Vorgabe. Wer in unserem Abschnitt über das Schummeln mit Hochsprachen den aus C oder Rust erzeugten Code genau studiert, wird erkennen, dass auch hier der Stapelzeiger um 16 Byte bewegt wurde, auch wenn gar nicht so viele Daten abgespeichert wurden. Der GCC erlaubt es zwar, die sogenannte *stack boundary* mit der Option `-mpre-`

`ferred-stack-boundary` zu verändern, verbindet das jedoch mit der furchteinflößenden Warnung, dass dann auch alle Module einschließlich der System- und Startbibliotheken entsprechend neu generiert werden müssen.

**Der Kleine bekommt wieder eine Extrawurst**

Die 16-Byte-Ausrichtung gilt nicht für RV32E, hier liegt die Grenze bei vier Byte.

Nun muss sich ja niemand daran halten. Die ABI gesteht zähneknirschend die Möglichkeit ein, dass unkonventionelle Stapelzugriffe existieren könnten. Sie mahnt aber dazu, dann unbedingt vor der Rückkehr in die Zivilisation die 16-Byte-Grenze wiederherzustellen. Das können wir erzwingen, wenn wir das letzte Nibble des Stapelzeigers auf 0 setzen:

```
andi sp, sp, -16        # align stack pointer to 16 bytes
```

Damit wird der Stapelzeiger auf die nächste 16-Byte-Wortgrenze *herabgerundet* – abwärts geht es deswegen, weil der Stapel nach unten wächst. Wenn wir dezimal -16 verwenden, müssen wir nicht so viele »F« zählen wie bei der Hex-Version 0xFFFF_FFF0 (bei RV32) oder gar 0xFFFF_FFFF_FFFF_FFF0 (bei RV64).

Wir können eine Abkehr von der ABI-Vorgabe nicht empfehlen, weil das Gesamtsystem auf diese Grenze ausgerichtet ist. Spätestens bei den komprimierten Befehlen des Moduls C ist Schluss mit lustig.

## 14.2 Die normative Kraft des C-Moduls

Im Modul C sind die Zeigerspanne von 16 Byte, die Wachstumsrichtung des Stapels nach unten und die Identität von `x2` als Stapelzeiger `sp` in gleich mehreren Befehlen fest eingebaut.

Zuerst hätten wir da `c.addi16sp`, dessen Name *Add Immediate, Scaled by 16, to Stack Pointer* lautet. [PD] Bei dem Immediate-Wert geht es um eine vorzeichenbehaftete Sechs-Bit-Zahl, die per Definition nicht Null sein darf. Diese Zahl wird um den Faktor 16 erweitert – also um vier Binärstellen nach links verschoben.

```
addi sp, sp, nzimm[9:4]
```

Dabei steht `nzimm` für *non-zero immediate*. In der Praxis bedeutet das, dass statt der ständig benutzten 32-Bit-Befehle `addi sp, sp, -16` und `addi sp, sp, 16` eigentlich die 16-Bit-Befehle

```
c.addi16sp -1
c.addi16sp 1
```

ausgeführt werden.

### 14.2.1 Einschub: Die Wahrheit hinter der Wahrheit

Wer sich bereits RISC-V-Code-Listings oder `objdump`-Ausgaben angeschaut hat, wird an dieser Stelle stutzen: Mit `objdump -d -M no-aliases` können wir die explizite Ausgabe der C-Befehle erzwingen – auf Kosten der Pseudo-Befehle übrigens, die dann nicht mehr angezeigt werden. Allein, dort steht bei `c.addi16sp` nie etwas mit einer 1 oder -1, sondern immer ein Vielfaches von 16. Nehmen wir dieses Fragment mit »normalen« 32-Bit-Befehlen:

```
ld s3, 24(sp)
ld s2, 16(sp)
ld s1, 8(sp)
ld s0, 0(sp)
addi sp, sp, 32
```

Hier wird vor einem Rücksprung aus einer Subroutine der Stapel wiederhergestellt. Schauen wir uns die Ausgabe von `objdump` mit den oben genannten Parametern an, erhalten wir wie erwartet die komprimierten 16-Bit-Varianten (umformatiert):

```
69e2    c.ldsp s3, 24(sp)
6942    c.ldsp s2, 16(sp)
64a2    c.ldsp s1, 8(sp)
6402    c.ldsp s0, 0(sp)
6105    c.addi16sp sp, 32           # note 32, not 2
```

Allerdings: Nach dem, was wir gerade besprochen haben, müsste in der letzten Zeile eigentlich `c.addi16sp sp, 2` stehen, nicht etwas mit einer `32` am Ende.

Was hier passiert, wird klar, wenn wir auf die Ebene der Maschinensprache herabsteigen und uns den Befehl 0x6105 Bit für Bit anschauen. Wir erhalten dann 0b_0110_0001_0000_0101. Mit Hilfe der Spezifikation teilen wir das in die einzelnen Bitfelder des Befehls auf:

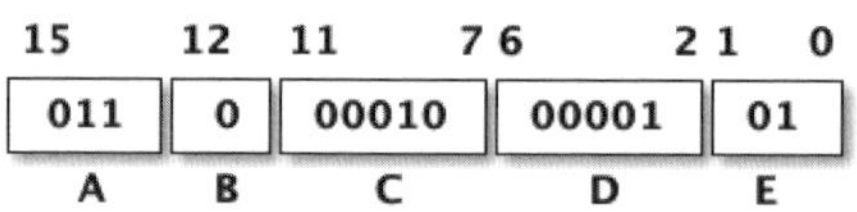


Wir haben sie hier mit Buchstaben gekennzeichnet, die nicht Teil der Spezifikation sind. A und C können wir schnell abhandeln, sie bilden zusammen den Opcode für `c.addi16sp`. Die beiden LSB in E geben die Länge an und interessieren uns hier auch nicht.

Für uns sind B und D wichtig, die zusammen den `nzimm` bilden. Die Zahl wurde bei der Übersetzung wie üblich durch den Fleischwolf gedreht. Fügen wir B und D wieder zusammen, lautet die Reihenfolge ihrer Bit im Befehl 9, 4, 6, 8, 7 und 5. Stellen wir die richtige Reihenfolge her, erhalten wir 0b0_0010 – also 2, genau die Zahl, die wir erwarten. Dass die Bit an den Positionen 3 bis 0 entfallen, deckt sich mit der Verschiebung um vier Bit.

Wir haben durch diesen Einschub drei Dinge gelernt: Der RVC-Befehl `c.addi16sp` arbeitet tatsächlich in Schritten von 16 Bit, egal, was für eine Zahl im Listing steht; wenn Werkzeuge wie `objdump` uns das Leben erleichtern, gaukeln sie uns oft etwas vor, und Leute, die RISC-V freiwillig in Maschinensprache statt Assembler programmieren, sind *komplett* wahnsinnig.

Zurück zum Stapel: Parallel zu `c.addi16sp` gibt es bei RVC auch spezielle Lade- und Speicherbefehle, die relativ zum Stapelzeiger auf den jeweiligen Wert zugreifen.

| Befehl | Beschreibung | Format | Beispiel |
|---|---|---|---|
| `c.lwsp` | *Load Word, Stack Pointer Relative* | lw rd, uimm[7:2](sp) | c.lwsp t0, 8 |
| `c.ldsp` | *Load Doubleword, Stack Pointer Relative* | ld rd, uimm[8:3](sp) | c.ldsp t1, 16 |

Dabei kann auf jedes Register zugegriffen werden, außer auf `zero`, das per Definition ausgeklammert ist. Auch hier müssen wir im Kopf behalten: Bei `c.ldsp` gehen wir in Schritten von acht Byte und bei `c.lwsp` von vier Byte vor, denn die in den Maschinenbefehlen mitgegebenen Immediate-Werte werden verschoben.

Fassen wir das alles in einem Schaubild zusammen, bei dem wir die Immediate-Werte in den Operanden so angeben, wie wir sie in den Listings sehen:

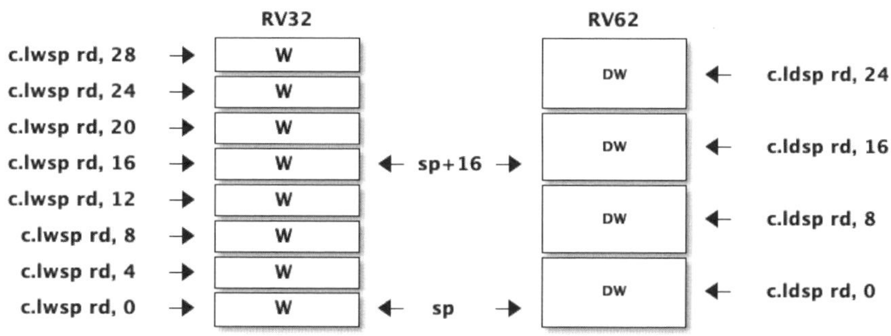


Hier sehen wir noch einmal: Pro »Stapeleinheit« von 16 Byte können wir vier 32-Bit-Wörter oder zwei 64-Bit-Doppelwörter unterbringen. Die entsprechenden Speicherbefehle sind wie erwartet:

| Befehl | Beschreibung | Format | Beispiel |
|---|---|---|---|
| `c.swsp` | *Store Word, Stack Pointer Relative* | sw rd, uimm[7:2](sp) | c.swsp t0, 8 |
| `c.sdsp` | *Store Doubleword, Stack Pointer Relative* | sd rd, uimm[8:3](sp) | c.sdsp t1, 16 |

Als letzten RVC-Befehl stellen wir `c.addi4spn` vor – *Add Immediate, Scaled by 4, to Stack Pointer, Nondestructive*. Damit werden Adressen zu Einträgen auf dem Stapel generiert, wo bei Hochsprachen gerne Variablen abgelegt werden.

Die Immediate-Zahl hier ist sechs Bit lang und darf nicht Null sein, aber sie hat kein Vorzeichen und wird daher in der Spezifikation `nzuimm` für *non-zero unsigned immediate* genannt – länger wird es dann zum Glück auch nicht mehr mit diesen Abkürzungen. Der Wert wird zum Inhalt von `sp` addiert und das Ergebnis dann in einen der besonderen C-Register abgelegt. Wir erinnern uns: Viele RVC-Befehle haben nur Zugriff auf die acht Register `s0` und `s1` sowie `a0` bis `a5`. Dieser ist einer davon. Das Wort *nondestructive* im Namen deutet darauf hin, dass der Stapelzeiger selbst nicht verändert wird wie bei `c.addi16sp`. Das 32-Bit-Gegenstück lautet damit:

```
addi rd´, sp, nzuimm[9:2]
```

Durch die Festlegung auf eine positive Immediate-Zahl als Operand kann `c.addi4spn` nur auf die Adresse bestehender Einträge im Stapel zugreifen, die im Speicher *über* dem Stapelzeiger liegen. Damit ist bei RISC-V im Modul C vorgegeben, in welche Richtung der Stapel wächst.

**Wer nicht will, der hat schon**

Auf den ersten Blick mag es seltsam erscheinen, dass der Immediate-Wert nicht Null sein darf, denn bei den Ladebefehlen war das nicht nur ausdrücklich möglich, sondern nötig, um den TOS zu erhalten. Dessen Adresse ist aber per Definition im `sp` abgelegt, da der Stapelzeiger auf den obersten Wert verweist. Würden wir hier eine Null zulassen, würde sich das unnötig doppeln. Damit ist aber ebenfalls durch RVC faktisch vorgeschrieben, dass `sp` auf den TOS zeigt.

Weil Stapelzugriffe so häufig sind, sparen diese Befehle jede Menge Platz und damit Verarbeitungszeit. Der Preis dafür ist, dass die 16-Byte-Grenze fixiert ist, der Stapel zwangsweise nach unten wächst, der Stapelzeiger immer auf den obersten Wert verweist und `x2` der Stapelzeiger sein muss. Diese Festlegungen im Modul C erklären, warum unsere eigenen, zusätzlichen Stapel nie so effektiv arbeiten werden wie der vom ABI vorgeschriebene.

## 14.3 Eigene Stapel

Trotzdem gibt es häufig Situationen, in denen wir eigene Stapel hinzufügen wollen. Eigentlich ist das ganz einfach: Wir brauchen einen Stapelzeiger, einen Initialwert für diesen Zeiger und etwas Speicher.

Als Zeiger bietet sich eines der geschützten Register an, etwa `s9`. Wir müssen den gegenwärtigen Wert abspeichern – er ist nicht vogelfrei, daher ist das unsere

Verantwortung –, indem wir ihn auf den eingebauten, normalen Stapel schieben. Wenn irgendwie möglich, sollten wir allerdings das Register umbenennen, damit unser Code einfacher zu verstehen ist. Beim GCC hätten wir zum Beispiel:

```
#define s9_dsp s9    /* data stack pointer */
```

Wo kriegen wir jetzt den Speicherplatz her? Wenn wir viel brauchen, sollten wir ihn vom Betriebssystem mit einem Systemaufruf anfordern. Tatsächlich zeigt die Erfahrung, dass meistens weniger Speicher für einen Stapel genutzt wird als angenommen. Ein Stapel mit maximal 20 Einträgen zu je vier Byte würde 80 Byte benötigen. Das können wir im Assembler-Code mit einem Datenabschnitt noch hinbekommen.

```
            .section .data
dsp_end:                        # upper limit of stack
            .space 80
dsp_start:
```

Der Maximalwert unseres Stapels muss in einem Listing *vor* dem Initialwert kommen, weil auch unser Stapel nach unten wachsen soll. Alles andere wäre verwirrend. Mit `.space` (alternativ `.skip`) überspringen wir die nächsten 80 Byte.

**Was mit Tellern nicht mehr geht**

Wir können uns Situationen vorstellen, in denen ein Stapel entgegen der Konvention in die »richtige« Richtung wächst. Etwa wenn wir *zwei* eigene Stapel anlegen. Dann kann einer nach unten und der andere nach oben wachsen, mit dem verbliebenen freien Speicherplatz dazwischen. Das entspricht dem gängigen Modell von Heap und Systemstapel, das wir am Anfang des Buches besprochen hatten.

Jetzt benötigen wir einen Initialwert. Wie beim normalen RISC-V-Stapel wollen wir dabei, dass der Zeiger immer auf den TOS verweist, was die *kleinste* Adresse im Speicher ist. Was dort an Daten liegt, wissen wir nicht, und im Idealfall werden wir es im Zusammenhang mit unserem Datenstapel auch nie erfahren. Zur Sicherheit können wir jedoch ein Speicherwort reservieren, sozusagen als »Parkplatz« für den Zeiger im Initialzustand.

```
        .section .data
dsp_end:                        # upper limit of stack
        .space 80
dsp_start:
        .space 4, 0xFF    # initial area for data stack pointer (paranoid)
```

Wir haben das Wort »paranoid« hinzugefügt, um zu zeigen, dass dieser Bereich eigentlich überflüssig ist. Das Label `dsp_start` ist damit der Anfangswert unseres Zeigers. Was im Speicher *danach* folgt (im Stapel *davor* kommt), sind vier Byte, die wir mit 0xFF füllen. Damit können wir leichter erkennen, dass hier kein

Inhalt hin soll, und je nach der Art von Daten auf dem Stapel mit einem Test auf `-1` prüfen, ob der Stapel leer ist. Eine verwandte Funktion derartiger *stack canaries* – benannt nach den Warnvögeln im Bergbau – ist die Abwehr von gewissen Angriffen.

Der Parkplatz erklärt auch, warum wir diese Sektion als `.data` und nicht als `.bss` markiert haben, weil das Betriebssystem den `.bss`-Bereich mit Nullen vollschreibt und unser 0xFF ignorieren würde. Die Initialisierung des Stapelzeigers läuft so ab:

```
la s9_dsp, dsp_start
```

Unseren eigenen Stapel verwenden wir nicht wirklich anders als den eingebauten. Vor jedem Zugriff muss der Stapelzeiger angepasst werden:

```
li t0, 2501
...
addi s9_dsp, s9_dsp, -4
sw t0, 0(s9_dsp)
...
lw t0, 0(s9_dsp)
addi s9_dsp, s9_dsp, 4
```

Freiheit! Hier zwingt uns niemand mehr, immer 16 Byte am Stück zu reservieren. Wir sehen auch wie mühsam es sein kann, wenn wir den ursprünglichen Namen des Registers immer mitschleppen als `s9_dsp`. Besonders bei einem Datenstapel, den wir über unser gesamtes Programm hinweg verwenden, können wir es vertreten, den Zeiger nur `dsp` zu nennen.

## 14.4 Gefahr im Überfluss

Das größte Problem bei Stapeln ist, dass der zur Verfügung stehende Platz begrenzt ist. Anders betrachtet: Wir wissen nicht immer, wie viel Stapelplatz wir zur Laufzeit benötigen werden. Damit droht die Gefahr, dass wir zu viel ablegen, also der Stapelzeiger einen Wert annimmt, der außerhalb des ihm zugewiesenen Speicherabschnittes verweist. Die Folge sind zum Teil bizarre Fehler. Beim normalen Stapel können wir dieses Problem ignorieren, denn der ist groß und das Betriebssystem kümmert sich. Bei einem eigenen Stapel ist das unser Problem.

Es gibt genauer gesagt zwei mögliche Probleme: »Überlauf« (*overflow*), wenn auf den Stapel mehr Daten gepackt werden, als Platz ist, und »Unterlauf«(*underflow*), wenn der Stapelzeiger über seinen »Parkplatz« hinaus in die im Speicher darüber liegenden Bereiche gerät. In der Praxis ist der Überlauf das größere Problem.

Die einfachste Lösung besteht darin, den Stapel so groß zu machen, dass das Problem nie auftaucht (*overallocation*). Das verschwendet allerdings Stapelplatz.

Wir können auch eine ausdrückliche Prüfung auf Unter- und Überlauf vornehmen, was aber jeden Zugriff langsamer macht.

```
addi dsp, dsp, -4           # reserve one word
la t0, dsp_end              # get lower limit of stack
blt dsp, t0, overflow       # check for error
```

Den Test für einen Unterlauf können wir ähnlich aufbauen. Dabei prüfen wir, ob der Stapelzeiger im Speicher *über* seinem Initialwert liegt:

```
addi dsp, dsp, 4
la t0, dsp_start
ble dsp, t0, underflow
```

Wenn diese Prüfungen tatsächlich ständig vorgenommen werden sollen, kann es sich lohnen, feste Register für die Start- und Endwerte zu definieren.

# 15 Sprünge und Verzweigungen

Eigentlich wollen wir möglichst viel »Code am Stück«: Sprünge können den Cache zerstückeln und Verzweigungen stellen eine Belastung für die Pipeline dar, ganz abgesehen davon, dass der Code damit schwieriger zu verstehen ist. Allerdings gehören Sprünge und Verzweigungen dazu, deswegen gehen wir hier vertieft auf sie ein. Wir werden dabei recht viel Zeit mit Subroutinen verbringen, genauer, wie wir Daten an sie übertragen. Als Warnung vorweg: Einige dieser Methoden sind fragwürdig.

## 15.1 Mehrfachverzweigungen

Schauen wir uns zunächst an, welche Strukturen zur Verfügung stehen, wenn wir nicht nur zwei Wege zur Auswahl haben, sondern mehrere. Wir sprechen von einer Mehrfachverzweigung (*multiway branch*).

Folgendes Szenario: Wir haben vier Routinen und erhalten in `a0` eine Zahl von 0 bis 3, die darüber entscheidet, zu welcher davon wir springen sollen. Der Inhalt von `a0` muss nicht erhalten bleiben, und wir nehmen den Idealfall an, dass der gelieferte Wert zulässig ist.

```
f_dick:     # case 0
            ...

f_erich:    # case 1
            ...

f_john:     # case 2
            ...

f_ralph:    # case 3
            ...
```

Was wir vorhaben, sieht in Rust etwa so aus:

```
let n = get_choice();

match n {
```

```
            0 => f_dick(),
            1 => f_erich(),
            2 => f_john(),
            3 => f_ralph(),
            _ => key_error(), // paranoid
    }
```

Eigentlich ist die letzte Zeile überflüssig – wir haben gesagt, dass der gelieferte Wert zulässig ist –, aber wir bauen ihn trotzdem ein. Es gibt verschiedene Wege, das in Assembler umzusetzen. Um uns das Leben leichter zu machen, definieren wir Konstanten.

```
.equ DICK, 0
.equ ERICH, 1
.equ JOHN, 2
.equ RALPH, 3
```

### 15.1.1 Verzweigungsketten

Die einfachste Methode besteht darin, eine Reihe von Verzweigungsbefehlen hintereinanderzuschalten. Das könnte in diesem kurzen Beispiel das Mittel der Wahl sein. Hier vermissen wir bei RISC-V schmerzhaft einen Verzweigungsbefehl wie `beqi`, der den Inhalt eines Registers mit einer Immediate-Zahl vergleicht. So etwas wie:

```
beqi t0, 1, label          # sorry, no such instruction
```

Stattdessen müssen wir jedes Mal ein Register mit dem Vergleichswert laden.

```
li t0, DICK
beq a0, t0, f_dick
li t1, ERICH
beq a0, t1, f_erich
li t2, JOHN
beq a0, t2, f_john
li t3, RALPH
beq a0, t3, f_ralph
```

Es gibt Varianten. Wir könnten statt der Konstanten mit der Zahl 0 anfangen und dann bei jeder Entscheidung mit `addi t0, t0, 1` hochzählen. Das ist verlockend, weil Additionsbefehle im Prozessor effektiv ablaufen. Allerdings wird es für menschliche Leser schwieriger zu verstehen, was eigentlich passiert, und wenn wir Routinen hinzufügen oder löschen, ist es fehleranfälliger.

Bei anderen Prozessoren finden wir oft Schleifen, die herunterzählen, also bei jedem Schritt Eins abziehen. Das ist insbesondere bei CPUs die Regel, die getrennte Test- und Verzweigungsbefehle aufweisen, weil oft das Laden einer Null in ein Register automatisch eine entsprechende Flag setzt und so ein Test eingespart werden kann. Da wir bei RISC-V keine derartigen Flags haben, hilft uns das genau gar nicht.

So oder so: Spätestens wenn wir einige Dutzende oder Hunderte Entscheidungen treffen müssen, werden solche Listen unangenehm, schon allein, weil die Zugriffszeit mit der Länge der Liste ansteigt.

**O nein**

Bei der Analyse von Algorithmen werden Landau-Symbole verwendet, auf Englisch griffiger als *O-notation* oder noch einfacher *big O* bezeichnet. Ein Fall, wie wir ihn haben, wo die Geschwindigkeit des Codes linear zur Zahl der Einträge `n` ansteigt, wird in dieser Notation als `O(n)` bezeichnet. Das ist nicht so gut wie ein `O(1)`, wenn die Geschwindigkeit konstant bleibt, egal wie viele Einträge wir haben.

### 15.1.2 Sprungtabellen

Eine Alternative ohne die ganzen Verzweigungen stellt die Sprungtabelle dar (*jump table*, dummerweise auch *branch table* genannt). Wir nutzen hier die Tatsache, dass RISC-V-Befehle vier Byte lang sind.

```
            la t0, jump_table   # get base address
            slli a0, a0, 2      # multiply by 4 for offset to jump instr
            add a0, a0, t0      # combine jump table base addr with offset
            jr a0
jump_table:
            j f_dick
            j f_erich
            j f_john
            j f_ralph
```

Hier haben wir einige Annahmen mitgeschleppt. Die erste ist, dass unsere Routinen innerhalb der Sprungweite liegen. Wenn wir über einen Prozessor mit dem Modul C verfügen, können wir vielleicht sogar die komprimierten Sprungbefehle nehmen. Dann müssen wir unseren Offset nur um *eine* Stelle nach links verschieben (Multiplikation mit zwei), da jeder Befehl *zwei* Byte lang ist. Allerdings müssen wir möglicherweise dafür sorgen, dass der Assembler nicht von selbst komprimierte Befehle in die Tabelle einbaut, wenn wir die 32-Varianten erwarten, oder – noch schlimmer – komprimierte und nichtkomprimierte Befehle mischt.

Dieses Verfahren hat den Vorteil, dass wir ohne jede Verzweigung auskommen. Die Sprungtabelle ist auch ein Teil der Textsektion, weswegen wir hoffen können, dass die Sprünge im Cache mitgeladen werden.

### 15.1.3 Dispatch-Tabellen

Statt komplette Befehle in der Sprungtabelle abzulegen, können wir dort nur die Adressen der angesteuerten Routinen eintragen. Das macht bei RV32 vom Platz her keinen Unterschied und löst das Problem, dass unsere Routinen außer Reichweite eines einfachen Sprungs liegen könnten.

```
.section .text
        la t0, dispatch_table       # get base address
        slli a0, a0, 2              # calculate index
        add a0, a0, t0              # generate complete address
        lw a0, 0(a0)                # get address out of dispatch_table
        jr a0

    .section data
    .align 3

dispatch_table:
    .word f_dick, f_erich, f_john, f_ralph
```

Das benötigt einen Befehl mehr. Ein weiterer Unterschied ist, dass hier die Adressen vom Text- ins Datensegment verlegt wurden.

Beim Umgang mit Sprung- oder Dispatch-Tabellen gibt es einige Tricks. Vier Einträge wie oben können wir noch gut überblicken, aber in dem Moment, wenn es zweistellig wird, drohen Kopfschmerzen. Wir können uns behelfen, wenn wir am Ende jeder Zeile aufschreiben, um welche Nummern in der Tabelle es sich handelt.

```
dispatch_table:
    .word f_speak, f_breathe, f_run, f_time, f_gig          # 0 - 4
    .word f_money, f_us, f_colour, f_brain, f_eclipse       # 5 - 9
```

Wir haben in diesen Beispielen direkte Sprünge zu den jeweiligen Routinen in der Tabelle ausgeführt und angenommen, dass wir am Ende an die Hauptroutine zurückspringen, vielleicht mit etwas wie `j main_loop`. Wir können sie natürlich auch als Subroutinen aufrufen, müssen aber dann den Stapel verwalten.

Bislang haben wir die Fehlerbehandlung ignoriert. Diese nimmt dabei gar nicht mal so viel Platz in Anspruch: Wir definieren am Ende der Tabelle ein Label und schauen dann, ob unsere berechnete Adresse darüber hinausgeht. Bei sehr vielen Vergleichen kann es sich lohnen, diese Adresse zur Prüfung immer in einem Register zu behalten. Im folgenden Beispiel ist es `s0`:

```
        la s0, dispatch_table_end       # in early code
        ...
        add a0, a0, t0                  # addr is in dispatch table
        bge a0, s0, error               # addr is outside of table
        ...

dispatch_table:
    .word f_speak, f_breathe, f_run, f_time, f_gig        # 0 - 4
    .word f_money, f_us, f_colour, f_brain, f_eclipse     # 5 - 9
dispatch_table_end:
```

Wahlweise könnten wir auch versuchen, uns zu merken, dass wir zehn Einträge in der Tabelle haben, und jeden Index größer als eine Neun abfangen. Schon an diesem Satz erkennen wir die drohende Gefahr des gefürchteten *off-by-one error*, vor allem wenn der Code irgendwann erweitert oder sonstwie gepflegt werden muss.

Das Verfahren erlaubt es auch, Lücken in der Tabelle aufzufangen. Wir können eine getrennte Routine als Fehlermeldung oder als Leerbefehl aufsetzen und deren Adresse in die Lücken packen. Wenn unsere »guten« Routinen alle mit `good` anfangen:

```
dt_error:                       # errors land here
            ...
            j main_loop

dt_nop:
            j main_loop         # nops land here
dispatch_table:
    # legal index values: 0, 1, 2, 3, 5, 8 / error: 4, 9 / nop: 6, 7
    .word good_0, good_1, good_2, good_3, dt_error         # 0 - 4
    .word good_5, dt_nop, dt_nop, good_8, dt_error         # 5 - 9
dispatch_table_end:
```

### 15.1.4 Ein Sonderfall am Rande der Welt

Die Adressierungsmodi von RISC-V bieten uns einen Weg, um mit einem einzigen Sprungbefehl Routinen an den extremen Enden des Adressraums zu erreichen. Wir nehmen dazu den `jalr`–Sprungbefehl und setzen für das Ziel-Register `zero` ein. Damit wird der Immediate-Wert zu einem Zeiger auf Routinen ganz oben oder unten im Speicher.

```
jalr ra, roald(zero)
```

Die Spezifikation weist ausdrücklich auf diese Variante hin:

*When used with a base rs1=x0, JALR can be used to implement a single instruction subroutine call to the lowest 2 KiB or highest 2 KiB address region from anywhere in the address space, which could be used to implement fast calls to a small runtime library.*

Allerdings haben wir nicht immer Zugang zu diesen Speicherbereichen.

## 15.2 Tail Calls

Der Pseudo-Befehl `tail` dient dazu, bei Sprüngen an entfernte Ziele den Stapel in Form eines *tail calls* zu entlasten. Schauen wir eine Situation an, in der wir drei Code-Fragmente haben, die wir A, B und C nennen und der Einfachheit halber hier nebeneinander auflisten. Wir zeigen nur die Sprung- und Rücksprungbefehle.

```
Schritt       A            B            C             Stapel

1.            jal B ->     ...                        ( ra.A )
2.                         jal C ->     ...           ( ra.A ra.B )
3.                                   <- ret           ( ra.A )
4.                      <- ret ( )
```

Von A springen wir nach B, was die Rücksprungadresse $\texttt{ra}_A$ auf dem Stapel zurücklässt – den Code dazu haben wir ebenfalls ausgelassen. Von B aus springen wir dann nach C, was $\texttt{ra}_B$ auf den Stapel schiebt. Haben wir in C die eigentliche Arbeit hinter uns gebracht, ohne noch mal irgendwohin zu springen, geht es mit ret nach B zurück. Wichtig: Der letzte Rücksprung von B nach A erfolgt sofort nach der Rückkehr, es gibt in B keine Befehle zwischen jal und ret.

```
jal C       # return address saved in ra
ret         # return address taken from ra
```

Das ist eine Verschwendung von Zeit und Stapelplatz: Wir können den Zwischenhalt beim Rücksprung nach B durch einen »großen« Sprung direkt wieder zu A ersetzen. Die Adresse liegt ja auf dem Stapel. Diese jal/ret-Kombination wird zu einem j.

```
Schritt    A           B           C            Stapel

1.         jal B ->    ...                      ( ra.A )
2.                     j C ->      ...          ( ra.A ) # tail call
3.                              <- ret          ( )
```

Das ret von C nutzt jetzt die Rücksprungadresse, die der Sprungbefehl in A auf den Stapel geschoben hatte. Auf dem Rückweg überspringen wir B komplett und landen sofort wieder in A. Wir haben einen ret-Befehl und einen Stapelplatz gespart. Da dieser Aufruf mit dem unbedingten Sprung am Ende einer Kette von Subroutinen-Sprüngen auftaucht, steht er am »Schwanzende« des Codes, weswegen von einem *tail call* gesprochen wird.

Der Pseudo-Befehl tail macht diese Intention unmissverständlich. Der Assembler ist klug genug, die Rücksprungadresse nicht in das normale Register ra abzulegen. Stattdessen ist in der Spezifikation t1 vorgeschrieben. Das ist wiederum anders als das *alternate link register* t0, das für Millicode benutzt wird. Ansonsten handelt es sich bei tail um das bekannte Muster eines weiten Sprungs (mit Beachtung der Vorzeichenerweiterung):

```
auipc t1, symb[31:12]
jalr zero, symb[11:0](t1)
```

An dieser Stelle mag die Frage aufkommen, warum wir überhaupt ein Register benutzen und nicht wie oben den Befehl j für einen einfachen Sprung. Der Grund liegt in der begrenzten Reichweite des jump-Befehls. Durch die Verwendung von t1 können wir an eine beliebige Stelle im Code springen, weswegen wir davon sprechen, dass wir mit tail an eine *weit entfernte* Subroutine aufrufen.

## 15.3 Funktionsaufrufe

*You can think of a procedure like a spy who leaves with a secret plan, acquires resources, performs the task, covers his or her tracks, and then returns to the point of origin with the desired result. Nothing else should be perturbed once the mission is complete.*

*–Hennessy und Patterson, Computer Organization and Design (2012)*

Schauen wir uns an, wie Funktionsaufrufe (*function calls*) bei Hochsprachen funktionieren. Wir müssen nicht nur die vogelfreien Register auf den Stapel retten, sondern auch die lokalen Variablen. Den ganzen zugehörigen Abschnitt nennen wir einen *procedure frame* oder eine *activation record*.

Hier könnte der `fp` als *frame pointer* zur Anwendung kommen: Der Inhalt des Registers zeigt auf den ersten Eintrag des Frames. Er erhält dabei am Anfang des Funktionsaufrufes den Wert von `sp`. Mit dem `fp` haben wir einen festen Bezugspunkt und können mit dem `sp` hemmungslos herumspielen. Allerdings erfordert die Nutzung des `fp` einen gewissen Aufwand, der durch einen sorgfältigen Umgang mit dem Stapelzeiger vermieden werden kann. Der Rahmenzeiger ist damit eigentlich unnötig.

Wie auch immer: Bei einem Funktionsaufruf müssen unter Umständen größere Datenmengen auf den Stapel geschoben werden. Üblicherweise versuchen wir, die Parameter in den dafür vorgeschriebenen Registern zu übergeben. Reicht das nicht aus, haben wir ein *register spilling*, weil die Daten aus dem Stapel »auslaufen«. Selbst wenn wir nur die Rücksprungadresse `ra` und unsere Argumenten-Register ab `a0` schützen wollen, sieht der Anfang eines Funktionsaufrufes bei RV32 etwa so aus:

```
addi sp, sp, -48
sw ra, 0(sp)
sw a0, 4(sp)
sw a1, 8(sp)
sw a2, 12(sp)
sw a3, 16(sp)
sw a4, 20(sp)
sw a5, 24(sp)
sw a6, 28(sp)
sw a7, 32(sp)
```

Derartige Abschnitte vor einem Funktionsaufruf werden *prologue* genannt. Zum Abschluss der Prozedur muss der ganze Vorgang rückgängig gemacht werden in einem *epilogue*. Da immer wieder dieselben Register auf den Stapel geschoben werden müssen, haben viele Prozessoren spezielle *load-multiple-* und *store-multi-*

*ple*-Befehle, die das alles in einem Rutsch erledigen. Die Macher von RISC-V haben sich dagegen entschieden, derartige Befehle in die ISA aufzunehmen. Das gehört zu den Kritikpunkten am Befehlssatz. Stattdessen setzen sie auf Millicode.

## 15.4 Millicode

Dabei lagern wir Prolog und Epilog in Kleinstroutinen aus, die ihrerseits die Register abspeichern. Das klingt wie eine Hacker-Version einer Geschichte des Barons Münchhausen: Wir springen an eine Subroutine, um Daten zu sichern, damit wir an eine Subroutine springen können. Wie soll das mit der Rücksprungadresse funktionieren? Hier nutzen wir aus, dass wir bei RISC-V jedes beliebige Register für die Rücksprungadresse nutzen können. Dabei kommt `t0` in seiner Sonderrolle als *alternate link register* zum Einsatz.

Mehr noch, das Modul C unterstützt die Umwandlung solcher Millicode-Routinen in komprimierte Befehle. Ein solcher Prolog, mit dem aus Platzgründen hier nur die Rücksprungadresse und das Register `a0` abgespeichert werden sollen, sieht in RVC so aus (nach [WA]):

```
prologue:
            c.addi16sp -16
            c.sdsp s0, 0(sp)
            c.sdsp ra, 8(sp)      # save word stack pointer relative
            c.jr t0               # alternate link register
```

Da jeder Befehl zwei Byte lang ist, kommen wir mit acht Byte aus. Aufgerufen wird dieser Prolog dann mit einem Subroutinenbefehl, der `t0` als Register für den Rücksprungwert nimmt, nicht `ra`.

```
jal t0, prologue                  # tail call
```

Der Epilog sieht entsprechend aus. Er nutzt die Tatsache aus, dass wir ohnehin zu `ra` zurückwollen, und endet mit einem Tail Call. Daher nutzten wir einen einfachen Sprung.

```
j epilogue                        # tail call
```

Der Epilog macht dann den Prolog rückgängig.

```
epilogue:
            c.ldsp ra, 8(sp)
            c.ldsp s0, 0(sp)
            c.addi16sp 16
            c.jr ra # tail call
```

Die Entwickler von RISC-V geben an, mit diesem Verfahren die Größe des Codes um 19 Prozent verringern zu können, die Millicode-Routinen nicht eingerechnet. Derartige Routinen sind überall dort interessant, wo wir wiederholt einen Code-

Abschnitt ausführen, von dem wir wissen, dass er eine »Sackgasse« (*leaf procedure*) ist, also selbst keine Subroutinen-Sprünge ausführt.

## 15.5 Datenübergabe an Subroutinen

Die Übergabe von Daten an eine Subroutine über Register oder den Stapel ist schön und gut, kann aber aufwendig sein. Das gilt etwa für den Fall, wenn wir kein Register opfern wollen, oder vielleicht nur ein einziges Bit übertragen werden soll. Dieser Abschnitt beschäftigt sich mit Alternativen.

### 15.5.1 Das Anhalter-Bit

Sprünge gehen bei RISC-V bekanntlich nur an gerade Adressen. Ist wie bei `jr` die Adresse in einem Register abgelegt, wird das niedrigste Bit beim Sprung ignoriert. Es bleibt allerdings im Register erhalten. Wir »schmuggeln« das Bit in die Subroutine. Das erlaubt einen Trick: Wir können mit diesem Bit Informationen an die Zielroutine übertragen. Nicht viele – eben genau ein Bit –, aber immerhin.

Was wie ein verantwortungsloser Hack klingt, ist tatsächlich von den Machern von RISC-V abgesegnet:

*Clearing the least-significant bit when calculating the JALR target address both simplifies the hardware slightly and allows the low bit of function pointers to be used to store auxiliary information.*

In der Spezifikation ist für dieses Verfahren kein besonderer Name festgelegt, wir sprechen hier vom »Anhalter«-Bit (*hitchhiker bit*). Schmuggeln ist schließlich verboten, und wir wollen wieder *lawful good* sein.

Nehmen wir an, wir haben eine Routine `head_select`, bei der es intern zwei Varianten gibt, die wir nicht auskoppeln oder trennen wollen, weil die Folgen irgendwie dramatisch wären. Wir nutzen das Anhalter-Bit, um eine Variante auszuwählen. Im ersten Schritt laden wir die Adresse der Routine etwa in `t0` – hier gibt es keine Festlegung. Danach haben wir zwei Möglichkeiten: Wir können mit einem Oder-Befehl das Anhalter-Bit setzen oder mit einem Und-Befehl löschen.

```
la t0, head_select

ori t0, t0, 1        # variant a: set hitchhiker bit, or
andi t0, t0, -2      # variant b: clear hitchhiker bit
```

Der Immediate-Wert von -2 geht bei `andi` darauf zurück, dass wir alle Bit bis auf das unterste behalten wollen, also 0xFFFF_FFFF_FFFF_FFFE (bei RV32) als Maske verwenden. In der Praxis ist das verwirrend, weswegen wir dafür Konstanten definieren, wenn wir viel Gebrauch vom Anhalter-Bit machen.

```
.equ SET_BIT, 1
.equ CLEAR_BIT, -2
```

Die aufgerufene Routine maskiert dann alles bis auf das LSB, um die richtige Variante zu erkennen:

```
head_select:
            andi t1, t0, 1      # mask all but hitchhiker bit (LSB)
            beqz zb_right
zb_left: # dead label
            ...                 # variant b: hitchhiker bit set
zb_right:
            ...                 # variant b: hitchhiker bit not set
```

### 15.5.2 Fragwürdig bis verboten: Datenübergabe im Code

Irgendwann kommt die Idee auf, warum wir nicht einfach zur Datenübergabe die Adresse nutzen, die uns der Sprungbefehl in ra ablegt. In normalem, moralisch gefestigtem Code steht dort der Befehl, der nach dem Rücksprung ausgeführt wird. Aber warum legen wir da nicht Daten ab? Wir müssen nur daran denken, entsprechend die Rücksprungadresse anzupassen.

```
    jal ra, prime_discovery
.word 1031                     # inlined data für subroutine
    ...                        # return here instead
```

Unsere Subroutine muss natürlich mitspielen. Dazu übernimmt sie die Rücksprungadresse und benutzt sie, um die Daten aus dem Programmtext zu laden. Dann passt sie die Adresse vor dem Rücksprung an, indem sie sie um vier Byte erhöht, weil wir hier ein Wort an Daten haben. Bei einem Doppelwort müssten es acht Byte sein und so weiter.

```
prime_discovery:
            lw t1, 0(ra)        # get inlined number at return address
            ...                 # do something with number
            addi ra, ra, 4      # move return address past inlined data
            ret
```

Es gibt keinen Grund, es mit einem Wort oder Doppelwort nach der Adresse zu belassen. Denkbar wäre, deutlich größere Datenmengen, die Rücksprungadresse muss nur korrekt angepasst werden. Dabei ist es vielleicht keine gute Idee, einen String dort abzulegen, weil es spätestens bei Änderungen am Programms sehr fehleranfällig wird, die einzelnen Buchstaben zu zählen. Möglich ist das natürlich.

Dieses Verfahren ist bei einfachen Prozessoren wie dem 6502 durchaus gebräuchlich. Anständigen Menschen ist allerdings bei der Anwendung nicht wohl: Daten und Code werden aus gutem Grund getrennt. Bei der Harvard-Architektur ist das sogar in Hardware gegossen. Daher wundert es nicht, dass RARS dieses Verfahren mit der Fehlermeldung *».word« directive cannot appear in text segment* entsetzt verweigert. Die Daten in eine Combo aus `.data` und `.text` einzuschließen, funktioniert auch nicht, weil die Daten gesammelt und an einer zusammenhängenden Stelle im Speicher abgelegt werden. Bei RARS herrscht Zucht und Ordnung.

Der GCC kennt dagegen keinerlei Skrupel. Wir können das mit dem folgenden Programm testen, das vor und nach dem Sprung über einen Systemaufruf das Wort »main« ausdruckt und die Adresse des Strings »inline« im Code übergibt. Boilerplate:

```
            .equ SYS_WRITE, 64
            .equ SYS_EXIT, 93
            .equ STDOUT, 1

            .global _start
_start:

            .section .rodata
s_main:     .asciz "main\n"
s_sub:      .asciz "inline\n"
```

Die Routine zum Ausdrucken von »main« wird einmal vor und nach dem eigentlichen Sprung ausgeführt. Wir listen sie hier nur einmal auf:

```
.section .text
            li a7, SYS_WRITE
            li a0, STDOUT
            la a1, s_main
            li a2, 5
ecall
```

Dazwischen kommt der eigentliche Sprung, im Code direkt gefolgt von der Adresse des zweiten Strings »inline« als Doppelwort.

```
        jal use_inline
.dword  s_sub               # store address of string in code
```

Anschließend drucken wir wie oben noch einmal »main« aus und beenden das Programm sauber mit dem Systemaufruf `exit`. Die Subroutine nimmt `ra` und lädt damit die dort abgespeicherte Stringadresse, bevor sie selbst einen `write`-Systemaufruf absetzt. Der Trick ist dann die vorletzte Zeile, wo wir gewissenlos die Rücksprungadresse manipulieren.

```
use_inline:
            li a7, SYS_WRITE
            li a0, STDOUT
            ld a1, 0(ra)        # get inlined address of string
            li a2, 7
            ecall

            addi ra, ra, 8      # skip inlined data (one doubleword)

            ret
```

Wir sehen nach der erfolgreichen Ausführung des Programms diese drei Zeilen:

```
main
inline
main
```

Dass der GCC mitmacht, ist bedenklich genug. Geradezu empörend ist allerdings, dass objdump ihn deckt. Schauen wir uns mit `objdump -d -M non-aliases` die entsprechende Stelle an, sehen wir:

```
2e4: 028000ef          jal    ra,30c <use_inline>
     ...
2f0: 04000893          addi   a7,zero,64
```

Die dritte Zeile ist die Umsetzung unseres Pseudo-Befehls `li a7, SYS_WRITE`. Unsere eingeschmuggelten Daten finden sich in der zweiten Zeile nur als drei Punkte wieder. Objdump will nichts gesehen haben.

Auf diese Weise können Daten schnell und billig an eine Subroutine übergeben werden. Wir müssen nichts in Register oder auf den Stapel schieben und auch nicht mit einzelnen Bit herumspielen. Die Anpassung der Rücksprungadresse ist eigentlich unser Overhead und besteht aus einem einzigen Additionsbefehl, der in der Praxis auch noch in die komprimierte Zwei-Byte-Version – hier `c.addi ra, 8` – umgewandelt wird. Konzeptionell sauber ist das aber bestimmt nicht, und nicht jeder Assembler und jede Hardware machen mit. Auch Hamster haben Prinzipien.

# 16 Schleifen

*»And how many hours a day did you do lessons?« said Alice, in a hurry to change the subject. »Ten hours the first day,« said the Mock Turtle: »nine the next, and so on.« »What a curious plan!« exclaimed Alice. »That's the reason they're called lessons,« the Gryphon remarked: »because they lessen from day to day.«*

*–Lewis Carroll, Alice's Adventures in Wonderland (1865)*

Schleifen sind die kritischsten Stellen im Code bei der Assembler-Programmierung. Zwei, drei nicht optimale Befehle in einem Basic Block machen sich kaum bemerkbar. Aber eine Schleife, die vielleicht Millionen Mal durchlaufen wird, schlägt schwer zu Buche. Wenn es sich irgendwo lohnt, Zeit in Assembler-Code zu investieren, Befehl für Befehl nach der sagenumwobenen perfekten Routine zu suchen, dann hier.

Allerdings: Um möglichst effektive Schleifen basteln zu können, müssten wir ein tiefgehendes, sogar inniges Verständnis von der spezifischen Hardware unserer Maschine haben. Wir sollten wissen, ob es einen Micro-Op- oder *loopback cache* gibt und wenn ja, wie groß sie sind. Detaillierte Analysen wie die in [AF] für x86 gehen nicht umsonst Prozessor für Prozessor vor.

## 16.1 Allgemeines zu Schleifen

Der erste Schritt ist einfach und unterscheidet sich nicht vom Vorgehen bei jeder Programmiersprache: Wir schauen uns die Logik an.

Bei Schleifen gibt es zunächst solche, die eine bestimmte, vorab bekannte Anzahl von Iterationen durchlaufen, etwa `for`-Schleifen. Dann gibt es solche, die laufen sollen, bis eine gewisse Bedingung erfüllt ist. Hier unterscheiden wir zwei Untervarianten: Die eine, bei der die Schleife *mindestens einmal* durchlaufen wird (`do` oder `do until`), und die andere, bei der zuerst entschieden werden muss, ob die Schleife *überhaupt* ausgeführt wird (`while`). Eine `do`-Schleife in Pseudo-Code:

```
loop:
        <action>
        <loop control>
        <if test: branch to loop>
```

Die `while`-Variante:

```
loop:
        <if test: branch to done>
        <action>
        <loop control>
        <jump to loop>
done:
```

Nehmen wir ein triviales Beispiel. Wir löschen eine gewisse Anzahl von Byte ab einer bestimmten Speicherstelle. Die erste Adresse ist dabei in `a0` abgelegt, die Zahl der Byte in `a1`. Unter der Annahme, dass die Zahl der Byte größer als Null ist, haben wir als eine Umsetzung der `do`-Schleife:

```
            li t0, 0              # index
loop:
            add t1, a0, t0        # addr = base-addr + index
            sb zero, 0(t1)        # save 0 to addr
            addi t0, t0, 1        # increase index
            blt t0, a1, loop      # if not all done, branch to loop
```

Können wir uns nicht sicher sein, dass wir *nicht* eine Null in `a1` als die Zahl der Byte geliefert bekommen, sollten wir das Ganze als `while`-Schleife umsetzen. Ein erster, naiver Ansatz:

```
            li t0, 0
loop:
            bge t0, a1, done      # quit if we reached a1 or a1 is zero
            add t1, a0, t0
            sb zero, 0(t1)
            addi t0, t0, 1
            j loop
done:
```

Dumm dabei: Die Schleife ist um einen Befehl länger geworden. Wir wollen sie aber so kurz wie möglich halten, einmal weil jeder Durchlauf dann schneller geht, aber auch, weil einige Prozessoren kleine Sonder-Caches für Schleifen besitzen. Dieses Beispiel zeigt, dass die Eins-zu-eins-Umsetzung von `while`–Schleifen in Assembler ungeschickt ist. Es gibt einen besseren Ansatz, der allerdings weniger intuitiv ist:

```
        li t0, 0
        j test                # at beginning: jump to test
loop:
        add t1, a0, t0
        sb zero, 0(t1)
        addi t0, t0, 1
test:
        blt t0, a1, loop
```

Bevor wir in die Schleife eintreten, springen wir sofort an ihr Ende und führen die Prüfung aus, ob wir die Schleife überhaupt durchlaufen müssen (was dann ein *zero-trip loop* wäre). Das verkleinert den Schleifenkörper um einen Befehl und wird zudem den unbedingten Sprung am Ende los. So geht `while` in Assembler.

**Da guckt die Freundin aber**

Wie wir später an einem Beispiel aus der Mathematik sehen werden, kann diese Schleifenkonstruktion KIs verwirren. Bitten wir die Maschine, die Funktion eines solchen Code-Abschnitts zu erraten, kriegen wir zu hören: »*The sequence of the instructions, especially with the jump to test, makes the loop's logic a bit unclear.*« Helfen wir ihr interaktiv auf die Sprünge, indem wir unsere Intention erklären, erkennt sie die Struktur dann als »*top-tested*« oder »*zero-trip loop*«.

Spielen wir eine weitere Version durch. Niemand hat uns gesagt, dass wir den Inhalt von `a1` aufbewahren müssen. Benutzen wir also `a1` zur Steuerung, auch wenn das bedeutet, dass wir die Speicherstellen von hinten nach vorne löschen. Als `do`-Schleife:

```
loop:
        addi a1, a1, -1       # decrease index by one
        add t0, a0, a1        # address = base-addr + index
        sb zero, 0(t0)        # save 0 to address
        bgez a1, loop         # if not negative repeat
```

Dass wir den Subtraktionsbefehl vorziehen, hat damit zu tun, dass wir den *off-by-one error* vermeiden, der sonst entstehen würde, wenn wir die Zahl der Byte gedankenlos als Index benutzen würden. Viel haben wir durch diese Variante nicht gewonnen. Der eine eingesparte `mv`-Befehl vor der Schleife dürfte den Kohl nicht fett machen, wie auch, da wir jetzt nur noch das Register `t0` zusätzlich verwenden.

## 16.2 Basis + Index vs. Zeiger

Wir haben bislang bei jedem Durchlauf die Basisadresse aus `a0` genommen und dann den Index in `t0` hinzuaddiert. Dieser Index diente durch den Vergleich mit der Zahl der Byte in `a1` gleichzeitig als Schleifenkontrolle. Das entspricht dem

Vorgehen in einer Hochsprache, wenn ein Eintrag in einem Feld (*array*) im Format array[offset] vorliegt.

Alternativ können wir das auch so aufziehen, dass wir in einem Register die aktuelle Adresse speichern und immer diese erhöhen. Das entspricht der Verwendung eines Zeigers in Programmiersprachen wie C. Entsprechend wird von *pointerization* gesprochen, wenn wir von der Array-Variante aus Basisadresse plus Index auf einen Zeiger umstellen.

Schauen wir uns die do-Schleife von oben mit einem Zeiger an:

```
        mv t0, a0               # start with pointer to first addr
        add t1, a0, a1          # calculate last addr
loop:
        sb zero, 0(t0)          # save 0 to addr
        addi t0, t0, 1          # increase addr
        bltu t0, t1, loop       # repeat if current < max addr
```

Die Schleife ist noch kleiner geworden, denn wir haben einen Additionsbefehl gespart. Die Verwendung des Vergleiches ohne Vorzeichen bltu ist der Möglichkeit geschuldet, dass der Rechner eine der Adressen in t0 oder t1 als negative Zahl interpretiert.

### 16.2.1 Und nun ein kurzer Rant über das Fehlen eines Indexmodus

Bei RISC-V fehlen eingebaute Befehle zum Laden von Daten in der Form, dass ein Register die Basisadresse stellt und ein anderes den Index (*indexed load*). Damit ließen sich zum Beispiel Felder in Form von array[offset] einfach und schnell bearbeiten. Solche Zugriffe sind dummerweise häufig. Greifen wir auf ein Array zu mit einer Basisadresse in a0 und einem Index in t0 bei einer Datenbreite von einem Wort, brauchen wir gleich drei Befehle:

```
slli t0, t0, 2      # shift index by four bytes
add t1, a0, t0      # construct addr with base and index
lw a1, 0(t1)        # load word from memory
```

Das schmerzt, insbesondere weil die Konkurrenz derartige Konstrukte im Angebot hat, sogar einschließlich der Verschiebung. Selbst der 6502 kann mit seinen Registern X und Y indizierte Ladebefehle bilden.

Bei RISC-V könnte das Format für eine solche Indexadressierung so aussehen:

```
lw rd, (rb, ri)     # load word from addr (rs1+rs2)
```

Dann könnte das Register rb die Basis und ri der Index sein, ohne dass wir die Regel verletzen, dass es drei Operanden sein müssen. Unser Datenfeld-Zugriff würde sich mit diesem hypothetischen Befehl wenigstens etwas vereinfachen:

```
slli t0, t0, 2      # shift index by four bytes
lw a0, (a1, t0)     # load word from memory
```

Das Wehklagen über das Fehlen eines Indexmodus ist laut genug, dass die Macher von RISC-V dazu Stellung genommen haben. [CC][WA] Sie sprechen von einer »verlockenden« Idee, lehnen aber am Ende solche Befehle als unnötig ab: Die Technik der Macro-Op-Fusion werde es schon richten. Zudem würde ein Speicherbefehl in diesem Modus drei Quell-Register erfordern. Ein »hybrider« Ansatz, bei dem die Indexadressierung nur für Ladebefehle angeboten wird, lehnen sie ab, weil dies den Befehlssatz »komplizierter« machen würde. Nun denn.

## 16.3 Techniken für effektive Schleifen

Wir stellen jetzt einen kleinen Katalog von Techniken und Tricks vor. Ob sie im konkreten Fall wirklich nützlich sind, hängt sehr von der Hardware ab. Unter gewissen Umständen können sie sogar kontraproduktiv sein.

### 16.3.1 Ausrollen der Schleife

Grundsätzlich ist eine Schleife dazu da, um auf Kosten der Geschwindigkeit Platz zu sparen. Brauchen wir mehr Speed, müssen wir dafür in Byte bezahlen. Dabei wird die Schleife zu einem gewissen Teil »ausgerollt« (*partial loop unrolling*). Damit verbringen wir anteilsmäßig weniger Zeit mit dem Verwaltungskram der Schleife.

Bleiben wir bei dem Beispiel oben. Können wir mehr als ein Byte auf einmal pro Schleifendurchlauf abspeichern? Das können wir prüfen, indem wir schauen, ob das letzte Bit in a1 eine 0 ist.

```
andi t0, a1, 1                  # mask all but last bit
beqz t0, is_even                # is an even number
```

Dann könnten wir mindestens zwei Byte pro Schleifendurchlauf löschen.

```
            mv t0, a0
            add t1, a0, a1
loop:
            sb zero, 0(t0)      # save 0 to address
            sb zero, 1(t0)      # save 0 to address + 1

            addi t0, t0, 2      # increase address by two
            bltu t0, t1, loop
```

Im Extremfall wird die Schleife komplett aufgelöst. Wenn wir wissen, dass wir bei einer RV64-Maschine genau 32 Byte löschen müssen, könnten wir ganz auf sie verzichten:

```
sd zero, 0(t0)
sd zero, 8(t0)
sd zero, 16(t0)
sd zero, 24(t0)
```

Vorsicht: Bei einigen Prozessoren kann ein zu weites Ausrollen der Schleife kontraproduktiv sein, weil sie unter Umständen nicht mehr in den zugehörigen Cache passt. In diesem Fall kann es notwendig sein, die Schleife durch eine »Rolle rückwärts« wieder einzurollen (*loop rerolling*).

### 16.3.2 Eine volle Breitseite Wortbreite

Unsere Verwendung von zwei Speicherbefehlen `sb` für zwei einzelne Byte im Beispiel oben ist natürlich blanker Unfug und nur mit dem pädagogischen Effekt zu entschuldigen. Bei RISC-V können wir sofort einen Halbwort-Zugriff mit 16 Bit in Auftrag geben. Die beiden `sb`-Befehle werden dann ersetzt durch `sh zero, 0(t0)`. Dieses Spiel können wir bei einem RV64-Prozessor hochtreiben bis zu einem Doppelwort mit einer Breite von acht Byte. Voraussetzung: Der Speicherbereich ist entsprechend an den Doppelwort-Grenzen ausgerichtet, was nicht immer gegeben ist.

Wie prüfen wir das? Wenn unser Prozessor über das Modul M für Multiplikation und Division verfügt, reicht die folgende Modulo-Sequenz bei einer Adresse in `a0` und der Zahl der Byte pro Maschinenwort in `t0`:

```
rem t1, a0, t0
beqz t1, is_aligned
```

Wenn der Rest 0 beträgt, sind wir korrekt ausgerichtet und können zumindest am Anfang voll loslegen. Haben wir kein M-Modul, müssen die Hamster mehr arbeiten:

```
addi t1, t0, -1          # word size in bytes-1
and t1, a0, t1           # mask addr with (word size-1)
beqz t1, is_aligned
```

Eine Wortbreite von acht Byte bei RV64 ergibt nach dem ersten Schritt 7, also binär 0b111. Wir maskieren damit die Adresse, womit nur die untersten drei Bit übrig bleiben. Bei einer richtigen Ausrichtung für 64-Bit-Daten müssen diese 0 sein – genau, was wir mit `beqz` hier prüfen.

Was tun wir, wenn die Daten nicht richtig ausgerichtet sind? Dann haben wir es mit einem *jagged* oder *ragged array* zu tun, das »zerklüftet« oder »ausgefranst« ist. Es kann sich lohnen, zuerst einzelne Byte abzuarbeiten, bis wir zur nächsten Wortgrenze kommen. Dann machen wir mit der vollen Breite des Registers so lange wie möglich weiter. Etwaige, dann noch übrig gebliebene Byte, die nicht ausgerichtet sind, können dann wieder einzeln angegangen werden.

**Oder wir fragen unseren großen Bruder**

Unser Beispiel hier entspricht dem Linux-Systemaufruf `memset` mit einer Null als Byte, mit dem ein Speicherbereich aufgefüllt wird. In der Praxis würden wir meistens darauf zugreifen, statt das Rad neu zu erfinden.

### 16.3.3 Der Sprung in die ausgerollte Schleife

In diesem Zusammenhang gibt es eine Technik, die wir kennen sollten, obwohl ihre Anwendung nicht immer sinnvoll ist. Dabei rollen wir eine Schleife auf in dem Wissen, dass sie nicht genau passt. Für die übrig gebliebenen Elemente springen wir in die ausgerollte Schleife.

Wir entwickeln das Prinzip zunächst in Pseudo-Code. Gegeben ist eine Schleife, die wir zu vier Einzelschritten aufgerollt haben. Was wir genau in der Schleife machen, ignorieren wir hier und sprechen von »Aktionen«. Wenn die Gesamtzahl der benötigten Iterationen – nennen wir sie `ns` – durch die Zahl der Aktionen in der ausgerollten Schleife – `as`, hier also vier – teilbar ist, ist alles gut.

```
             # assumes ns % as is zero (perfect fit)
loop:
             <action>
             <action>
             <action>
             <action>

             ns = ns-as          # calculate remaining actions
             if ns > 0:
                 goto loop
```

Das ist der Idealfall. Aber möglicherweise ist die Zahl nicht durch vier teilbar. Wir können dann den Rest nehmen, um ein Sprungziel in die Schleife hineinzuberechnen.

```
loop:
             e = ns % as         # number of remainders actions
             if e == 0:          # if no remainders, just do it all
                 goto actions

             s = (as-e)          # steps to skip in unrolled loop
             o = s*4             # offset to skip for 4-byte instructions

             goto (actions+o)    # jump into loop
actions:
             <action>
             <action>
             <action>
             <action>

             ns = ns-(as-e)
             if ns > 0:
                     goto loop
```

Mit dem Modulo-Schritt berechnen wir zunächst, wie viele »Restaktionen« – das `e`, in den Kommentaren *remainders* genannt – erforderlich sind. Passt alles genau, springen wir direkt zu den Aktionen und alles wie oben.

Bleibt allerdings etwas übrig, vielleicht weil wir fünf Aktionen ausführen müssen, kommt hier die Zahl 1 heraus. Wir müssen daher in der Schleife *drei* Aktionen überspringen. Daher rechnen wir (as-e), also hier 4 minus 1. Um einen Offset zu der tatsächlichen Adresse zu berechnen, müssen wir diese Zahl mit der Wortbreite in Byte multiplizieren, im Fall von RV32 vier. Der eigentliche Sprung erfolgt dann an den Beginn der Liste von ausgerollten Aktionen plus dem Offset. Die Folge ist, dass die Restaktionen beim ersten Durchlauf abgearbeitet werden. Danach werden alle Schleifendurchläufe vollständig ablaufen, da der Offset immer 0 beträgt.

Schauen wir uns das Ganze in Assembler an. Zuerst die Definitionen:

```
li s0, 4            # number of unrolled single actions (as)
la s1, actions      # base address for actions
li a0, 13           # number of actions to perform (ns)
li a1, 0            # accumulator for result, should be 13
```

In diesem Beispiel haben wir 13 »Aktionen«, damit muss am Ende in a1 13 stehen. Beim Aufbau des Codes berücksichtigen wir, dass der häufigste Fall der *ohne* Rest sein wird. Deswegen bauen wir die Verzweigung so auf, dass wir nur springen, wenn wir einen Rest haben.

```
loop:
            rem t0, a0, s0            # remainder: number of actions % loop
            bnez t0, have_remainder     # oops, not a full loop

            # full loop, more common case
            mv t0, s0     # perform full number of actions (for counter)
actions:
            addi a1, a1, 1
            addi a1, a1, 1
            addi a1, a1, 1
            addi a1, a1, 1

            sub a0, a0, t0           # subtract number of actions performed
            bgtz a0, loop
            j done

have_remainder:
            # have remainder, rare case
            sub t1, s0, t0     # steps to skip in unrolled loop
            slli t2, t1, 2     # offset in bytes to skip for 32-bit CPU

            add t3, s1, t2     # calculated jump target: base+offset
            jr t3              # jump to (actions+offset)
done:
```

Wir haben uns hier exemplarisch bemüht, die Hauptschleife möglichst kurz zu halten. Das ist der Grund für die Konstruktion am Ende des Abschnitts actions, bei der direkt nach der Verzweigung bgtz a0, loop der unbedingte Sprung j done ans Ende unseres Programms ansteht. Dieser Sprung wird genau einmal vollzogen, die Schleife mehrmals.

**Duff's Device**

Die Anwendung dieser Technik in C wird als *Duff's Device* bezeichnet, nach dem Programmierer Tom Duff, der sie 1983 bei Lucasfilm entwickelte. [DT] Der Begriff wird inzwischen fälschlicherweise auch für die Assembler-Version benutzt.

Diese Technik ergibt zwar einen ziemlich kompakten Code, bringt aber einiges an Overhead mit. An erster Stelle steht dabei der Modulo-Befehl `rem`, den wir hier völlig unbekümmert mit in die Schleife gezogen haben. Das wollen wir eigentlich überhaupt nicht: Wie wir gleich sehen werden, ist in Assembler alles, was mit Division zu tun hat, aufwendig, langsam und ganz einfach doof.

Hier könnten wir tricksen, denn wir können den Divisor steuern: Wenn dieser eine Zweierpotenz ist, entspricht `n % 2`$^k$ dem einfacheren `n & (2`$^k$` - 1)`, solange `n` größer oder gleich 0 ist. [WH] Mit einer Subtraktion und einem `and`-Befehl kommen wir deutlich besser weg.

### 16.3.4 Immutables müssen draußen warten

Zurück zu den weniger kontroversen Optimierungen. Egal wie groß oder klein wir die Schleife machen, sie sollte nur Dinge in ihrem Körper enthalten, die unbedingt dorthin müssen, allgemein eine gute Faustregel im Leben. Alles andere sollte davor oder danach behandelt werden. Nehmen wir die folgende, absichtlich absolut sinnlose, schlecht aufgebaute Endlosschleife:

```
        li t1, 0                # initialize index
loop:
        li t6, 0xFF             # get payload
        la t0, baseaddress      # get base address
        add t2, t0, t1          # create actual address
        sb t6, 0(t2)            # store payload
        addi t1, t1, 1          # increase loop index
        j loop
```

Diese Schleife ist so schlecht, dass wir die Hamster praktisch schreien hören. Bei jedem Durchlauf werden ohne erkennbaren Grund die Basisadresse und der zu speichernde Wert neu geladen. Da `t0` und `t6` innerhalb der Schleife nicht verändert werden – es sind *immutables* –, können wir sie vor die Schleife setzen.

```
        li t1, 0
        li t6, 0xFF
        la t0, baseaddress
loop:
        add t2, t0, t1
```

```
            sb t6, 0(t2)
            addi t1, t1, 1
            j loop
```

Wir können auch ganze Bedingungen herausziehen. Nehmen wir den folgenden Pseudo-Code:

```
loop:
        if p:
            <action a>
        else:
            <action b>
```

Weil die `if`-Abfrage ständig das gleiche Ergebnis liefert, muss sie raus:

```
if p:
    loop_a:
        <action a>

else:
    loop_b:
        <action b>
```

### 16.3.5 Schleifen zusammenfassen

Oder wir fügen zusammen, was zusammengehört. Bei der *loop fusion* werden zwei Schleifen verschmolzen, die über dieselbe Datenspanne laufen.

```
for i in range(10):
    <action a>

for j in range(10):
    <action b>
```

Das wird zu:

```
for i in range(10):
    <action a>
    <action b>
```

Das ist nicht immer einfach möglich, weil wir etwa darauf achten müssen, ob es Abhängigkeiten zwischen `<action a>` und `<action b>` gibt.

### 16.3.6 Cache as Cache can

Wir haben darüber gesprochen, dass der Cache – falls vorhanden – so ungefähr die wichtigste Struktur ist, um unseren Code zu beschleunigen. Wir können ihm bei der Arbeit helfen, wenn wir etwaige verschachtelte Schleifen (*loop nests*) geschickt aufbauen. Nehmen wir die folgende Doppelschleife in Pseudo-Code:

```
for a in range(8):
    for b in range(4096):
        # do something with ints in array
```

Die innere Schleife wird 4096-mal durchlaufen, die äußere acht. Gehen wir davon aus, dass wir 32- oder 64-Bit-Integer-Zahlen bearbeiten, können wir mit ziemlicher Gewissheit sagen, dass dies den L1-Cache-Zugriff sprengt. Wir können die Schleife aber von innen nach außen kehren:

```
for a in range(4096):
    for b in range(8):
        # do something with ints in array
```

Diese Variante ist Cache-freundlicher. In der Praxis ist der Vorgang etwas komplizierter – die Daten müssen richtig im Speicher organisiert sein, damit das klappt. Aber hier sehen wir das Prinzip, dass wir auf Assembler-Ebene bei ausreichender Kenntnis der Cache-Struktur im Idealfall unseren Code genau abstimmen können. Das ist auch ein Beispiel dafür, wie wir dem Rechner auf der Ebene der Hochsprache das Leben erleichtern können, wenn wir etwas über die Strukturen und Vorgänge auf der untersten Ebene wissen. Wären bloß die Leser aus dem Grundkurs noch hier.

### 16.3.7 Unroll and Jam

Eine Sonderform des Ausrollens bei verschachtelten Schleifen wird *unroll and jam* genannt. Dabei wird die *äußere* Schleife ausgerollt, was es in der *inneren* Schleife ermöglicht, Befehle zusammenzuführen – *jam* wird hier als Verb benutzt im Sinne von *to jam together*, also »zusammenhauen«, und nicht als Marmelade. *Sorry*, Alice.

Am einfachsten lässt sich das Prinzip an einer Hochsprache erklären. Nehmen wir an, wir haben die folgende Doppelschleife, die Werte aus zwei Datenfeldern bearbeitet. Ein Feld, a, ist zweidimensional, das andere, b, ist eindimensional. Wir wollen jetzt jedes Element in einer Zeile von a mit dem zugehörigen Wert in b multiplizieren. Das Ergebnis soll dann wieder in a stehen. In Pseudo-Code:

```
for i in range(a_size, 1):      # first version: step 1
    for j in range(b_size):
        a(j,i) = a(j,i)+b(j)
```

Jetzt rollen wir die äußere Schleife aus und bearbeiten vier Elemente einer Zeile von a auf einmal.

```
for i in range(a_size, 4):      # second version: step 4
    for j in range(b_size):
        a(j,i) = a(j,i)+b(j)
        a(j,i+1) = a(j,i+1)+b(j)
        a(j,i+2) = a(j,i+2)+b(j)
        a(j,i+3) = a(j,i+3)+b(j)
```

Die äußere Schleife wird ein Viertel so häufig durchlaufen wie die innere, die dafür vier Befehle umsetzt. Die Folge: weniger Schleifendurchläufe insgesamt und idealerweise auch eine bessere Ausnutzung des Cache. Auch hier müssen in der Praxis einige Dinge beachtet werden, etwa dass die Zahl der Schleifendurchläufe durch vier teilbar ist.

Das Verfahren hat einen weiteren Vorteil: Wenn wir genug Register haben, können wir Speicherzugriffe sparen, was als *scalar replacement* bezeichnet wird.

```
for i in range(a_size, 4):
    for j in range(b_size):
        tmp = b(j)
        a(j,i) = a(j,i)+tmp
        a(j,i+1) = a(j,i+1)+tmp
        a(j,i+2) = a(j,i+2)+tmp
        a(j,i+3) = a(j,i+3)+tmp
```

In einer Assembler-Version der Schleife nehmen wir statt der Variable `tmp` ein Register. Das allerdings kann ein Problem bei diesem Verfahren sein: Es kann viele Register schlucken, was als *register pressure* bezeichnet wird.

### 16.3.8 Ein Schritt zurück

Manchmal lohnt es sich, vor dem ersten Schleifendurchgang den Schleifenzähler oder -zeiger um eins zu *verringern*, damit wir ihn am Anfang der Schleife um eins *erhöhen* können. In diesem Beispiel bestimmen wir die Länge eines Null-Strings, es handelt sich also um eine primitive Version der C-Funktion `strlen`.

```
s_compiler_queen:
    .asciz "Grace Hopper"

        la t1, s_compiler_queen    # pointer (not index) to string
        mv t2, t1                  # make copy for length calculation at end
        addi t1, t1, -1            # adjust pointer for first loop iteration
loop:
        addi t1, t1, 1             # inc loop pointer
        lbu t0, 0(t1)
        bnez t0, loop

        sub t0, t1, t2             # calc length
```

### 16.3.9 Der Lohn der Verschwendung

Entwickeln wir nun etwas Code, um ein Leerzeichen in einem String zu finden. Wir erhalten die Adresse eines Null-Strings in `a0` und wollen den Index des ersten Leerzeichens zurückgeben, wieder in `a0`. Sollte es kein Leerzeichen geben, ist der Rückgabewert die Länge des Strings.

```
s_alice_turtle:
        .asciz "We called him Tortoise because he taught us"
```

Eine Version des Codes könnte so aussehen:

```
            la a0, s_alice_turtle
            li t1, ' '              # ASCII 0x20 is space
            mv t0, a0               # t0 now addr
loop:
            lbu t2, 0(t0)           # get char from string

            beq t2, t1, done        # found space, we're done
            beqz t2, done           # found EOL, we're done

            addi t0, t0, 1          # loop control
            j loop
done:
            sub a0, t0, a0          # get index from pointer and addr
```

Bei einem einfachen Prozessor ohne Cache, Pipeline, Logik für die Vorhersagen von Verzweigungen oder sonstigem Schnickschnack mag dies der beste Code sein, denn er ist mit acht Befehlen vergleichsweise kurz. Ein anspruchsvollerer Prozessor wird allerdings vermutlich schon wegen der zwei Verzweigungen in der Schleife unglücklich. Wir können sie durch den folgenden Code ersetzen, bei dem wir wieder erst unsere Prüfungen ausführen und dann die Ergebnisse zusammenfassen:

```
loop:
            lbu t2, 0(t0)         # get char from string

            seqz t3, t2           # set t3 if found EOL
            sub t4, t2, t1        # is 0 if char is space (0x20 ASCII)
            seqz t5, t4           # set t5 if found space

            or t6, t3, t5         # combine flags to one

            bnez t6, done         # one or more flag is set, we're done
```

Jetzt prüfen wir nur `t6`: Wenn hier eine Null steht, müssen wir die Schleife weiter durchlaufen. So weit eigentlich wie oben. Wir können aber auch bei der Schleifenkontrolle sparen. Eigentlich würden wir den folgenden Code in Anschluss an oben erwarten:

```
addi t0, t0, 1
j loop
```

Wir erhöhen also den Schleifenindex hier nur, wenn wir tatsächlich erneut in die Schleife müssen – was allerdings ständig ist. Wir können jedoch den unbedingten Sprung komplett loswerden, wenn wir bereit sind, beim letzten Durchgang einen

Befehl einmal umsonst auszuführen. Wir ändern die Verzweigung und fügen *davor* ein addi ein:

```
addi t0, t0, 1
beqz t6, loop
```

Wir haben die Prüfung hinausgezögert und zunächst auf Verdacht den Schleifenzähler erhöht. Bei den meisten Durchläufen ist das auch richtig. Nur wenn wir tatsächlich entweder ein Leerzeichen oder ein Zeilenende gefunden haben, ist dieser Schritt sinnlos. Der Lohn für diese Verschwendung ist, dass wir insgesamt nur noch eine einzige Verzweigung benötigen statt zwei und einen Sprung. Dafür müssen wir am Ende einmalig eine Subtraktion vornehmen. Die neue Version in voller Länge:

```
            mv t0, a0
            li t1, ' '
loop:
            lbu t2, 0(t0)

            seqz t3, t2
            sub t4, t2, t1
            seqz t5, t4
            or t6, t3, t5

            addi t0, t0, 1
            beqz t6, loop
done:       # dead label
            sub a0, t0, a0
            addi a0, a0, -1         # adjust for extra addition
```

### 16.3.10 Fallbeispiel: Die beste Schleife ist keine

In diesem Abschnitt geht es weniger um den Code als vielmehr um die Gedankengänge bei der Prüfung verschiedener Varianten. Das Beispiel ist trivial: Gegeben sei ein Zeichen in a0, bei dem wir prüfen wollen, ob es sich um Whitespace handelt. Am Ende der Routine soll in a0 eine Null stehen, wenn es kein Whitespace ist, und eine Eins, wenn doch. Wir dürfen annehmen, dass unser Zeichen zulässig ist. In Pseudo-Code würde das so aussehen:

```
ws = [" ", "\t", "\n"]
if c in ws:
    return True
else:
    return False
```

Auf den ersten Blick sieht das aus wie eine Aufgabe für eine Schleife. Wir haben eine Serie von Zeichen, die wir uns eines nach dem anderen vornehmen und mit unserem ursprünglichen, unbekannten Zeichen vergleichen. Bauen wir also eine Liste auf.

```
ws_list:
        .byte ' ', '\n', '\t', 0        # zero terminates list
```

Wir fangen mit den häufigsten Zeichen an, in der Hoffnung, dass dann die Schleife häufiger früher beendet werden kann. Mit der Null am Ende markieren wir, dass unsere Liste – faktisch damit ein Null-String – zu Ende ist. Der Code ohne Gedöns wie `.align` und `.section` könnte so aussehen:

```
            mv t0, a0           # save work copy of mystery char
            li a0, 0            # default result is false (not whitespace)
            la t1, ws_list      # base addr of whitespace list
next:
            lbu t2, 0(t1)       # get one char from list of chars
            beqz t2, done       # leave if reached end of string
            beq t0, t2, true    # found match

            addi t1, t1, 1      # advance pointer in list
            j next
true:
            li a0, 1            # set flag to true; fall thru
done:
```

Diese Variante A, wie wir sie nennen wollen, besteht aus 36 Byte Code plus vier Byte Daten. Der Vorteil dieses Codes ist, dass er einfach zu pflegen ist. Wenn wir uns ein neues Zeichen ausgedacht haben, das eine Wortgrenze markieren soll (*delimiter*), tragen wir es einfach in unsere Liste `ws_list` ein und müssen nicht an den Code ran.

Aber richtige Glücksgefühle wollen nicht aufkommen, denn wir haben in dieser Schleife zwei Verzweigungen. Eine Schleife für drei Zeichen ist ohnehin irgendwie overkill. Wie viel Platz würde eine komplett ausgerollte Schleife benötigen?

```
            li t6, 1        # default is true (not whitespace)

            li t0, ' '
            beq a0, t0, true

            li t0, '\n'
            beq a0, t0, true

            li t0, '\t'
            beq a0, t0, true

            li t6, 0        # didn't find match, return false
true:
            mv a0, t6
```

Nennen wir das Variante B. Jetzt haben wir neun Befehle und damit 36 Byte – ohne ein etwaiges Modul C –, und die Datensektion entfällt. Wir vergleichen einfach stur ein Zeichen nach dem anderen und springen ans Ende, wenn wir eine Übereinstimmung gefunden haben. Der Code ist leichter zu verstehen und so aufwendig ist die Pflege auch nicht, denn bei einem weiteren Zeichen hängen wir einfach zwei neue Befehle ein. Wir können daher argumentieren, dass unsere Kette mit Vergleichszeichen zu klein ist, um eine Schleife zu rechtfertigen.

Aber je nach Prozessor ist Variante B vielleicht nicht optimal wegen der Verzweigungen, die die Pipeline belasten. Probieren wir es mit Setzbefehlen.

Was wir tun können, ist, jeweils unser unbekanntes Zeichen vom Testzeichen abzuziehen. Wenn beide Zeichen gleich sind, ist das Ergebnis Null. Wenn sie *nicht* gleich sind, haben wir irgendwelche Bit im Ergebnis gesetzt. Mit `snez` für *Set Not Equal Zero* (Spitzname *»sneeze«*) können wir dafür sorgen, dass jedes Ergebnis der Subtraktion außer Null als Eins festgehalten wird.

```
li t0, ' '
sub t1, a0, t0      # result is 0 if t0 == a0
snez t2, t1         # set t2 to 1 if a0 is not a space
```

Das machen wir für alle drei Zeichen und verknüpfen die Ergebnisse mit `and`. Wenn nur eine der Subtraktionen eine Null ergab, ist das Ergebnis am Ende auch Null, und wir geben eine 1 als Zeichen für den Fund eines Whitespace zurück. Wir können das natürlich auch umgekehrt machen mit `seqz` und `or`. Dann sieht die Variante C so aus:

```
li t0, ' '
sub t1, a0, t0
seqz t2, t1             # set bit if space

li t0, '\n'
sub t1, a0, t0
seqz t3, t1             # set bit if new line

or t6, t2, t3           # merge intermediate results

li t0, '\t'
sub t1, a0, t0
seqz t2, t1             # set bit if a tab

or a0, t6, t2           # merge results
```

Das sind jetzt elf Befehle und damit 44 Byte. Zudem wird die Berechnung nicht abgebrochen, wenn das Ergebnis gefunden wird: Es wird jedes Mal alles geprüft, auch wenn wir schon lange einen Delimiter haben. Der Vorteil an dieser Variante ist, dass wir keine Verzweigungen oder Sprünge haben. Der Code kann in die Pipeline geladen werden und dann einfach von Anfang bis Ende durchrattern, ohne dass die Hamster die Glaskugel für Verzweigungen herausholen müssen. Die Abarbeitung dauert immer gleich lang.

Aber wenn wir schon so eine schicke Luxus-CPU mit Pipeline haben, hat sie vielleicht auch noch anderen Schnickschnack? Schauen wir, ob wir den Code so umbauen können, dass Teile davon parallel ausgeführt werden könnten. Dazu verteilen wir die Berechnungen auf möglichst viele Register. In diesem Fall wissen wir vielleicht sogar, dass wir a1 bis a7 benutzen können, die ja vogelfrei sind.

```
li t0, ' '
sub t1, a0, t0
seqz t2, t1         # set bit if space

li t3, '\n'
sub t4, a0, t3
seqz t5, t4         # set bit if new line

or t6, t2, t5       # merge intermediate results
li a1, '\t'
sub a2, a0, a1
seqz a3, a2         # set bit if a tab

or a0, t6, a3       # merge results
```

Diese Variante D ist ebenfalls elf Befehle und damit 44 Byte lang. Der Vorteil gegenüber Variante C ist, dass die »großen« Code-Blöcke deutlich weniger miteinander zu tun haben. Sie können leichter parallel ausgeführt werden. Damit ist dies möglicherweise der schnellste Code.

Aber vielleicht ist die Geschwindigkeit überhaupt nicht wichtig, wenn wir ohnehin die Zeichen von unfassbar langsamen Menschen einlesen, vielleicht sogar Zeichen für Zeichen von einer Tastatur. In diesem Fall könnte tatsächlich Variante B die beste sein, denn sie ist am leichtesten zu verstehen und zu pflegen. Wir sehen hier: Manchmal endet die Suche nach dem perfekten Code nur mit Frust.

## 16.4 Rekursion

Kein Programmierbuch kommt ohne einen Abschnitt über Rekursion aus, also auf Funktionen, die sich selbst aufrufen. Unter bestimmten Umständen ermöglicht diese Technik äußerst kompakten Code und ist in einigen Programmiersprachen das bevorzugte Mittel. Wir benötigen für die Rekursion zwei Dinge:

1. einen Hauptteil, der die Arbeit macht und die Funktion erneut aufruft (*recursion case*)
2. eine Schlussbedingung, damit die Berechnung nicht ewig weitergeht (*base case*)

Es gibt zwei klassische Lehrbuchbeispiele für die Rekursion: die Fakultät und die Fibonacci-Folge. Letztere beruht allerdings auf Überlegungen bezüglich unsterblicher Kaninchen, was die Hamster gruselig finden. Daher schauen wir uns hier die Fakultät an, also `n!`. Dabei ist `4!` die Darstellung für `1 * 2 * 3 * 4` und damit 24. Unsere Schlussbedingung liegt vor, wenn `n = 1` ist. Die Fakultät von Null ist 1.

Die Ehre, die Fakultät in Code vorzustellen, soll aus historischen Gründen Lisp zukommen:

```
(defun factorial (n)
    (if (= n 0)
        1                               ; base case
        (* n (factorial (- n 1)))))     ; recursion case
```

Das ist nur eine von vielen Varianten, die in Lisp möglich sind. [DA] Andere Programmiersprachen können das auch, nicht so elegant vielleicht, aber dafür mit weniger Klammern am Ende. Hier haben wir eine entsprechende Funktion in Rust:

```
fn fact(n: u32) -> u32 {
    match n {
        0 => 1,
        1 => 1,
        _ => n * fact(n-1),
    }
}
```

In diesem Fall haben wir die Null als Möglichkeit gleich mitgenommen. Für eine erste, naive Umsetzung für RV32 in RARS definieren wir zunächst Systemaufrufe:

```
.eqv SYS_EXIT 10         # system call for clean exit
.eqv SYS_PRINTINT 1      # system call to print integer
.eqv SYS_READINT 5       # system call to read integer
```

Im Anschluss an diesen Boilerplate folgt die Hauptroutine:

```
            li a7, SYS_READINT
            ecall

            li s0, 1          # comparison for n < 2
            mv a1, s0         # start of accumulator
            jal factorial

            mv a0, a1
            li a7, SYS_PRINTINT
            ecall

            li a7, SYS_EXIT
            ecall
```

Wir übergeben die Zahlen in `a0` und benutzen `a1`, um die Zwischenergebnisse zu sammeln, also als Akkumulator. Hier schummeln wir, indem wir den alten Wert von `s0` nicht sichern, denn RARS erledigt das für uns. Die eigentliche Arbeit macht die folgende Routine:

```
factorial:
            addi sp, sp, -16
            sw ra, 0(sp)
            ble a0, s0, final       # if n is 0 or 1 return 1 (base case)

            # repeat with n-1
            sw a0, 4(sp)            # save current n
            addi a0, a0, -1

            jal factorial           # calls itself (recursive case)

            lw t0, 4(sp)            # get n back
            mul a1, t0, a1          # n * fact(n-1)
done:
            lw ra, 0(sp)
            addi sp, sp, 16
            jr ra
final:
            li a1, 1                # n is 1
            j done
```

Wir benutzen hier nur einen Multiplikationsbefehl `mul` für die unteren 32 Bit und ignorieren den oberen Anteil, den wir mit `mulh` erhalten würden – darauf kommen wir gleich zurück. Geben wir hier 4 ein, erhalten wir als Antwort 24, bei der Null eine 1. Alles ist gut.

Allerdings erkennen wir ein zentrales Problem der Rekursion: Wir verbrennen Stapelplatz wie wahnsinnig. Schlimmer wird alles dadurch, dass wir der Spezifikation folgen und den Stapel immer gleich um 16 Byte versetzen, obwohl wir eigentlich immer nur acht Byte brauchen.

Jetzt können wir endlich `tail` für einen Tail Call einsetzen. Der Kern unserer Routine ändert sich entsprechend:

```
factorial_tail:
            ble a0, s0, final
            mul a1, a0, a1
            addi a0, a0, -1
            tail factorial_tail
final:
            ret
```

Damit entlasten wir den Stapel. Schauen wir uns den übersetzten Code in RARS an, sehen wir wie erwartet `t1` (also `x6`) als Register für den Tail Call:

```
auipc x6, 0
jalr x0, x6, 0xfffffff4
```

Für einen so kurzen Sprung benötigen wir natürlich kein Register, weswegen ein klügerer Assembler aus der Kombination von `auipc` und `jalr` ein `j` gemacht hätte.

Was uns zu unserer dritten Lösung bringt: Wir lassen es mit der Rekursion einfach bleiben, weil Rekursion in diesem Fall neunmalkluger Schnickschnack ist, und verwenden eine normale Schleife.

> *One problem with computer-science textbooks is that they present silly examples of recursion. The typical examples are computing a factorial or computing a fibonacci sequence. (...) In addition to being slow and making the use of run-time memory unpredictable, the recursive version of this routine is harder to understand than the iterative version.*
>
> *–Steve McConnell, Code Complete (1993)*

Rekursion, so das Argument, ist ein mächtiges Verfahren, das nur dann angewandt werden sollte, wenn es die Datenstruktur zwingend erfordert, nicht für triviales Kleinzeug wie Fakultät. Nach dieser Sicht sollte es etwa für eine Suche in einem Baum vorbehalten werden.

Aus unserer Tail-Call-Variante geht das »normale« iterative Verfahren zwanglos hervor. Wir optimieren die Schleife nach dem besprochenen Prinzip für `while`-Konstruktionen mit einem ersten Sprung an die Bedingung. Damit ist weder ein `tail` noch ein `j` notwendig.

```
factorial_iter:
                j check
loop:
                mul a1, a0, a1
                addi a0, a0, -1
check:
                bgt a0, s0, loop
                ret
```

Fazit: Rekursion können wir auch in Assembler. Aber ehrlich, wozu?

### 16.4.1 Ein heiterer Ausflug zu den wirklich großen Zahlen

Beim Herumspielen mit der Fakultät stellen wir schnell fest, dass das Problem nicht der Stapel ist, sondern ein Überlauf der Zahl. Bis zu einem `n` von 12 ist noch alles gut, wir erhalten für `12!` als Ergebnis 479.001.600 bei allen Varianten. Bei

13 erwarten wir 6.227.020.800, unsere Assembler-Versionen spucken allerdings 1.932.053.504 aus und die Rust-Routine gerät wegen eines `attempt to multiply with overflow` in Panik. Vielleicht hätten wir trotz der gruseligen Kaninchen doch das andere *silly example* nehmen sollen?

Die Klammerfreunde von Lisp lachen dagegen über so eine Kleinigkeit. Bei SBCL erhalten wir auf der Kommandozeile (die »REPL«) für `(factorial 13)` tatsächlich 6.227.020.800 (Dezimalpunkte eingefügt). Bei `(factorial 42)` gibt es 1405006117752879898543142606244511569936384000000000 (Dezimalpunkte zur Übung überlassen) und selbst bei `(factorial 100)` gerät Lisp nicht ins Schwitzen, sondern nur die Setzer (und Setzerinnen) dieses Buches (die wir schon mit den ganzen langen Zahlen geärgert haben), denn damit überschreiten wir die Zeilenlänge (deutlich). Brutal umgebrochen (und ohne (viele, viele) Dezimalpunkte) ergibt das:

```
933262154439441526816992388562667004907159682643816214
685929638952175999932299156089414639761565182862536979
208272237582511852109168640000000000000000000000000
```

Konventionell formuliert ist das $9{,}3 * 10^{157}$, aber Lisp muss nicht auf die Fließkomma-Darstellung zurückgreifen, sondern gibt uns die gesamte Zahl, wenn wir nicht etwas anderes anfordern.

Das Geheimnis besteht darin, dass Lisp zwei Arten von Zahlen kennt: *fixed numbers* oder *fixnums*, die solang sind wie das Maschinenwort, und *big numbers* oder *bignums*, deren Länge nur durch den verfügbaren Speicherplatz begrenzt ist. Dabei werden die Zahlen nicht in Binär abgespeichert und damit durch die Wortbreite begrenzt, sondern Ziffer für Ziffer. Die Mathematik mit Bignums wird als »Langzahl-Arithmetik« (*arbitrary-precision arithmetic*) bezeichnet. Auch andere Sprachen können mit diesen Zahlen umgehen, machen es aber nicht von Hause aus so gelassen wie Lisp.

Immerhin haben wir jetzt einen Übergang zum nächsten Abschnitt.

# 17 Daten

Wir haben den Stapel bereits als eine wichtige Datenstruktur besprochen. Später werden wir uns verlinkte Listen anschauen. Hier gehen wir auf einige der anderen Strukturen ein, die bei der Assembler-Programmierung häufiger vorkommen.

## 17.1 Strings mit fixierter Länge

Wir kennen bislang zwei Formate für Strings, die der Programmiersprache C mit einer Null am Ende (*zero terminated strings*) und die Rust-Variante, bei der die Länge getrennt abgespeichert wird (*counted strings* oder *pointer and length*). Damit haben wir allerdings eine dritte, seltenere, aber nützliche Variante unterschlagen: Strings mit einer fixierten Länge (*fixed length strings*), hier »Fix-Strings« genannt. Folgende Kommandostrings passen alle in vier Byte:

```
commands:
        .ascii "drop", "dup ", "quit", "swap"        # note "dup " space
```

Das Leerzeichen hinter »dup« ist Absicht: Es sorgt dafür, dass alle Befehle eine Länge von vier Zeichen haben. Damit ist die Längenangabe *implizit* und muss weder über einen getrennten Parameter noch mit einer Null als Abschluss angezeigt werden.

Noch besser: Wenn alle Strings in ein Maschinenwort passen, also für RV32 nicht länger als vier und für RV64 nicht länger als acht ASCII-Zeichen, können sie auch in Registern gehalten oder ohne Probleme auf den Stapel geschoben werden, statt auf dem Heap zu landen, was eine massive Beschleunigung bedeutet. Der Preis dafür sind Leerzeichen am Ende der Strings, die unter Umständen händisch abgeschnitten werden müssen, und eine gewisse Verschwendung von Speicherplatz.

## 17.2 Stringtabellen

Sprungtabellen haben in Stringtabellen einen entfernten Verwandten. Wir speichern die Strings irgendwo ab, machen eine Tabelle mit den zugehörigen Adressen auf und generieren einen Offset. Das war's.

Nehmen wir an, wir haben einige Fehlermeldungen, die im Format `ERROR: <TEXT>` ausgedruckt werden. Den Textabschnitt speichern wir getrennt:

```
es_pig_de:          .asciz "Schwein pfeift"
es_horse_de:        .asciz "Pferd kotzt"
es_hamster_de:      .asciz "Hamster bohnert"

errors_de:
    .word es_pig_de, es_horse_de, es_hamster_de      # 0-2
```

Um uns das alles nicht merken zu müssen, sollten wir zuvor die Fehlercodes als Konstanten definieren.

```
.eqv ERR_PIG 0
.eqv ERR_HORSE 1
.eqv ERR_HAMSTER 2
```

Um vom Fehlercode zum String zu kommen, spielen wir wieder das Spiel mit der Basis und dem Index. Das ist zum Beispiel hilfreich, wenn wir in unserem Code mehrere Sprachen unterstützen wollen.

```
es_pig_en:          .asciz "Pig is whistling"
es_horse_en:        .asciz "Horse is vomiting"
es_hamster_en:      .asciz "Hamster is polishing"

errors_en:
    .word es_pig_en, es_horse_en, es_hamster_en      # 0-2
```

Um die richtige Sprache auszuwählen, können wir den gleichen Fehlercode nehmen und müssen nur die Basis der Tabelle ändern, also zwischen `errors_deerrors_en` wechseln. Das wiederum können wir in einer anderen Tabelle mit Sprachen abspeichern:

```
        .eqv LANG_DE 0
        .eqv LANG_EN 1

error_langs:
        .word errors_de, errors_en                   # 0-1
```

## 17.3 Bitfelder

Wenn Speicherzugriffe teuer, Rechenoperationen dagegen billig sind, bieten sich zur Organisation von Information Formate an, bei denen die Daten möglichst dicht zusammengepackt sind in Größen, die der Wortbreite des Prozessors entsprechen. Das Ergebnis sind Bitfelder (*bit fields*).

Nehmen wir an, wir schreiben ein Buch über Assembler-Programmierung und wollen dafür sorgen, dass die Beispielzahlen nicht komplett langweilig sind. Wir könnten in einige von ihnen die Geburtstage berühmter Leute packen, weil das gut in ein 32-Bit-Wort passt. Als Grundlage benutzen wir das international gültige Datumsformat nach ISO 8601 in der Form `YYYY-MM-DD`, wie wir es mit `date -I` in einer Shell erhalten.

Da hätten wir Charles Babbage, der am 26. Dezember 1791 geboren wurde. Im ISO-Format lautet das Datum 1791-12-26. Wir können Jahr, Monat, und Tag je eine gewisse Zahl von Bit zuweisen, je nachdem, wie groß die darin enthaltenen Werte sein werden.

| | **Jahr** | **Monat** | **Tag** |
|---|---|---|---|
| Datum | 1791 | 12 | 26 |
| Max Größe | *n/a* | 12 | 31 |
| Min Zahl (Basis 2) | 4096 | 16 | 32 |
| Benötigte Bit | 12 | 4 | 5 |

Ein »maximales Jahr« haben wir nicht. Wir benutzen als Optimisten einfach 4096 in der Hoffnung, dass 2048 für die Auflage dieses Buches zu knapp sein wird. Die benötigten Bit erhalten wir durch Hochrunden auf die nächste Zweierpotenz. Unser 32 Bit großes Bitfeld sieht damit so aus:

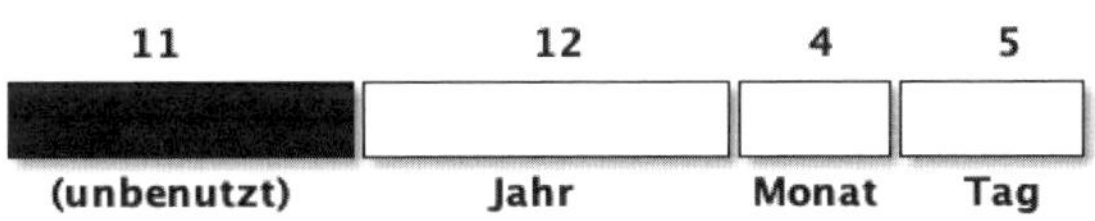


Wir könnten am Format noch herumspielen, aber so ist die Umwandlung relativ einfach. Die elf leeren MSB lassen wir als Nullen.

Ein Programm, um die entsprechenden Bitfelder zu generieren, ist in Assembler fast einfacher als in einer Hochsprache. Wir speichern unsere Daten direkt in einer `.rodata`-Sektion ab. Dabei fangen wir mit dem Namen der Person an.

```
s_babbage:    .asciz    "Charles Babbage"
```

Auf diesen String greifen wir über einen Zeiger zu, damit die Größe der Tabellenelemente immer gleich ist. Das Ende der Tabelle markieren wir mit einem Null-Eintrag.

```
date_table:
        .dword   s_babbage
        .word    1791, 12, 26
        ...
        .dword 0        # marks end of list
```

Andere Einträge fügen wir entsprechend hinzu. Für die printf-Funktion brauchen wir nun Formatierungsstrings.

```
sf_name:            .asciz "%s\t "
sf_number:          .asciz "%d\t "
sf_hex:             .asciz "0x%08X\n"
```

Wir benutzen s0 als Zeiger zum aktuellen Eintrag in der Liste und s1, um das Bitfeld zu erstellen. Den Inhalt beider Register müssen wir vorher auf den Stapel retten. Wir nehmen jeweils die drei Zahlen und verschieben sie dann um die benötigte Anzahl von Stellen nach links, um sie im letzten Schritt mit einem or zu verknüpfen. Wir initialisieren s0 mit data_table, womit die Hauptschleife so aussieht:

```
j test loop:
            la a0, sf_name                      # print name
            call printf

            la a0, sf_number                    # print year
            lw a1, 8(s0)
            slli s1, a1, 9                      # shift year by nine bits
            call printf

            la a0, sf_number                    # print month
            lw a1, 12(s0) slli t0, a1, 5        # shift month by five bits
            or s1, t0, s1                       # combine month with year
            call printf

            la a0, sf_number                    # print day
            lw a1, 16(s0)
            or s1, a1, s1               # combine day with (month with year)
            call printf

            la a0, sf_hex                       # print bitfield
            mv a1, s1
            call printf

            addi s0, s0, 20                     # move to next line

test:
            ld a1, 0(s0)               # see if we are at end of name list
            bnez a1, loop
```

Die erste Zeile der Ausgabe sieht dann so aus:

```
Charles Babbage    1791    12    26    0x000DFF9A
```

Als Test schreiben wir das Bitfeld als Binärzahl aus und überprüfen die Nummern per Hand. Bei der Dekodierung der Bitfelder in einem Programm würden wir eine Routine schreiben, die jeweils mit Bitmasken die einzelnen Felder isoliert, um dann mit einer logischen Rechtsverschiebung zu den eigentlichen Werten zu gelangen.

```
# assumes bit field in a0
li t0, 0x00001F        # bit mask for day (bits 0-4)
li t1, 0x0001E0        # bit mask for month (bit 5-8)
li t2, 0x1FFE00        # bit mask for year (bit 9-22)
and t0, a0, t0         # day in t0
and t1, a0, t1
srli t1, t1, 5         # month in t1

and t2, a0, t2
srli t2, t2, 9         # year in t2
```

Wir sehen hier, dass der Aufwand beim Umgang mit Bitfeldern doch relativ groß ist. Ob sich das wirklich lohnt, nur um Speicherzugriffe zu vermeiden, hängt von der Hardware ab.

Ein weiterer Nachteil von Bitfeldern ist ebenfalls erkennbar: Am Ende steht eine Zahl, die genauso gut verschlüsselt sein könnte. Wir können auf Anhieb nicht erkennen, um welche Datenart es sich handelt. Nicht jede Hex-Zahl muss ein Geburtsdatum sein.

# 18 Mathe

*Ich war einfach nur zu faul zum Rechnen.*

*–Konrad Zuse, Deutsches Museum Digital (1995)*

Zur Mathematik auf Assembler-Ebene gibt es zahlreiche Bücher, die den intellektuellen Horizont dieses bescheidenen Werks weit überschreiten. Entsprechend versuchen wir gar nicht, wirklich in die Tiefe zu gehen. Stattdessen werden wir einige der häufigeren, zum Teil naiven Ansätze vorstellen, die auch Normalsterbliche anwenden können.

**Nicht diese Art Hacker**

Wer darüber hinausgehen will, sollte sich das vergnügliche Buch *Hacker's Delight* [WH] von Henry S. Warren Jr. vornehmen, das mit Gedichten daherkommt und auch auf RISC-Prozessoren eingeht, wenn auch nicht speziell auf RISC-V. Außerdem ist der Gesichtsausdruck von Bekannten ohne tiefere Computerkenntnisse unbezahlbar, wenn sie es im Regal entdecken.

## 18.1 Überläufe, Überträge und andere Katastrophen

Ein häufiger Kritikpunkt an RISC-V ist das Fehlen von Mechanismen, um elegant mit Überläufen wie einem Übertrag bei der Addition fertig zu werden. Allein das Fehlen eines *carry* bei der Addition treibt einige Leute so zur Weißglut, als hätten sie beim Schulball einen Eimer Schweineblut über den Kopf gekippt bekommen.

Die Macher von RISC-V waren sich dieser Probleme bewusst. Die Entscheidung, entsprechende Mechanismen auszulassen, geht auf das Prinzip zurück, dass sich die ISA auf die häufigen Fälle – die *common cases* – konzentrieren und die seltenen ignorieren soll. Die Philosophie von RISC-V macht das noch verlockender, denn wir können immer sagen: Wenn es wirklich so wichtig ist, dann baue dir doch dein eigenes Modul. Trotzdem müssen wir eingestehen: Diese Design-Entscheidung erschwert uns das Leben.

**Übertrag oder Überlauf?**

Ein »Überlauf« (*overflow*) liegt dann vor, wenn die Binärzahl nicht mehr in das Register passt. Der Begriff wird auch dann verwendet, wenn eine Zahl zu klein ist, also eigentlich ein »Unterlauf« vorliegt. Ein Überlauf bezieht sich damit auf das Überschreiten der *maximalen Kapazität* eines Registers. Ein »Übertrag« (*carry*) tritt dagegen auf, wenn eine Addition über das höchste Bit hinausgeht. Ein Überlauf kann damit die Folge eines Übertrags bei der Addition sein. Wir gehen hier mit den Begriffen etwas salopp um.

### 18.1.1 Übertrag bei Addition ohne Vorzeichen

Schauen wir uns das genauer an. Eine gängige Art, um in Assembler mit dem Übertrag fertig zu werden, besteht darin, besondere Statusbits zu setzen, also wieder Flags. Das Carry-Flag wird dann mit einem Befehl automatisch in die Addition einbezogen. Da RISC-V keine Flags hat, existiert auch dieser Mechanismus nicht. Wir müssen uns anders behelfen.

Nehmen wir an, dass wir die beiden Register a0 und a1 addieren und das Ergebnis wieder in a0 ablegen wollen. Der Befehl dazu lautet:

```
add a0, a1, a0
```

Die Macher von RISC-V argumentieren jetzt, dass in vielen Fällen ein Übertrag nie auftreten kann oder schlicht nicht interessiert. Das stimmt tatsächlich häufig, etwa wenn wir nach dem Ausbruch einer Infektion in einem Flugzeug mit etwa 350 Passagieren in einem Doppelwort die Zahl der Zombies zählen. Dann muss sich niemand auf Hardware- oder Softwareebene darum kümmern – vergebene Liebesmühe an Transistoren, Relais, Hamstern und Code.

Sollten wir doch einmal einen Übertrag abfangen müssen, so das Argument weiter, geht das anhand der Operanden, oft mit einem einzigen Befehl. Im einfachsten Fall kann dieser wahlweise eine Verzweigung oder ein Setzbefehl sein:

```
bltu a0, a1, overflow      # variant with branch, or
sltu t0, a0, a1            # variant with set
```

In beiden Fällen ist die Überlegung gleich: Wenn wir zwei Murmelhaufen zusammenlegen und der neue Haufen danach *kleiner* ist als einer der ursprünglichen, egal welcher, dann stimmt irgendwas nicht.

Nun sieht das wirklich nicht so schlimm aus. Die Probleme fangen an, wenn wir Zahlen addieren wollen, die sich über mehrere Maschinenwörter erstrecken (*multi-word add*). Wir machen es uns einfach und addieren zwei Zahlen, die je aus zwei Wörtern bestehen. Die erste Zahl wird uns mit ihrem unteren Abschnitt in a0 und dem oberen in a1 übergeben, die zweite entsprechend in a2 und a3. Das Ergebnis soll wieder in a0 und a1 landen. Für die Überträge nehmen wir temporäre Register.

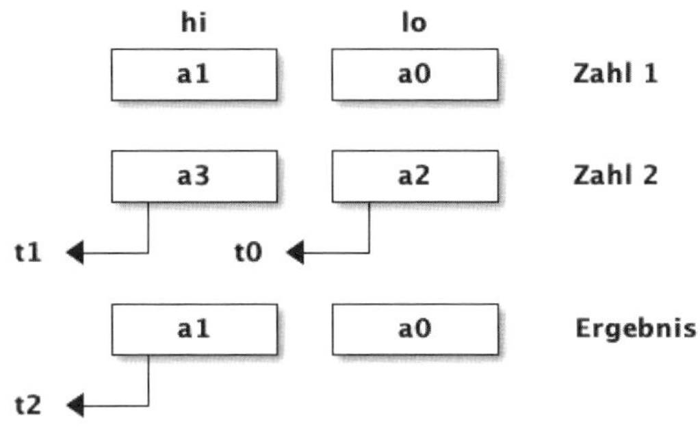


Im ersten Schritt addieren wir die unteren Wörter.

```
add a0, a2, a0          # add low words
sltu t0, a0, a2         # check for carry
```

Das sieht vielversprechend aus, wir haben mit a0 sogar schon das erste endgültige Ergebnis. Wir wiederholen den ganzen Vorgang mit den oberen Werten.

```
add a1, a3, a1          # add high words
sltu t1, a1, a3         # check for more carry
```

In vielen, wenn nicht sogar in den meisten Fällen wird jetzt in a0 und a1 schon das richtige Endergebnis stehen. Aber eben nicht in allen. Was wir nun tun müssen, ist den etwaigen Übertrag von den unteren Wörtern in t0 zu der Summe der oberen Wörter in a1 zu addieren. Möglicherweise ist dieser Übertrag aber genau das Bit, das in a1 das Register zum Überlaufen bringt. Deswegen müssen wir auch hier prüfen, ob es einen neuen Übertrag gibt, den wir in t2 ablegen.

```
add a1, t0, a1          # add low carry to high sum
sltu t2, a1, t0         # check for even more carry
```

Damit haben wir aus den oberen Wörtern zwei Übertrag-Bit. Entsprechend müssen wir diese in einem weiteren Schritt ebenfalls addieren. Die gute Nachricht ist, dass wir hier nun wirklich nicht auf einen Übertrag durch die Überträge achten müssen.

```
add t0, t1, t2          # add high carries
```

Wir haben für diesen ganzen Vorgang sieben Befehle benötigt. Schauen wir uns an, wie das bei der Konkurrenz aussehen würde. Dort gibt es meist zwei Additionsbefehle, einen ohne Einbeziehung des Carry (add) und einen mit (adc), die in so einem Fall zusammenarbeiten:

```
add a0, a2, a0          # sets carry flag if needed
adc a1, a3, a1          # includes carry flag
```

Statt sieben Befehle haben wir zwei, niemand muss mit temporären Registern herumhantieren und der Ablauf ist intuitiv. Wenn wir uns vorstellen, dass wir nicht jeweils nur zwei Wörter addieren müssen, sondern vielleicht 20, verstehen wir, warum Kritiker in diesem Punkt nicht gut auf RISC-V zu sprechen sind. Die Einbeziehung eines Übertrags ist umständlich, langsam und kompliziert.

Wir schauen uns jetzt einige Überlauf-Fälle genauer an.

### 18.1.2 Überlauf bei Addition mit Vorzeichen

Die einfache Variante hier ist auch eine der häufigsten: Wir kennen das Vorzeichen eines Operanden, etwa wenn wir den Inhalt eines Registers um eins erhöhen.

```
addi rd, rs, +uimm          # unsigned immediate
blt rd, rs, overflow
```

Für den allgemeinen Fall einer Addition mit Vorzeichen müssen wir uns etwas mehr Mühe geben. Die Prüfung findet *nach* dem Rechenschritt statt.

```
add t0, t1, t2
sltz t3, t2                 # if one summand is negative set t3
slt t4, t0, t1              # if result < than other summand set t4
bne t3, t4, overflow        # if both don't occur together: overflow
```

In Worten formuliert, wir haben einen Überlauf, wenn einer und nur einer dieser beiden Bedingungen gilt:

1. Einer der Summanden ist negativ.
2. Das Ergebnis der Addition ist kleiner als der andere Summand.

Wenn wir nicht sofort verzweigen wollen, können wir den letzten Befehl durch ein Exklusiv-Oder ersetzen, und haben dann faktisch eine Flag, die den Überlauf anzeigt.

### 18.1.3 Überlauf bei der Subtraktion ohne Vorzeichen

Gemeint ist eine Situation, in der das Ergebnis nie negativ sein wird, etwa weil wir die Magazin-Anzeige für einen Automated Sentry Gun der Colonial Marines programmieren und es »negative Munition« nicht gibt. Auch dieser Schritt ist mit einem zusätzlichen Befehl vergleichsweise einfach abzuhandeln. Im Unterschied zu der Addition kommt er allerdings *vor* der eigentlichen Rechenoperation.

```
bltu t0, t1, overflow
sub t2, t0, t1
```

Auch hier ist die Logik nicht wirklich schwer zu verstehen und deckt sich außerdem mit unserer Alltagserfahrung: Wenn wir mehr ausgeben, als wir auf dem Konto haben, landen wir im Dispo.

Andere Fälle von Überlauf können wir schnell abhandeln. Bei der Multiplikation mit dem Modul M gibt es die Möglichkeit eines Überlaufs nicht, solange wir uns nur mit den unteren und oberen 32 Bit (bei RV32) des Ergebnisses beschäftigen. Bei der Multi-Wort-Multiplikation würde das natürlich anders aussehen, aber dieser Fall ist selten genug, dass wir ihn hier nicht aufnehmen.

Bei der Division kann es bei Zahlen *ohne* Vorzeichen keinen Überlauf geben. Bei Zahlen *mit* Vorzeichen gibt es nur einen Fall: wenn der Dividend die größtmögliche negative Zahl ist und der Divisor -1. RISC-V gibt uns dann als Ergebnis in den verwendeten Registern den Dividenden unverändert zurück und als Divisor eine 0.

## 18.2 (M)ultiplikation

Genug der Katastrophen, wir nehmen ab jetzt an, dass ein Überlauf nicht auftreten kann. Bei den meisten RISC-V-Prozessoren werden die Multiplikation und Division vom Modul M übernommen. Allerdings kann dieses Modul bei einfacheren Prozessoren fehlten. Wir schauen uns daher die »Ultiplikation« als »Multiplikation ohne M« an. Auch hier gilt: Es gibt keinen Mangel an anspruchsvollen Verfahren, um dies möglichst effektiv zu tun. Hier geht es eher ums Prinzip.

### 18.2.1 Schieben als erste Wahl

Der wohl älteste Trick bei der Multiplikation in Assembler besteht darin, bei einem Multiplikator als Zweierpotenz eine Linksverschiebung vorzunehmen. Wir haben das bereits bei der allgemeinen Vorstellung von Schiebebefehlen besprochen, einschließlich einer Tabelle.

### 18.2.2 Addieren in der Schleife

Die dagegen stumpfsinnigste Form der Multiplikation besteht darin, einfach wiederholt zu addieren. Hier gehen wir davon aus, dass wir die beiden Operanden in a0 und a1 erhalten haben. Das Ergebnis soll dann wieder in a0 stehen.

```
            li t0, 0
            j test          # while loop
loop:
            add t0, t0, a0
            addi a1, a1, -1
test:
            bnez a1, loop
            mv a0, t0       # fall thru
done:
```

Besonders bei einem kleinen, langsamen Prozessor wollen wir vielleicht sicherstellen, dass nicht einer der beiden Operanden eine Null ist, bevor wir uns das antun. Als schnelle Prüfung können wir eine Oder-Verknüpfung der beiden Register vorschalten:

```
or t1, a0, a1
beqz t1, done
```

Theoretisch könnten wir jetzt versuchen, diese Schleife noch zu optimieren, denn bei `3 * 10000` gibt es einen Unterschied, ob wir in 10.000 Schleifendurchläufen eine 3 addieren oder in drei Durchläufen je 10.000. Allerdings ist dieses ganze Verfahren so deprimierend ineffektiv, dass wir es den Hamstern nicht zumuten wollen.

### 18.2.3 Wie in der Schule: Shift-Add

Stattdessen stellen wir uns vor, wir würden eine Multiplikation auf Papier vornehmen. Dann würden wir zum Beispiel `37 * 73` bestimmt nicht ausrechnen, indem wir die Zahl 37 irgendwie 73-mal untereinanderschreiben und dann Zeile für Zeile addieren – schon allein weil das so fehleranfällig wäre, dass es am Ende niemandem auffallen würde, wenn dort 2702 stünde. Stattdessen rechnen wir etwa `3 * 73 * 10 + 7 * 73`. Das Gegenstück in Binär ist denkbar einfach: Wir schieben die einzelnen Bit Stück für Stück voran und addieren nur, wenn wir eine Eins haben.

```
        li t0, 0
        j test
loop:
        andi t1, a1, 1          # mask: only keep last bit
        beqz t1, next           # if bit=0, move on
        add t0, t0, a0          # bit=1, so add
next:
        slli a0, a0, 1          # shift numbers ...
        srli a1, a1, 1          # ... to next position
test:
        bnez a1, loop
        mv a0, t0
```

## 18.3 Division

*»Can you do Division? Divide a loaf by a knife – what's the answer to that?«*
*»I suppose – « Alice was beginning, but the Red Queen answered for her.*
*»Bread-and-Butter, of course.«*

*–Lewis Carroll, Through the Looking-Glass and What Alice Found There (1871)*

Für Assembler gilt, wie wir bereits mehrfach angedeutet haben: Division ist doof.

Wir haben gesehen, dass ein Divisionsbefehl 20- bis 40-mal so lange dauern kann wie eine einfache Addition selbst bei einem Prozessor, der die entsprechende Hardware dafür mitbringt. Das Fachbuch *Hacker's Delight* [WH] verbringt etwa 100 seiner knapp 500 Seiten allein mit Integer-Division, einschließlich einer Diskussion, wie das überhaupt definiert wird, und der Klage, dass die zugehörigen Algorithmen oft *not very elegant* sind. Das ist alles nichts für uns, weswegen wir die Debatten über die Unterschiede zwischen *truncating*, *modulus* und *floor division* den Experten überlassen.

Allerdings: Wir haben in dem Abschnitt über Schleifen einen Trick vorgestellt, um eine Modulo-Berechnung mit einfachen Mitteln vorzunehmen, wenn der Divisor eine Zweierpotenz ist. Hier wollen wir uns den Fall anschauen, bei dem wir eine Division durch eine Zweierpotenz als Rechtsverschiebung ausführen. Denn das wird erschreckend häufig falsch gemacht.

### 18.3.1 Division durch Rechtsverschiebung

Das ist schwer zu glauben. Schließlich gehört, wie gerade beschrieben, die Linksverschiebung bei Zweierpotenzen zu den einfachsten Multiplikationsverfahren im Sinne einer *strength reduction*. Eigentlich müssten wir das einfach umkehren können. Das ist im Fall einer bekannt vorzeichenlosen Zahl auch richtig, analog zur Multiplikation, wo wir als Immediate-Wert `k` aus $2^k$ einsetzen.

```
srai a0, a0, 1          # divide by 2
```

Was aber, wenn wir eine negative Zahl als Divisor haben? Das Problem können wir uns mit einem Beispiel vor Augen führen: Wenn wir `-1 / 2` rechnen, sollten wir eigentlich als Antwort 0 mit einem Rest von -1 erhalten. Bei einer arithmetischen Rechtsverschiebung erhalten wir aber dummerweise -1, denn es werden weitere, gesetzte Bit von links in das Register geschoben. So einfach kommen wir aus der Sache nicht raus. [SG]

Die gute Nachricht ist, dass wir zuerst die häufigere und einfachere Variante abhandeln können, indem wir für positive Dividenden an die normale Ausführung springen. Bei einem negativen Divisor müssen wir dagegen $2^k$`-1` zu dem Divisor addieren, bevor wir nach rechts schieben. Wenn wir den Dividenden in `a0` und den Divisor als `k` aus $2^k$ in `a1` haben, sieht das so aus, wenn das Ergebnis wieder in `a0` landen soll:

```
        bgez a0, pos_divisor
        addi t6, a1, -1       # neg divisor, will adjust with 2**k - 1
        add a0, a0, t6        # add adjustment to divisor; fall thru
pos_divisor:
        sra a0, a0, a1
```

In [WH] finden wir eine Variante ohne Verzweigungen, die für RISC-V umgeschrieben so lautet:

```
addi t0, a1, -1        # t0 is k-1
sra t1, a0, t0         # shift divisor right by k-1

li t2, 32              # t2 is 32-k
sub t2, t2, a1
srl t1, t1, t2         # 2**k-1 if divisor < 0 else 0

add t1, a0, t1         # add temporary to divisor
sra a0, t1, a1         # now we can shift signed
```

Dies gilt für `1 <= k <= 31`. Wenn es sich bei dem Dividenden um eine negative Zahl handelt, müssen wir das Ergebnis dann negieren mit `neg`.

### 18.3.2 Division durch Subtraktion

Wenn wir durch stumpfsinniges Addieren multiplizieren können, können wir auch durch stumpfsinniges Subtrahieren dividieren.

Würdigen wir dabei den ersten Computer, dessen Programme von einem elektrischen Speicher aus liefen: das »Manchester Baby«, formell bekannt als die Small-Scale Experimental Machine (SSEM). Tom Kilburn, Freddie Williams und Geoff Tootill von der University of Manchester testeten damit nach dem Zweiten Weltkrieg den ersten wirklichen *Random Access Memory* (RAM) in Form der Williamsröhre. Ihr erstes Programm lief am 21. Juni 1948. [SD1]

Ein hier in RISC-V nachgebildetes Programm für das Baby sucht den größten Dividenden der Zahl $2^{18}$ (262.144 oder 0x4_0000) ab $2^{18}$-1 durch Subtraktion. Die ursprüngliche Maschine benötigte dazu 17 Befehle, wir kommen mit sieben aus:

```
            li t0, 0x40000         # dividend backup
            mv t2, t0              # work copy of dividend
div_loop:
            mv t1, t0              # reload dividend
            addi t2, t2, -1        # adjust divisor starting at (2^18)-1
sub_loop:
            sub t1, t1, t2
            bgtz t1, sub_loop      # not there yet, continue
            bltz t1, div_loop      # overshoot, try next divisor
```

Das Ergebnis liegt am Ende in `t2` – das Baby hatte einen Akkumulator – und muss natürlich 131.072 ($2^{17}$ oder 0x2_0000) lauten. Das Originalprogramm lief etwa 52 Minuten lang und hatte eine Geschwindigkeit von etwa 1100 Instruktionen pro Sekunde.

Das soll es fast für die Division gewesen sein. Nur ein ständig in der Informatik auftauchendes Beispiel wollen wir noch besprechen, obwohl es eigentlich ein Kinderspiel ist, denn dabei können wir unterschiedliche Lösungsansätze vergleichen.

### 18.3.3 Fallbeispiel: FizzBuzz

FizzBuzz ist eines dieser Standardprobleme, die sich beim Lernen neuer Programmiersprachen nach »Hallo Welt!«, dem Ausdruck der Zahlen von 1 bis 10 und Zahlenraten anbieten. Die Aufgabe besteht darin, die Zahlen von 1 bis `n` ausdrucken, allerdings mit den folgenden Schikanen:

- Wenn eine Zahl durch *drei* teilbar ist, dann stattdessen »Fizz« ausdrucken.
- Wenn eine Zahl durch *fünf* teilbar ist, dann stattdessen »Buzz« ausdrucken.
- Wenn eine Zahl durch *drei und fünf* teilbar ist, dann stattdessen »FizzBuzz« ausdrucken.

Damit haben wir zunächst `1, 2, Fizz, 4, Buzz` und so weiter. Eine Umsetzung in Rust laut RosettaCode:

```
fn main() {
    for i in 1..=100 {
        match (i % 3, i % 5) {
            (0, 0) => println!("fizzbuzz"),
            (0, _) => println!("fizz"),
            (_, 0) => println!("buzz"),
            (_, _) => println!("{}", i),
        }
    }
}
```

Wir stellen hier zwei Assembler-Versionen vor: Eine offensichtliche mit vielen Verzweigungen, die andere mit möglichst wenigen. Wir geben das Ergebnis für die Zahlen von 1 bis 100 aus. Für beide Versionen brauchen wir Strings:

```
s_buzz:          .asciz "Buzz"
s_fizz:          .asciz "Fizz"
s_fizzbuzz:      .asciz "FizzBuzz"
```

Diese Version ist für RARS, damit wir nicht großartig mit den Systemaufrufen für das Ausdrucken der Strings herumspielen müssen.

```
.eqv SYS_PRINTCHAR 11       # system call for PrintChar
.eqv SYS_PRINTINT 1         # system call for PrintInt
.eqv SYS_PRINTSTR 4         # system call for PrintString
```

Da RARS uns verspricht, auch die vogelfreien Register nicht anzutasten, können wir hemmungslos die temporären Register ausnutzen.

```
li t0, 1            # loop counter li t1, 100 # loop end
li t2, 3            # divisor for "Fizz"
li t3, 5            # divisor for "Buzz"
li t4, 15           # divisor for "FizzBuzz"
```

Die Kerneinsicht: Wenn etwas durch drei und fünf teilbar ist, muss es auch durch 15 teilbar sein. Daher müssen wir mit 15 anfangen, um später nicht bei der 3 oder 5 »falsch positive« Modulo-Ergebnisse zu erhalten. Entsprechend benutzen wir für unsere erste, naive Assembler-Version einfach drei Abfragen.

```
loop:
                rem t5, t0, t4          # check for FizzBuzz (15)
                bnez t5, check_fizz
                la a0, s_fizzbuzz
                j print_string
check_fizz:
                rem t5, t0, t2          # check for Fizz (3)
                bnez t5, check_buzz
                la a0, s_fizz
                j print_string
check_buzz:
                rem t5, t0, t3          # check for Buzz (5)
                bnez t5, print_number
                la a0, s_buzz           # fall thru
```

Dann folgen die Routinen, um unsere Erkenntnisse auszudrucken:

```
print_string:
                li a7, SYS_PRINTSTR
                ecall
                j next
print_number:
                mv a0, t0
                li a7, SYS_PRINTINT
                ecall                   # fall thru
```

Schließlich haben wir die Schleifenkontrolle, die wir mit einem Zeilenumbruch als Formatierungsdetail verbinden.

```
next:
                li a7, SYS_PRINTCHAR
                li a0 '\n'
                ecall

                addi t0, t0, 1
                ble t0, t1, loop        # fall thru to end
```

Diese Version tut, was sie soll, und ist völlig ausreichend. Die Schleife enthält 22 Befehle, darunter vier Verzweigungen und drei Sprünge. Die `ecall`-Befehle zählen wir dabei nicht zu den Sprüngen.

Im Rust-Programm oben ist allerdings ein Ansatz zu erkennen, der ohne das ganze Rumgehopse auskommt. Er basiert darauf, dass wir vier verschiedene Ergebnisse haben können: einen von drei Strings oder eine Zahl. Wir kommen in dieser Version sogar ohne die Definition von t4 als 15 aus und können das Register nutzen, um das Ergebnis festzuhalten. Die neue Schleife beginnt damit so:

```
loop:
                rem t5, t0, t2        # check for Fizz (3)
                seqz t4, t5           # set t4 if n is divisible by 3
                slli t4, t4, 1        # move result from position 0 to 1

                rem t5, t0, t3        # check for Buzz (5)
                seqz t5, t5           # set t5 if n is divisible by 5
                or t4, t4, t5         # combine results from both tests
```

Im ersten Code-Absatz prüfen wir, ob die Zahl durch drei – »Fizz« – teilbar ist. Wenn ja, wird das unterste Bit von t4 gesetzt. Wir schieben es dann eins nach links, um Platz für das Ergebnis der Prüfung mit der Fünf zu haben, dem »Buzz«. Wenn ja, haben wir ein zweites gesetztes Bit, das wir durch die Oder-Verknüpfung auch in t4 ablegen.

Damit haben wir am Ende dieser sechs Befehle vier Möglichkeiten, die durch die unteren beiden Bit von 0 bis 3 durchnummeriert sind:

| Bit 1 | Bit 0 | Auszudrucken |
|---|---|---|
| 0 | 0 | Zahl |
| 0 | 1 | »Buzz« |
| 1 | 0 | »Fizz« |
| 1 | 1 | »FizzBuzz« |

Das schreit nach einer Stringtabelle. Wir gehen zurück in den Datenbereich und fügen sie unter die Strings ein.

```
fb_strings: .word 0, s_buzz, s_fizz, s_fizzbuzz
```

Die Basisadresse der Stringtabelle laden wir am Anfang unseres Programms in t6 mit la t6, fb_strings. Den ersten Eintrag der Tabelle sollten wir nie sehen, denn das muss eine Zahl sein. Bei einem größeren, ernsthaften Programm würden wir hier einen Fehlerstring definieren und einbauen. Hier fangen wir erstmal im weiteren Code diesen Fall ab.

```
beqz t4, print_number

slli t4, t4, 2          # adjust index for four-byte entries
add t4, t4, t6          # calc entry in string table
lw a0, 0(t4)            # get address of string; fall thru
```

Der Rest des Programms ist selbsterklärend und nicht viel anders als oben. Ein Unterschied besteht darin, dass wir jetzt in die Ausgabe-Routine des Strings durchfallen.

```
            li a7, SYS_PRINTSTR
            ecall
            j next
print_number:
            mv a0, t0
            li a7, SYS_PRINTINT
            ecall                   # fall thru
next:
            li a7, SYS_PRINTCHAR
            li a0 '\n'
            ecall

            addi t0, t0, 1
            ble t0, t1, loop
```

Diese Version ist minimal kürzer mit 21 Befehlen. Außerdem haben wir nur noch zwei Verzweigungen und einen Sprung. Der Preis dafür ist eine zusätzliche Tabelle.

Wir sind jetzt tief genug in die Materie eingedrungen, um ziemlich anspruchsvolle Programme selbst schreiben zu können. Trotzdem, etwas Hilfe von einer guten Freundin kann nicht schaden.

# 19 Künstliche Intelligenz

Dieser Abschnitt dürfte langfristig eher der Erheiterung dienen, so schnell ändert sich diese Technologie im Moment.

Aber die Bedeutung der Künstlichen Intelligenz (KI) in der Softwareentwicklung hat bereits jetzt dazu geführt, dass kein Weg daran vorbeigeht, einen entsprechenden Abschnitt in dieses Buch einzubauen. Schlimmer noch, da wir Erfahrungen im Umgang mit der KI nicht voraussetzen können, müssen wir sogar eine allgemeine Einführung geben. Das wird in ein paar Jahren vermutlich so sein, als wenn wir heute die Grundfunktionen eines Taschenrechners erklären würden. Sei's drum, irgendein Historiker wird sich über die Momentaufnahme freuen.

Wie bislang gehen wir auch hier davon aus, dass uns nur allgemeine Werkzeuge zur Verfügung stehen und nicht irgendwelche Super-Spezial-KI für RISC-V.

## 19.1 Allgemeines

> *The lesson is that just using AI will teach you how to use AI. You can become a world expert in the application of AI to your domain by just using AI a lot until you figure out what it is good and bad at.*
>
> *–Ethan Mollick, Working with AI: Two Paths to Prompting (2023)*

Anweisungen an die KI werden »Prompts« genannt, von *to prompt*, jemanden anstoßen oder zu etwas auffordern. Grundsätzlich unterscheiden wir zwei Varianten:

Bei einem *conversational prompt* reden wir mit der KI wie mit einem Menschen, führen also ein Gespräch. Darauf ist das Interface der »Chatbots« wie ChatGPT von OpenAI ausgelegt. Daneben gibt es *structured prompts*, die vorher geschrieben und dann zur Wiederverwertung abgespeichert werden. Meist sind sie länger und komplizierter. Die beiden Schritte schließen sich nicht aus, nach einem Ausführen eines strukturierten Prompts können wir das Ergebnis im Dialog mit der Maschine verfeinern.

Um strukturierte Prompts wird ein gewisser Kult betrieben – *prompt engineering* wird das genannt, als sei es eine richtige Wissenschaft. [SE] Tatsächlich kommen wir mit einem einfachen Gespräch sehr weit, insbesondere wenn wir gewisse Faustregeln beachten. [ME]

1. Rede mit der KI wie mit einer *Person*. So albern das klingen mag, im Zweifelsfalle läuft das bei Format und Inhalt so ab, als würde auf der anderen Seite des Bildschirms ein richtiger Mensch sitzen. Das geht so weit, dass BLOCKBUCHSTABEN ZUR BETONUNG verwendet werden können. Und weil wir ja *lawful good* sind, sind wir selbstverständlich immer höflich zu der Maschine und sagen *please* und *thank you*. Das sieht SkyNet gern.
2. Rede, wenn irgendwie möglich, *Englisch* mit der KI. Die gegenwärtigen KI-Modelle sind nachweislich leistungsfähiger, wenn wir sie auf Englisch ansprechen. [DP] Es ist nicht abzusehen, dass sich irgend etwas daran ändern wird, weil es einfach mehr Englisch auf der Welt gibt. Insbesondere wenn es um Computer geht, ist, wie schon besprochen, die Verwendung des Englischen kaum zu vermeiden. Auch hier gilt: Es muss kein schönes Englisch sein. Ein einfacher Satzbau kommt der Maschine sogar entgegen.

Inhaltlich gibt es für beide Formen gegenwärtig einfache Leitlinien.

1. Stelle den *Kontext* her. KIs, die nicht auf eine bestimmte Aufgabe spezialisiert sind, haben ein unfassbar breites Wissen. Um den Suchraum der Maschine einzugrenzen, sollten wir ihr direkt am Anfang möglichst genau erklären, was wir haben wollen. *I would like to talk to you about RISC-V assembler programming on RV32 processors* macht ihr sofort klar, dass sie ihr Wissen über chinesische Liebesgedichte des 13. Jahrhunderts zunächst zur Seite legen kann.

   Eine Variante davon besteht darin, der KI eine *Rolle* oder Identität zuzuordnen. Auch hier wollen wir so spezifisch wie möglich sein. *You are a master programmer for RISC-V assembly with specialized knowledge of RV32 processors* wäre hier ein Ansatz. Nicht alle KIs spielen da mit.
2. Gib ein *Ziel* vor. Wenn die Rolle oder der Kontext der Ausgangspunkt ist, beschreibt das Ziel, was am Ende herauskommen soll. *I would like your help creating a RISC-V assembly program for RV32 that generates the first ten Fibonnaci numbers* wäre ein Beispiel.
3. Gehe bei komplizierten Aufgaben *schrittweise* vor. Anders formuliert: Überfordere die Maschine nicht. KIs haben nur ein begrenztes »Konzentrationsvermögen« und können sich nicht zu viele Anweisungen auf einmal merken. Setzen wir sie unter Druck, geben sie gerne falsche Antworten. Das ist etwa so, als würden wir einem Menschen eine Pistole gegen den Kopf halten und fragen, was ist die Quadratwurzel aus 256? Das ist dem Denken nicht zuträglich.

Stattdessen lassen wir der Maschine genug Zeit, über das Problem »nachzudenken«. Etwas wie *Please walk me through the steps and explain them in general terms first* kann dazu dienen. Der eigentliche Auftrag folgt anschließend: *Then create well-commented code please.*

4. Füge *Einschränkungen* und Regeln hinzu (*constraints*). Hier kommen Details hin, die nicht selbsterklärend sind. Zum Beispiel wie lange die Antworten ausfallen sollen, ob wir sie in einem bestimmten Format haben möchten, aber auch welche Annahmen die Maschine machen darf.
5. Zeige der Maschine *Beispiele*. Zwar kommt die Maschine ohne auch sehr gut klar (*zero-shot* in der Fachsprache), aber einer der großen Stärken der KI ist, dass wir ihr ein Beispiel (*single-shot*) oder sogar viele (*multi-shot*) geben und sagen können: Mach, dass es wie das hier aussieht. Dabei überlässt man es der Maschine, wie sie zu dem Ergebnis kommt.
6. Füge *Links* oder *Dokumente* für Hintergrundinformationen bei. Gegenwärtig unterstützen nicht alle KIs diese Möglichkeit, aber wenn sie vorliegt, kann man der Maschine sagen:

```
The code should use pseudoinstructions whenever possible. Go on the
internet and read https://github.com/riscv-non-isa/riscv-asm-
manual/blob/master/riscv-asm.md for reference.
```

Die Maschine berücksichtigt dann entsprechende Informationen. Langfristig dürften wir KIs vermutlich ganze Bücher vorlegen können.

Mit diesen einfachen Regeln sind wir schon ganz weit vorn. Wenn wir die Antwort der KI erhalten haben, sollten wir zwei Dinge beachten:

1. Generative KIs sind *nicht deterministisch*. Die gleiche Anfrage wird meist zu leicht verschiedenen Antworten führen. Entsprechend kann es sich lohnen, mehrmals dieselbe Anfrage zu stellen. Über Parameter wie Temperatur und Top P kann gesteuert werden, wie »kreativ« sie sind.
2. Die Maschine ist *unendlich geduldig*. Wir müssen uns keine Sorgen machen, dass wir ihr auf den Geist gehen, wenn wir uns immer wieder mit demselben Thema beschäftigen oder ständig neue Anpassungen fordern. Trotzdem, immer höflich bleiben!

Können wir der KI trauen?

Die kurze Antwort lautet: nein, oder auf jeden Fall nicht bedingungslos. Die Maschine macht Fehler, wie wir gleich sehen werden. Zudem konfabulieren generative KIs gerne, erfinden also schlicht Antworten. KI-Forscher sprechen von »Halluzinationen«. Während dieser Text verfasst wurde, lag die Halluzinationsrate nach dem Vectara Hallucination Evaluation Model bei der besten öffentlich zugänglichen KI bei drei Prozent. [VE] Diese Quote dürfte sinken, aber von »immer richtig« sind wir noch entfernt.

Daher: Alles, was die KI auswirft, muss geprüft werden.

## 19.2 Code-Generierung

Was uns zur Anwendung bringt. Am interessantesten dürfte für die meisten Leute die Generierung von Code sein. Fangen wir mit einem strukturierten Prompt an, der nach unserer Diskussion oben etwa wie folgt aussehen könnte. Wir nehmen dabei an, dass die KI Zugang zum Internet und keine Angst vor unsterblichen Kaninchen hat.

```
You are a master programmer for RISC-V assembler with specialized
knowledge of RV-64 processors. I would like your help creating a RISC-V
assembly program for a RV-64 chip that generates and prints the first ten
Fibonacci numbers. Please first walk me through the steps that the program
will perform, explaining the logic of the program in general terms. Then,
create well-commented code for the RARS RISC-V emulator. Access
https://github.com/TheThirdOne/rars/wiki/Environment-Calls if you need
information on the system calls.
```

Als Antwort erklärt uns die Maschine zunächst, was sie vorhat, und gibt uns dann Code aus, den wir mit *copy & paste* in RARS übertragen.

```
    .data
msg:    .asciiz "\n"

    .text
    .globl main

main:
    # Initialize the first two Fibonacci numbers
    li t0, 0        # t0 holds the first number (F(n-2))
    li t1, 1        # t1 holds the second number (F(n-1))

    # Initialize loop counter
    li t2, 10       # t2 is the loop counter for 10 iterations
loop:
    # Print the current Fibonacci number in t0
    li a7, 4        # 4 is the print string system call
    la a0, msg      # Load address of the message
    ecall           # Call the operating system to print the message

    mv a1, t0       # Move the current Fibonacci number to a1
    li a7, 1        # 1 is the print integer system call
    ecall           # Call the operating system to print the integer

    # Calculate the next Fibonacci number
    add t3, t0, t1 # t3 = t0 + t1 (next Fibonacci number)
    mv t0, t1      # Update t0 to hold the value of t1
    mv t1, t3      # Update t1 to hold the value of t3 (new Fibonacci number)

    # Decrement loop counter and check if loop should continue
    addi t2, t2, -1     # Decrement loop counter
    bnez t2, loop       # If counter not zero, loop again
```

```
# Exit
li a7, 10       # 10 is the exit system call
ecall           # Call the operating system to exit the program
```

Das sieht wunderbar aus und ist hübsch formatiert mit schön vielen Kommentaren. Wenn wir es in RARS laufen lassen, bekommen wir als Ergebnis …

```
2685009922685009922685009922685009922685009922685009922685009922685009922
685009922685009922
```

… dummes Zeug. Ein genauerer Blick auf den Code zeigt zwei Probleme: Es wurde `.asciiz` statt `.asciz` verwendet, und die auszudruckende Zahl wird für den Systemaufruf in `a1` abgelegt und nicht in `a0`. Korrigieren wir diese beiden Fehler, erhalten wir tatsächlich die ersten zehn Fibonacci-Zahlen.

Das Beispiel ist sehr einfach für die KI, denn es muss im Internet endlose Beispiele für die Generierung von Fibonacci-Zahlen mit RISC-V geben. Gleichzeitig sehen wir, welches Detailwissen die Maschine vorweisen kann, wenn wir ihr mit einem Hinweis oder einem Link unter die Arme greifen. Insbesondere hat sie hier die richtigen Systemaufrufe für RARS benutzt. Einige der Kommentare sind banal, aber bei Assembler gilt: lieber zu viele davon als zu wenige.

Gegenwärtig gibt es eine Grenze, wie groß die Code-Abschnitte sein dürfen, die wir der KI zumuten können. Ein ganzes Programm von ihr zu verlangen geht noch zu weit. Aber kleine, klar definierte Routinen sind machbar, sie sind halt (noch) nicht fehlerfrei. Wir sehen an diesem Beispiel aber einen großen Vorteil der KI: Unsere Freundin ist *schnell*. Selbst wenn wir die Zeit berücksichtigen, die wir für die Fehlersuche und Korrektur verwendet haben, waren wir schneller fertig, als wir Menschen den Code überhaupt hätten eintippen können.

**Kein künstlicher Schnickschnack**

Es fällt auf, dass die Maschine überhaupt nicht probiert, die Fibonacci-Zahlen durch Rekursion zu berechnen. Wie wir gleich sehen werden, hatte sie dabei sogar mehr Ansätze zur Wahl als wir besprochen haben. Über das `.globl` statt `.global` müssen wir allerdings reden.

Bei einem strukturierten Prompt müssen wir sehr genau wissen, was wir haben wollen. Stattdessen kann es sich bei einem neuen Problem anbieten, uns im Dialog mit der KI zeigen zu lassen, welche Möglichkeiten wir haben. Wir gehen vom Allgemeinen zum Speziellen vor. Dabei schränken wir trotzdem wieder den Suchraum durch einen Kontext ein. Die Anfrage selbst kann formlos sein:

```
I would like to talk to you about generating Fibonacci numbers in RISC-V
assembly. What different approaches are there?
```

Hier bekommen wir eine Liste »häufiger Methoden« mit ihren Vor- und Nachteilen bei einer Umsetzung in Assembler zurück. Nur die Überschriften lauten:

1. Iterative Approach
2. Recursive Approach
3. Direct Formula (Binet's Formula)
4. Lookup Table
5. Dynamic Programming (Memoization)
6. Tail Recursion Optimization

Wer noch nie etwas von »Binet's Formula« gehört hat, mag hier eine Halluzination vermuten, aber das gibt es tatsächlich. Im nächsten Schritt unseres Dialogs suchen wir uns eine Variante aus.

```
Please tell me more about lookup tables.
```

Es folgt ein längerer Vortrag über die Funktionsweise, Vor- und Nachteile und Anwendungsszenarien. Sind wir zufrieden, können wir ein Programm in Auftrag geben. Die bisherige Diskussion dürfte die KI schon so weit auf dieses Thema eingespielt haben, dass wir nicht befürchten müssen, sie zu überfordern.

```
Could you create a program with a look-up table for me to print the first
10 Fibonacci numbers in RV-64 assembly please? Access
https://github.com/TheThirdOne/rars/wiki/Environment-Calls if you need
information on the system calls.
```

Zusammen mit einigem Text erhalten wir:

```
    .data
FibonacciTable:    .quad 0, 1, 1, 2, 3, 5, 8, 13, 21, 34
Length:            .quad 10

    .text
    .globl main

main:
    # Load base address of FibonacciTable
    la t0, FibonacciTable

    # Load the length of the table
    ld t1, Length

    # Set index to 0
    li t2, 0

print_loop:
    # Check if the index is equal to length
    beq t2, t1, end
```

```
    # Load Fibonacci number from table
    ld a0, 0(t0)

    # Print the number
    li a7, 1          # System call for print_int
    ecall

    # Move to the next number
    addi t0, t0, 8    # Move to the next 64-bit number
    addi t2, t2, 1    # Increment index

    # Loop back
    j print_loop

end:
    # Exit program
    li a7, 10         # System call for exit
    ecall
```

Hier funktioniert tatsächlich alles auf Anhieb. Wenn nicht, reicht es häufig bei KIs, ihnen einfach mit *copy & paste* die Fehlermeldung des Compilers oder Assemblers vorzulegen.

Prompts funktionieren nicht unbedingt sofort, wie wir es wollen, oft müssen wir erstmal einige Varianten ausprobieren. Es hilft, wenn wir für diese Entwicklungsphase feste, einfache Testaufgaben parat haben, zum Beispiel:

```
Please generate a subroutine that counts the number of words in a buffer.
The subroutine will receive two addresses, the start of the buffer and its
length in bytes. It will return the number of words. If there are no words,
it will return the value zero. If there was an error, it will return -1.
Words are delimited by whitespace.
```

Allerdings wird die Suche nach dem perfekten Prompt schnell ineffizient, es gilt: *The perfect is the enemy of the good.* Nach einem Aufschlag mit einem ziemlich guten Prompt können wir für die weiteren Verbesserungen in den Dialog eintreten. Nehmen wir an, RISC-V hat vergessen, Pseudo-Code zu benutzen, was (gegenwärtig zumindest) recht häufig vorkommt.

```
Very nice. Please make sure that we are using the RISC-V
pseudoinstructions. For instance, turn "addi t0, zero, 0" into "li t0, 0"
please.
```

Hier geben wir gleich als *one-shot* ein Beispiel mit. Solche »Gespräche« mit der KI erlaubt es uns, auch nach alternativen Ansätzen zu fragen, eine Umstellung auf RV64 vorzunehmen und uns Code-Abschnitte erklären zu lassen, die wir nicht verstehen oder schlicht für falsch halten.

## 19.3 Code-Analyse

Denn nicht immer haben wir es mit gut kommentierten Code zu tun. Nehmen wir als Beispiel das Fragment aus unserer Stapeldiskussion, das auf Unterlauf prüft. Damals hat irgendjemand seltsamerweise die Kommentare vergessen:

```
addi dsp, dsp, 4
la t0, dsp_start
ble dsp, t0, underflow
```

Immerhin sind die Namen der Variablen und Labels nachvollziehbar. Schmeißen wir das der KI vor die Füße mit der saloppen Anweisung *Can you guess what this does?* geht sie die drei Zeilen durch und kommt dann zu dem Schluss:

```
In summary, this code appears to be part of a function managing a stack or
a similar data structure. It increments the stack pointer, checks the
address of the start of the stack, and includes a condition to handle the
case where the stack might underflow (i.e., when the stack pointer moves
beyond the lower limit of the stack).
```

Wir hatten schon besprochen, dass die Maschine an unkonventionellen Schleifenstrukturen scheitern kann, als wir mit einem vorgeschalteten `j test` den Schleifenkörper verkleinert haben. Die Multiplikation durch eine wiederholte Addition brachte uns diese Beschwerde ein:

```
Without more context or a more conventional ordering of the instructions,
it's challenging to determine the exact intended behavior, especially
regarding the first iteration of the loop.
```

Erst wenn wir unserer Freundin auf die Sprünge helfen mit dem Hinweis, dass der Code für einen RISC-V-Prozessor ohne M-Modul gedacht ist und dass es eine wiederholte Addition in einer Schleife gibt, fällt bei ihr der Groschen.

```
With the additional context that this is a RISC-V assembly loop for a
processor without the M (multiplication and division) extension and the
mention that the loop: part represents repeated addition, the code snippet
becomes clearer. It seems to be an implementation of multiplication using
repeated addition, a common method in environments where a direct
multiplication instruction is not available.
```

Dieses Beispiel zeigt, wie wichtig es ist, der Maschine einen Kontext zu geben.

## 19.4 Andere Anwendungen

Das größte Problem für KI-Neulinge ist, genug Fantasie aufzubringen, wofür die Maschine alles benutzt werden kann. Die Lösung dafür besteht darin, erst mal wahllos *alles* auszuprobieren, um ein Gefühl dafür zu entwickeln, was möglich ist. Wir können die Maschine Übungsaufgaben erstellen lassen – die Rache der Professoren – oder sie zur Ideenfindung nutzen. Eine große Stärke ist die Möglichkeit, sehr spezielle Fragen zu stellen, für die eine Internetsuche kaum erfolgversprechend ist. Die KI wird damit zur Tutorin, der wir allerdings nicht immer trauen können. Daher alles immer mit anderen Quellen prüfen.

Ob KIs dabei wirklich kreativ sein können, ist eine zu philosophische Frage für dieses bescheidene Buch. Klar ist, dass Maschinen zumindest einen anderen, neuen, fremdartigen Blick auf die Welt mitbringen. Das wohl bekannteste Beispiel dafür dürfte der berühmte »Zug 37« von AlphaGo im Spiel gegen den südkoreanischen Go-Meister Lee Sedol sein. [HD] Von den menschlichen Experten zunächst als Fehler bewertet, wurde der Zug später zum Geniestreich erklärt.

> *Commentators noted that AlphaGo played many unprecedented, creative, and even »beautiful« moves. Based on our data, AlphaGo's bold move 37 in Game 2 had a 1 in 10,000 chance of being played by a human. (...) AlphaGo has the ability to look »globally« across a board – and find solutions that humans either have been trained not to play or would not consider.*
>
> *–Demis Hassabis, What we learned in Seoul with AlphaGo (2016)*

Das war 2016, vor dem Durchbruch der Transformer-Technologie modernerer KIs. Genau diese fremdartige Sichtweise können wir uns zunutze machen. Und das Ganze kann sogar Spaß machen.

```
I am looking for a simple project to practice my RISC-V assembler coding
skills. I've just read this introduction book by some crazy guy who keeps
talking about hamsters, though I'm really sure there are none in the
actual chips, and so anything thematically related would be nice.
```

Antwort:

```
It's great to hear that you're eager to practice RISC-V assembly coding
and are looking for a simple project. Given your interest in the quirky
thematic element involving hamsters, as mentioned in the book you've read,
here's a project idea that could be both fun and educational (...)
```

# Teil IV
# Projekte

Im letzten Teil dieses Buches wollen wir das Gelernte zusammenführen. Wir stellen dazu zwei Projekte vor, die sich ähnlich sind: Es handelt sich um interaktive Kommandoschleifen, einfache Versionen einer sogenannten read-evaluate-print loop, kurz REPL. Derartige Schleifen werden für die Kommandoeingabe benutzt, weswegen auch die Bezeichnung command line interface (CLI) gebräuchlich ist.

Bei der ersten Version werden einzelne Buchstaben als Kommandos akzeptiert, etwa »q« für quit. Der Code ist so kurz wie möglich, damit wir ein Gerüst für Tests und Experimente haben. Wir sprechen hier etwas willkürlich von unserer »CLI«. Das ist zum Aufwärmen.

Die zweite Version ist anspruchsvoller und länger, daher nehmen wir für sie auch das längere Wort »REPL«. Sie erlaubt die Eingabe ganzer Wörter und Zahlen. Mehr noch, sie kann mathematische Operationen ausführen, solange Addition und Subtraktion reichen und niemand etwas gegen UPN als Eingabeformat hat. Wir nutzen dieses Beispiel exemplarisch für den Ablauf bei der Entwicklung eines kleinen Assembler-Programms, mit temporärem Code und ausführbaren Zwischenversionen.

# 20 Eine minimale Eingabeschleife

Was folgt, ist selbst für Assembler eine Übung in Minimalismus. Die Kommandos bestehen aus einzelnen Buchstaben, wir geben als *dummy*-Befehle »a« und »b« vor. Mit einem »q« wird beendet. Wir gehen davon aus, dass die einzelnen Routinen nicht sonderlich groß sind, wir also nicht in eine Subroutine springen müssen. Unser spartanisches Design bestimmt auch die Fehlermeldung: Wir geben nur ein einzelnes »?« aus, wenn wir irgend etwas nicht verstanden haben. Sollen die User gefälligst selbst überlegen, was sie falsch gemacht haben.

Wir benötigen bei RARS die folgenden Systemaufrufe:

```
.eqv SYS_EXIT 10
.eqv SYS_PRINTCHAR 11
.eqv SYS_PRINTSTRING 4
.eqv SYS_READCHAR 12
```

Für die Ausgabe unseres Fragezeichens brauchen wir einen String:

```
        .data
        .align 2                # RV32
s_error:
        .asciz "?\n"
```

Bei einer interaktiven Eingabe ist Geschwindigkeit selten ein Kriterium, denn Menschen sind langsam. Wir sollten allerdings die häufigsten Eingaben trotzdem in Registern ablegen, wenn wir welche frei haben. Hier benutzen wir `t0` und `t1`.

```
.text
.align 2                        # RARS does not support Modul C
        li t0, 'a'
        li t1, 'b'
```

Wir werden gleich sehen, was wir mit den weniger häufigen Befehlen machen. Zuvor schauen wir uns die Hauptschleife an. Das *read* des REPL besteht aus einem Sprung an den zugehörigen Systemaufruf, um uns ein einzelnes Zeichen zu holen.

```
loop:
        li a7, SYS_READCHAR
        ecall
```

Da es sich um eine kleine, schmutzige Schleife für Experimente handelt, prüfen wir hier einfach mit Verzweigungen, ob es sich um eine der häufigen Eingaben handelt. Damit wir irgend etwas sehen, drucken wir die entsprechenden Buchstaben aus. Diesen Teil ersetzen wir später durch den eigentlichen Code.

```
check_a:        # dead label
        bne a0, t0, check_b

        li a7, SYS_PRINTCHAR
        li a0, 'a'
        ecall
        j loop
check_b:
        bne a0, t1, check_quit

        li a7, SYS_PRINTCHAR
        li a0, 'b'
        ecall
        j loop
```

Das Label `check_a` wird nicht angesprungen, es ist ein *dead label*. Wir bauen es ein, um die Struktur klarer zu machen, und damit wir später das Projekt leichter erweitern können. Dazu kopieren wir den Abschnitt vom Label `check_a` bis zu dem Sprung in die Hauptschleife `j loop` und passen Abfrage und Verzweigungen an.

Jetzt folgen die Abfragen für Befehle, die eher selten sind, und für die wir deswegen kein Register reservieren. In unserem Fall ist es das »q« für *quit*, mit dem wir die Schleife sauber beenden.

```
check_quit:
        li t2, 'q'
        bne a0, t2, error

        # quit
        li a7, SYS_EXIT
        ecall
```

Schließlich haben wir noch eine Fehlerbehandlung als letzten Teil der Schleife.

```
error:
        li a7, SYS_PRINTSTRING
        la a0, s_error
        ecall
        j loop
```

Unser Schleifengerüst besteht nach Umwandlung der Pseudo-Befehle aus 23 Instruktionen. Da RARS das Modul C nicht unterstützt, sind das 92 Byte – schön kurz, das könnten wir als Hexdump auf ein T-Shirt drucken.

## 20.1 Projektvorschlag: ed

> *The editor created by Ken Thompson in August 1969 was called ed (...) ed must have been the most user-hostile editor ever created.*
>
> *–Peter H. Salus, »The Daemon, the Gnu and the Penguin« (2005)*

Was können wir mit unserer kleinen, schmutzigen Schleife anstellen? Nun, sie kann als Grundlage für einen vollwertigen Texteditor dienen, zumindest für gewisse Definitionen von »vollwertig«.

Das Vorbild ist ed, der ursprüngliche Editor für Unix, der bei fast allen Systemen dieser Betriebssystem-Familie noch mitgeliefert wird, den aber niemand mehr benutzt. Das geht so weit, dass eine der wenigen modernen Einführungen den Titel *Actually using ed* trägt. [RT] Normale Menschen probieren ed für drei oder vier Minuten aus und schrecken danach noch einige Monate aus dem Schlaf auf, bis sie diese Erfahrung verarbeitet haben. Wer gerade ein ganzes Buch über Assembler-Programmierung gelesen hat, vielleicht sogar freiwillig, ist dagegen bei ed genau richtig.

Die Besonderheit besteht darin, dass ed ein zeilenbasierter Editor (*line editor*) ist. Wer ein Wort in einer Zeile ändern will, muss sie komplett neu schreiben oder mit Suchen und Ersetzen bearbeiten. Grund dafür waren die technischen Gegebenheiten zu einer Zeit, als es keine Bildschirme gab. Die Ein- und Ausgabe erfolgte auf Papier über einen Fernschreiber (*teleprinter* oder *teletype*). Speicher war knapp, weswegen es bei ed weder lange Kommandos, eine richtige Eingabeaufforderung noch echte Fehlermeldungen gibt. Stattdessen wird mit einzelnen Buchstaben gearbeitet, etwa `a` für *append* (»anhängen«) oder `d` für *delete*. Wer vim benutzt, erkennt viele dieser Befehle wieder, denn im *command-line mode* des direkten Nachfahren leben sie weiter.

Schauen wir uns eine Beispielsitzung am Terminal an. Sofort stellt sich ein Gefühl des Unbehagens ein, denn nach der Eingabe von `ed` passiert erstmal gar nichts, wir rücken nur eine Zeile vor. Ed ist wie vim ein »modaler« Editor: Wir fangen im *normal mode* an und müssen erst mit einem Kommando wie `i` in den *insert mode* wechseln. Dann können wir einen Text eingeben, der mit einem Punkt am Anfang einer neuen Zeile abgeschlossen wird. Die berühmte Escape-Taste von vim kam später.

```
ed
a
A beautiful mind can see the right stuff in the abyss
.
w harris.txt
54
q
```

Ed gibt uns nach einem `w` wie *write* die Zahl der gespeicherten Zeichen an, hier 54. Mit dem letzten `q` beenden wir ed. Wir können uns unseren Text in Zeilenspannen anzeigen lassen mit Befehlen wie `1,8p` (ohne Zeilennummern) oder `1,8n` (mit). Die Grundbefehle sind:

| Befehl | Name | Funktion |
|---|---|---|
| a | *append* | Zeile(n) anfügen |
| c | *change* | Zeile(n) komplett ersetzen |
| d | *delete* | Zeile(n) löschen |
| f | *file* | Dateinamen zeigen / setzen |
| i | *insert* | Zeile(n) einfügen |
| j | *join* | Zeilen zusammenfügen |
| n | *enumerate* | Zeile(n) ausdrucken, mit Zeilennummern |
| p | *print* | Zeile(n) ausdrucken, ohne Zeilennummern |
| q | *quit* | beenden, wenn vorher gespeichert |
| s | *search* | suchen (und ersetzen) |
| w | *write* | Datei abspeichern |

Der `s`-Befehl für Suchen und Ersetzen ist bei ed wichtiger als bei anderen Editoren. Streber setzen auch noch die `undo`-Funktion `u` um. Dazu kommen die vorangestellten Adressparameter wie:

| Befehl | Funktion |
|---|---|
| . | aktuelle Zeile |
| n,m | von Zeile `n` bis `m` |
| , | gesamter Text |
| % | gesamter Text |
| $ | letzte Zeile |

Ed ist aus mehreren Gründen ein gutes, aber dabei nicht zu großes Projekt, um eine neue Sprache zu lernen. Eingabe und Ausgabe sind zeilenbasiert und verlangen nicht, dass wir mit dem Betriebssystem um die Eingabe einzelner Zeichen ringen oder lernen, wie wir Steuerungszeichen ausgeben. Es zwingt uns außerdem, uns mit drei Themen zu beschäftigen:

1. Interpretation der Eingabe. Befehle wie `1,2n` müssen in ihre Bestandteile zerlegt und dann ausgeführt werden, ohne aber dass wir die komplette Maschinerie eines vollen Parsers aufbauen müssen.

2. Umgang mit verketteten Listen (*linked lists*), eine Standard-Datenstruktur, um die Zeileninhalte abzuspeichern. Ed ist noch einfach genug, dass wir nicht auf Baumstrukturen oder doppelt verkettete Listen zurückgreifen müssen.
3. Speicherverwaltung auf Betriebssystem-Ebene. Ein Editor verbraucht schon so viel Platz für den Text, dass wir hier mit dem großen Bruder verhandeln müssen.

Wer ed gemeistert hat, kann außerdem im Freundeskreis damit prahlen, vorausgesetzt, der weiß überhaupt, was Unix ist. Wenn nicht, wäre vielleicht das soziale Umfeld zu überdenken.

Einzelheiten zu den Kommandos finden wir mit `man ed`, den Quellcode für die GNU-Version in C steht unter *https://www.gnu.org/software/ed/*. Auch das Originaltutorial von Brian W. Kernighan steht im Netz. [KB]

# 21 Eine größere REPL

*Incremental designing, building, and testing are some of the most powerful software-development concepts available. (...) In incremental development, you first make the simplest possible version of the system that will run.*

*–Steve McConnell, Code Complete (1993)*

Die kleine »CLI«-Schleife war zum Aufwärmen. Wir wollen jetzt für RV64 mit dem GCC unter Linux ein größeres Projekt auflegen, das viele der vorgestellten Prinzipien zusammenfasst. Wir greifen dabei auf die C-Bibliothek zurück. Im Gegensatz zu unserem ersten Projekt werden wir hier die einzelnen Zwischenschritte zeigen und einen schrittweisen, also »inkrementellen« Ansatz verfolgen.

**Auch Wahnsinnige brauchen Erfolge**

Nebenbei haben die wiederholten Erfolgserlebnisse bei jeder Zwischenversion einen motivierenden Effekt. Das ist ein nicht zu unterschätzender Faktor für diejenigen, die ihrer Leidenschaft einsam nachgehen, vielleicht auf einem Dachboden in Ingolstadt oder auf den Orkneys, schön weit weg von den kleingeistigen Zweiflern auf jeden Fall.

## 21.1 Ziele

Unsere REPL soll es uns erlauben, ganze Zahlen einzugeben, sogar negative, und sie dann mit + und - zu addieren und subtrahieren. Der Einfachheit halber wird dieser »Taschenrechner« im UPN-Format aufgebaut, was einen eigenen Stapel erfordert. Daher fügen wir allgemeine Stapelbefehle hinzu. Wir nennen sie hier »Kommandos«, um sie von den »Direktiven« des Assemblers und den »Befehlen« des Prozessors zu unterscheiden.

- `drop`: TOS wird verworfen.
- `dup`: TOS wird kopiert, sodass er zweifach auf dem Stapel liegt.

- `swap`: TOS und NOS werden getauscht.
- `.`: (*dot*) Der TOS wird ausgedruckt. Dieser Befehl ist destruktiv, der TOS geht verloren.

Dass der oberste Eintrag des Stapels verloren geht, wenn wir ihn uns anschauen wollen, ist üblich, aber besonders für Anfänger nervig. Um uns während der Entwicklung ein Bild vom Zustand des Stapels machen zu können, nehmen wir zusätzlich den Befehl `.s` (*dot-s*, für »drucke Stapel«) auf. Wer den Namen nicht mag, nennt den Befehl *peek*. Um das Programm sauber zu beenden, gibt es `quit`.

Weiter definieren wir zunächst zwei Zahlen als Kommandos, `0` und `1`, weil sie so häufig sind. Wenn sie aufgerufen werden, schieben sie einfach den entsprechenden Wert auf den Stapel. Das hilft uns bei der Entwicklung, weil wir bereits alle möglichen Funktionen testen können, ohne schon Zahlen parsen zu können. Insgesamt haben wir damit zehn Kommandos.

Diese Vorgaben bestimmen einen großen Teil unserer Grobstruktur. Wir werden einen eigenen Datenstapel benötigen und irgendwie eine Möglichkeit, die Eingabe des Benutzers zu verarbeiten. Die Liste unserer Kommandos nennen wir *dictionary* und organisieren sie in einer einfach verketteten Liste. Bei einer größeren Zahl von Elementen ist diese Datenstruktur von der Geschwindigkeit her nicht die günstigste, dann wäre etwa eine *hash table* (»Streuwerttabelle«) angebrachter. Aber für zehn Kommandos reicht es.

### 21.1.1 Tellerstapeln (unnötig) schwer gemacht

Für einen eigenen Stapel benötigen wir etwas Speicher und ein Register für den Stapelzeiger. Das ist der einfache Teil.

Dann aber müssen wir eine Entscheidung treffen, mit der wir viel zu viel Zeit verbringen könnten: Legen wir den Stapel komplett im Speicher ab wie beim normalen Stapel, oder sollen wir den TOS in einem Register behalten, vielleicht sogar TOS und NOS? Die Entscheidung hat Folgen für die Geschwindigkeit.

Schauen wir uns die drei Varianten an dem Beispiel `drop` an. Dabei ist `dsp` das Register mit dem Stapelzeiger, `tos` das Register, das wir für den obersten Stapelwert reservieren, und `nos` das für den zweiten Wert. Welche Register wir genau dafür nehmen, ist erstmal egal.

| Nur Speicher | TOS in Register | TOS, NOS in Registern |
|---|---|---|
| `add dsp, dsp, 8` | `ld tos, 0(dsp)`<br>`add dsp, dsp, 8` | `mv tos, nos`<br>`ld tos, 0(dsp)`<br>`add dsp, dsp, 8` |

Das scheint klar dagegenzusprechen, irgendwelche Teile des Stapels in Registern zu behalten. Was passiert dagegen, wenn wir ein `+` für die Addition nutzen?

| Nur Speicher | TOS in Register | TOS, NOS in Registern |
|---|---|---|
| `ld t0, 0(dsp)`<br>`ld t1, 8(dsp)`<br>`add dsp, dsp, 8`<br>`add t0, t0, t1`<br>`sd t0, 0(dsp)` | `ld t0, 0(dsp)`<br>`add tos, t0, tos`<br>`add dsp, dsp, 8` | `add tos, tos, nos`<br>`ld nos, 0(dsp)`<br>`add dsp, dsp, 8` |

Ohne jedes Register haben wir deutlich mehr Speicherzugriffe. In unserem Beispiel müssen wir ohnehin auf die Eingabe von einem langsamen Menschen warten, daher ist diese Frage am Ende nicht wirklich relevant. Wir wählen hier die Version, die ausschließlich den Stapel benutzt, weil es die Befehle einfacher macht.

## 21.2 Der Aufbau, iterativ

Gehen wir jetzt Schritt für Schritt die Entwicklung der Eingabeschleife durch. Dabei nutzen wir ein »evolutionäres« Verfahren in dem Sinn, dass jeder Zwischenschritt ein funktionsfähiges Programm erzeugt, auch wenn wir dafür provisorischen Code (*scaffolding*, »Gerüst«) schreiben müssen, der später verworfen wird.

### 21.2.1 Schritt I: Nur ein Zeichen

Unsere erste Version enthält nur die Definitionen und druckt die Eingabeaufforderung aus, um dann sauber abzuschließen. Wenn der GCC alles akzeptiert, ist schon einiges geschafft. Nennen wir diese Version `repl_01.S` – mit einem großen `.S`, weil wir den C-Präprozessor nutzen. Zuerst die Strings:

```
        .section .rodata
        .align 3

s_prompt:       .asciz "\n> "
s_error:        .asciz "?\n"
```

**Der Prompt des Anstoßes**

An dieser Stelle droht Verwirrung: Das englische Wort *prompt* vom Verb für »anstoßen« oder »auffordern« wird in der IT traditionell wie hier für die Eingabeaufforderung benutzt. Dummerweise fiel den KI-Forschern nichts Besseres ein, als den Begriff auch noch für die Befehle an die Maschine zu verwenden. Während wir schon dabei sind: Auch »Halluzination« ist unglücklich gewählt, denn die KI sieht keine Bilder im Kopf, eigentlich »konfabuliert« sie.

Dann kommt der Stapel. Wir sind frech und richten ihn nicht an den vorgeschriebenen 16-Byte-Wortgrenzen aus. Der Stapel und der Eingabepuffer (*character input buffer*, CIB) sollen je eine Größe von 256 Byte haben, was wir mit dem C-Präprozessor definieren:

```
#define CIB_SIZE 256          /* size of character input buffer */
#define DS_SIZE 256           /* size of data stack */
```

Die Definition des Datenstapels:

```
        .section .data
        .align 3

        # data stack
ds_end:
        .space DS_SIZE          # 256 gives us 32 double words of stack
ds_start:
        .space 8, 0xFF          # dummy initial ds entry (paranoid)
```

Die Definition des Eingabepuffers:

```
        .section .bss
        .align 3

        # character input buffer
cib_start:
        .space CIB_SIZE
cib_end:
```

Jetzt können wir damit beginnen, einige Register zu reservieren:

```
#define CIBO s0               /* pointer to start of input buffer */
#define DSPO s1               /* pointer to start of data stack */
```

Das wiederum erlaubt es uns, den Boilerplate anzufangen und Zeiger zu initialisieren:

```
        .section .text
        .align 1            # QEMU RISC-V uses Module C

        .global main
main:
                addi sp, sp, -16
                sd CIBO, 0(sp)
                sd DSPO, 8(sp)
                la DSPO, ds_start
                la CIBO, cib_start
```

Bislang tut unser Programm trotz viel Code von außen betrachtet absolut gar nichts. Damit wir uns besser fühlen, sollten wir wenigstens die Eingabeaufforderung ausdrucken.

```
print_prompt:
        la a0, s_prompt
        call printf

        ld DSP0, 8(sp)
        ld CIB0, 0(sp)
        addi sp, sp, 16
```

Wir hängen am Ende des Textes eine erste Version des `quit`-Befehls an.

```
cmd_quit:               # fall through (temporary)
        li a0, 0
        call exit
```

Für die Übersetzung benutzen wir einen Aufruf von GCC, der uns auch ein Listing ausgibt.

```
gcc -O2 -x assembler-with-cpp -traditional-cpp -Wa,-adhls,-L repl_01.S
-o repl_01
```

Der Lohn der ganzen Mühe? Es wird auf dem Bildschirm `>` ausgedruckt. Nicht wirklich beeindruckend, zugegeben. Aber wir können zum Donnergrollen unsere Fäuste in den Himmel recken und rufen: Es lebt!

### 21.2.2 Schritt II: Eingabe

In unserer nächsten Iteration `repl_02.S` erfassen wir die Eingabe. Wir haben über die C-Funktion `scanf` gesprochen, die allerdings den Nachteil hat, dass wir nicht einen ganzen String mit Leerzeichen aufnehmen können, weil es nach dem ersten Whitespace das Interesse verliert. Stattdessen nutzen wir hier `fgets`. Wir erhalten mit `man 3 fgets` das Format:

```
fgets(char * restrict str, int size, FILE * restrict stream);
```

Wir brauchen die Adresse des Puffers, die Zahl der Zeichen, die wir höchstens einlesen wollen, und den Stream, der uns die Zeichen liefert, hier also die »Standardeingabe« durch die Tastatur. Die Eingabe drucken wir provisorisch mit `printf` aus. Dazu müssen wir einen Ausgabe-Formatierungsstring definieren:

```
sf_output: .asciz "%s\n"
```

Noch ein Problem: `fgets` soll die Standardeingabe `STDIN` nutzen, aber hier können wir es uns nicht so einfach machen wie bei dem Systemaufruf mit `read`. Vielmehr ist `stdin` eine vorgegebene Adresse, von der wir die richtige Zahl laden müssen.

**Probieren geht über Studieren, außer in Kernkraftwerken**

Woher wissen wir das? Wir haben wie in einem früheren Kapitel beschrieben geschummelt und ein kleines C-Programm mit `fgets` übersetzt, als die Assembler-Version auch nach mehreren Versuchen nicht funktionierte.

Der entsprechende Code-Schnipsel sieht so aus:

```
la a2, stdin
ld a2, 0(a2)
```

Das allein wirft die Frage auf, ob wir die Eingabe nicht lieber hätten mit `read` einlesen sollen, aber nun sind wir hier und haben gelernt, wie wir mit `stdin` umgehen. Unser zentraler Code-Block mit `fgets` und einem Dummy-`printf` sieht dann so aus:

```
print_prompt:
        la a0, s_prompt
        call printf
get_input:
        mv a0, CIBO             # address of buffer
        li a1, CIB_SIZE         # max size
        la a2, stdin            # source of input
        ld a2, 0(a2)
        call fgets
print_output:
        la a0, sf_output        # format string
        mv a1, CIBO
        call printf
```

Wir könnten das Programm vereinfachen, denn `fgets` gibt nach dem erfolgreichen Einlesen eines Strings die Adresse des Puffers in `a0` zurück. Allerdings ist das alles hier eh nur provisorisch, deswegen laden wir ihn erneut von `CIBO`.

### 21.2.3 Schritt III: Parsing (provisorisch)

Was wir eigentlich haben wollen, ist eine Schleife, das »L« in REPL. Das Problem mit Schleifen ist bekanntlich, aus ihnen wieder herauszukommen. Der zugehörige Fehler wird auf Englisch auch *banana error* genannt, nach dem Witz: *I know how to spell »banana«, I just don't know when to stop*. [HA]

Wir schummeln mit provisorischem Code, indem wir uns bei jedem Durchgang das erste Zeichen im Eingabepuffer anschauen. Ist es ein »q«, beenden wir das Programm, sonst drucken wir den String aus und fangen die Schleife neu an. Das gibt uns erstmal die Möglichkeit, die einzelnen Subroutinen für die Kommandos zu schreiben, ohne dass wir schon das Parsing ganzer Wörter brauchen oder ein fertiges Dictionary.

Als Label fügen wir direkt *vor* unserem bisherigen Sprungziel `print_prompt` für die Hauptschleife `main_loop` ein. Direkt *nach* dem provisorischen Aufruf an `call printf` bauen wir einen Sprung `j main_loop` ein. Die Suche nach dem »q« kommt nach der Zeile mit `call fgets`:

```
# check for quit (temporary)
lbu a0, 0(CIBO)         # get first char
li t0, 'q'
beq a0, t0, cmd_quit
```

Die Wiederherstellung des Stapelzeigers `sp` wird entsprechend nach `cmd_quit` verlegt.

Aber damit nicht genug: Weil wir schon den Datenstapel aufgebaut haben, können wir jetzt weitere Befehle auf diese Art einfügen. An erster Stelle stehen `0` und `1`, gefolgt von `.` (*dot*). Uns fehlt nur der entsprechende Zeiger. Während wir dabei sind, definieren wir ein geschütztes Register `tmp`, damit wir nicht immer Register retten müssen. Wir fügen die folgenden Zeilen am Anfang ein:

```
#define dsp s2          /* data stack pointer */
#define tmp s3          /* "safe temporary" register */
        ...
        sd dsp, 16(sp)          # after main: save original value of s2
        sd tmp, 24(sp)          # save original value of s3
        ...
        la dsp, ds_start        # after main: initialize dsp
        li tmp, 0               # initialize tmp (paranoid)
        ...
        ld tmp, 24(sp)          # after cmd_quit: restore value of s3
        ld dsp, 16(sp)          # after cmd_quit: restore value of s2
```

Wir müssen entsprechend 32 Byte auf dem Systemstapel reservieren statt bislang 16. Der Befehl für die Manipulation unseres persönlichen Stapels lautet dann `addi dsp, dsp, -8`.

Jetzt können wir die Kommandos ergänzen. An dieser Stelle verraten wir gleich alle, um sie in einer Tabelle zusammenzustellen. Wenn nicht anders aufgeführt, werden sie mit `j main_loop` abgeschlossen. Die Labels bestehen aus dem Namen des Kommandos mit dem Präfix `cmd_`, also etwa `cmd_drop`.

| **drop ( n -- )** | **dup ( n -- n n )** | **swap ( n1 n2 -- n2 n1 )** |
|---|---|---|
| `add dsp, dsp, 8` | `ld t0, 0(dsp)`<br>`addi dsp, dsp, -8`<br>`sd t0, 0(dsp)` | `ld t0, 0(dsp)`<br>`ld t1, 8(dsp)`<br>`sw t0, 8(dsp)`<br>`sw t1, 0(dsp)` |
| **quit ( -- )** | **. *(dot)* ( n -- )** | **.s *(dot-s)* ( -- )** |
| `li a0, 0`<br>`call exit` | `la a0, sf_number`<br>`ld a1, 0(dsp)`<br>`addi dsp, dsp, 8`<br>`call printf` | `mv tmp, dsp`<br>`loop:`<br>`la a0, sf_number`<br>`ld a1, 0(tmp)`<br>`call printf`<br>`addi tmp, tmp, 8`<br>`blt tmp, DSP0, loop` |
| **+ ( n1 n2 -- n )** | **- ( n1 n2 -- n )** | **0 ( -- 0 )** |
| `ld t0, 0(dsp)`<br>`ld t1, 8(dsp)`<br>`add t0, t0, t1`<br>`addi dsp, dsp, 8`<br>`sd t0, 0(dsp)` | `ld t0, 0(dsp)`<br>`ld t1, 8(dsp)`<br>`sub t0, t1, t0`<br>`addi dsp, dsp, 8`<br>`sd t0, 0(dsp)` | `addi dsp, dsp, -8`<br>`li t0, 0`<br>`sd t0, 0(dsp)` |

Es fehlt hier 1 (-- 1), aber das entspricht der 0 mit einer anderen Immediate-Zahl. Wir können den entsprechenden Code kopieren und dann die Zahlen ersetzen.

### 21.2.4 Einschub: Byte-wise but time-foolish

Allerdings haben wir einen Ruf zu verteidigen. Schauen wir rein exemplarisch, ob wir nicht doch einige Byte sparen können, wenn wir die beiden Routinen zusammenführen. Etwa so:

```
cmd_one:
        li t0, 1
        j nbr_common cmd_zero:
        li t0, 0                # fall through
nbr_common:
        addi dsp, dsp, -8       # push 0 or 1 on stack
        sd t0, 0(dsp)
        j main_loop
```

Was haben wir gewonnen? Als getrennte Routinen würden 0 und 1 jeweils vier Befehle einnehmen. Wir hätten damit in der »getrennten« Version 32 Byte. Unsere neue, »zusammengeführte« Version umfasst sechs Befehle, also 24 Byte. Acht Byte gespart, dafür aber einen Sprung. Da der Code schön zusammenhängend ist, können wir immerhin darauf hoffen, dass alles in einen etwaigen Befehls-Cache passt.

Interessant wäre zu wissen, welche Zahl häufiger eingegeben wird, die 0 oder die 1. Wenn das Programm erst mal läuft und wir nichts anderes im Leben zu tun haben sollten, könnten wir versuchen, das zu messen und entsprechend die Labels zu tauschen, um den Sprung möglichst selten ausführen zu müssen.

Dumm nur: Wenn wir den Code durch den GCC jagen, stellen wir fest, dass der Assembler natürlich Befehle des Moduls C verwendet. Nur `sd t0, 0(dsp)` lässt sich nicht in die komprimierte Variante verwandeln. Die »getrennten« Routinen machen damit eigentlich zusammen 20 Byte aus, die »zusammengeführte« Version 14 Byte. Wir sparen sechs Byte, nicht acht.

Wenn wir mehr als nur die Zahlen 0 und 1 fest verdrahten, vielleicht noch eine Routine `cmd_two` für die 2 dazunehmen, wird die Einsparung größer: Jede weitere Zahl kostet uns in der getrennten Version zehn Byte, in der zusammengeführten vier. So lange zumindest, wie die Sprünge alle klein genug bleiben, dass wir `c.j` nutzen können.

Aber die eigentliche Frage ist hier: Lohnt sich die Ersparnis von sechs Byte? Nein, mit an Sicherheit grenzender Wahrscheinlichkeit nicht, höchstens im Embedded-Bereich unter sehr speziellen Umständen, die mit Begriffen wie »ESA«, »Saturn« und »strahlengehärtet« zu tun haben. Viel schwerwiegender ist in einem normalen, kommerziellen Umfeld, wie viel Zeit wir gerade damit verbracht haben, sechs Byte einzusparen. Die Hobby-Fraktion freut sich ohne Schuldgefühle und ritzt sechs weitere Striche in die Kellerwand. Wer dagegen einen Gehaltsscheck fürs Programmieren bezieht, stellt das gegenüber dem Management vielleicht besser so dar, dass ein wichtiges Stück Code jetzt um 30 Prozent kleiner geworden ist.

Zurück zum Programm. Das Ausdrucken des TOS erfolgt über `printf`. Dafür benötigen wir einen weiteren Formatierungsstring:

```
sf_number: .asciz "%d\n"
```

Ein Problem bei der Routine: Was passiert, wenn wir nichts auf dem Datenstapel haben, und trotzdem versuchen, den Inhalt auszudrucken? Eigentlich müsste hier eine Fehlererkennung eingebaut werden, die dann einen Unterlauf meldet. Das ist kein großer Aufwand: Da wir `ds_start` als Konstante in dem Register `DSP0` abgespeichert haben, würde der Befehl

```
bge dsp, DSP0, underflow
```

reichen. Das ersparen wir uns. Wir erkennen Unterlauf in der Testphase, wenn *dot* uns das -1 des »Parkplatzes« zurückliefert, obwohl wir nur 0 und 1 eingeben können.

Wir fügen `cmd_one`, `cmd_zero` und `cmd_dot` an das Ende unseres Programms ein. Die Abfrage dazu ist nur provisorisch und der Code vulgär, denn statt nur nach »q« zu prüfen, schreiben wir nach `call fgets` das hier:

```
# parse input (temporary)
lbu a0, 0(CIB0)

li t0, '0'
beq a0, t0, cmd_zero

li t0, '1'
beq a0, t0, cmd_one

li t0, '.'
beq a0, t0, cmd_dot

li t0, 'q'
beq a0, t0, cmd_quit
```

Das ist nicht schön, muss aber auch nicht lange halten.

### 21.2.5 Schritt IV: Alle Befehle

In `repl_04.S` fügen wir jetzt aus der Tabelle oben den Code für alle Befehle ein. Wir können sie auch in unsere vulgäre Parsing-Liste einfügen, wir müssen uns nur für `drop` und `dup` etwas einfallen lassen, denn es können nicht beide »d« als Kommando benutzen. Es bietet sich »x« für `drop` an. Bei der Entwicklung von komplizierteren Systemen mit einem eigenen Datenstapel sollte `.s` als einer der ersten Befehle umgesetzt werden. Hier könnten wir »v« für *view* nehmen.

**Oder alles andersherum**

Wir haben in diesem Beispiel zuerst den Datenstapel definiert und dann die einzelnen Befehle. Stattdessen könnten wir zunächst einen *mock stack* definieren, einen »falschen« Stapel, um damit `.s` entwickeln zu können. Dazu legen wir im Segment `.data` die entsprechenden Label an und füllen den Stapel mit der Direktive `.word` (oder `.dword`) mit fiktiven, festen Werten auf.

Schon in dieser kleinen Version können wir ein Gefühl dafür bekommen, was wir alles mit so wenig Code anstellen können, etwa negative Zahlen eingeben und darstellen. Allerdings ist es lästig, das in Schritten von 1 zu machen. Wir wollen richtige Zahlen eingeben können und Kommandos wie die großen Kinder. Dafür benötigen wir das Dictionary und müssen ein richtiges Parsing-System aufbauen.

### 21.2.6 Schritt V: Dictionary

Eine einfache verkettete Liste enthält in jedem Element einen Zeiger auf die Adresse des nächsten Elementes. Das letzte Element, der *sentinel node*, enthält stattdessen einen besonderen Wert. Wir nehmen die Null.

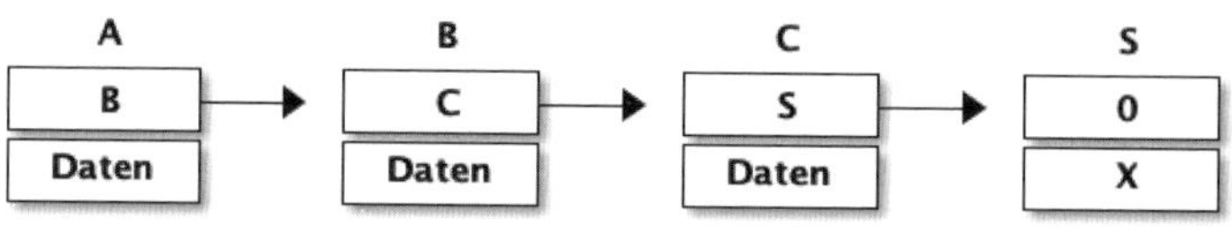


Bei zehn Kommandos kann es uns egal sein, dass die Suche mit `O(n)` abläuft. Die einzelnen Elemente bestehen aus dem Zeiger zum nächsten Element mit einer Breite von 64 Bit, gefolgt von einem weiteren Zeiger zum Code, der bei dem Aufruf dieses Kommandos ausgeführt wird. Wir müssen allerdings auch den String des Kommandos irgendwo ablegen. Dumm ist dabei, dass sie nicht alle die gleiche Länge haben, es reicht von einem Zeichen bei `+` und vier bei `drop`.

Damit bieten sich zwei Verfahren an: Wir könnten die Strings auslagern in eine eigene Tabelle, auf die wir mit einem Zeiger verweisen. Das hat den Vorteil, dass die einzelnen Einträge im Dictionary eine definierte, gleiche Größe haben: drei Maschinenwörter von 64 Bit. Allerdings müssen wir dann erst immer über einen Zeiger auf den String zugreifen, was uns zwingt, in den Hauptspeicher zu gehen. Das kostet zusätzlich Zeit und Strom.

Stattdessen stellen wir den String ans Ende des Eintrags und verwenden dabei Zähl-Strings, bei denen wir in einem Byte die Länge angeben. Das macht den Parse-Vorgang schneller.

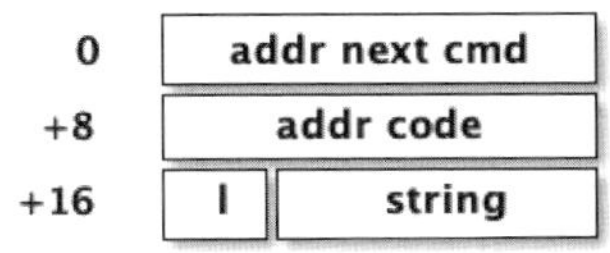


Konkret am Beispiel von drop und dup:

```
        .section .rodata
        .align 3
dictionary:

d_drop:
        .dword d_dup          # address of next dictionary element
        .dword cmd_drop       # address of code for this command
        .byte 4               # length of string
        .ascii "drop"         # non-zero-terminated string

        .align 3
d_dup:
        .dword d_swap         # address of next dictionary element
        .dword cmd_dup        # address of code for this command
        .byte 3               # length of string
        .ascii "dup"          # non-zero-terminated string

d_swap:
        ...
```

Das letzte Element der Liste hat im ersten Eintrag `.dword 0` stehen, um das Ende zu markieren. Die Adresse für das nächste Kommando, das es ja nicht gibt, würden wir bei richtigem Code mit einem Verweis auf eine Fehlerroutine auffüllen.

### 21.2.7 Schritt VI: Parsing (jetzt richtig)

Die Logik unserer Hauptschleife sieht so aus:

1. Ist das Wort ein bekanntes Kommando? Wenn ja, führe es aus.
2. Ist das Wort eine Zahl? Wenn ja, schiebe sie auf den Datenstapel.
3. Sonst gebe eine Fehlermeldung heraus.

Fangen wir in `repl_06.S` hinten an: Wir setzen die Routine zur Fehlerbehandlung *hinter* unserer primitiven Abfrageserie mit Verzweigungen.

```
li t0, 'q'
                beq a0, t0, cmd_quit    # fall through to error
error:
                la a1, s_error          # error string "?"
                j print
```

```
print_char:
                    mv a1, CIBO             # fall through to print
print:
                    la a0, sf_output        # format string for printf
                    call printf
                    j main_loop
```

Bei unserem Parsing prüfen wir als letztes, ob das Programm beendet werden soll. Wenn nicht, sind alle Alternativen erschöpft, und wir fallen zur Fehlerbehandlung durch. Die besteht darin, dass wir den Fehlerstring in `a1` laden.

Für die weitere Umwandlung benutzen wir die Funktion `strtol` aus der C-Bibliothek, die wir bereits besprochen haben. Auch hier gehen wir von hinten nach vorne vor: In dieser Iteration prüfen wir, ob es sich um eine zulässige Zahl handelt, wenn unsere primitive Prüfung der Eingabe versagt hat.

Wir erinnern uns, dass wir für `strtol` Speicherplatz brauchen. In die `.section .bss` fügen wir hinzu:

```
strtol_endptr:
        .space 8        # memory required by strtol function
```

Das werden wir so häufig gebrauchen, dass es sich lohnt, ein weiteres Register zu reservieren.

```
#define STREP, s4 /* pointer to strtol end pointer data area */
                    ...
                    la STRPTR, strol_endptr
```

Damit müssen wir auch den ursprünglichen Wert von `s4` auf den Stapel retten und später wieder runterziehen, was wir hier nicht extra aufführen.

Zwischen der Abfrage des »q« und unserer Fehlerbehandlung fügen wir folgenden Code ein: Wir rufen `strtol` auf und schauen, ob das Ergebnis gültig ist. Wenn ja, liegt eine Zahl vor, die wir auf den Stapel schieben. Wenn nicht, gibt es eine Fehlermeldung.

```
check_number:
                    # not a valid command, see if we were given a number
                    mv a0, CIBO         # pointer to start of mystery string
                    mv a1, STREP        # pointer to strtol data area
                    li a2, 0            # magic number, allows hex
                    call strtol

                    # if (STREP) is same as CIBO conversion failed
                    ld t0, 0(STREP)
                    beq t0, CIBO, error

                    # we have a valid number, push it on the stack
                    addi dsp, dsp, -8
                    sd a0, 0(dsp)

                    j main_loop
```

Wichtig: Wir können zunächst keine negativen Zahlen testen, weil das Minuszeichen abgefangen und als Kommando interpretiert wird. Das gilt auch für alle Zahlen, die mit einer 1 anfangen, so wie für Hex-Zahlen, die mit 0x beginnen. Ansonsten können wir fast alles berechnen.

Unser nächster Schritt besteht darin, einen String, der keine Zahl ist, mit den Einträgen in unserem Dictionary zu vergleichen. Das ist dann repl_07.S.

### 21.2.8 Schritt VII: Kommandosuche

Da wir einen Taschenrechner bauen, werden wir mehr Zahlen eintippen als Kommandos. Deswegen drehen wir jetzt die Reihenfolge um: Wir schauen zunächst, ob wir eine zulässige Zahl haben, und wenn nicht, springen wir an die Stelle, wo wir die Kommandos parsen. Damit rückt check_number unter den Aufruf call fgets und eine erfolglose Umwandlung in eine Zahl springt an die neue Routine check_command, während sie bislang nach error sprang. Damit entfallen auch ersatzlos unsere Wörter 0 und 1, die wir aus dem Dictionary entfernen. Das Gerüst wird abgeräumt.

Als erste, schnelle Prüfung wollen wir sehen, ob die Längen der Strings übereinstimmen. Wir erinnern uns an die Struktur der einzelnen Einträge in dem Dictionary: Nach acht Byte kommt der Zeiger auf den nächsten Eintrag und nach 16 die Länge des Strings im ersten Byte des Zählstrings. Wir wollen allerdings nicht die Zahlen acht und 16 als »magische Zahlen« einbauen, denn das würde uns das Leben schwer machen, wenn wir den Dictionary erweitern wollen. Entsprechend definieren wir zusätzliche Konstanten:

```
#define E_NEXT 0      /* offset to pointer to next element in dictionary */
#define E_CODE 8    /* offset to pointer to code for command in dictionary */
#define E_STRLEN 16   /* offset to length of string in dictionary */
#define E_STR 17      /* offset to start of string in dictionary */
```

Um die Längen zu vergleichen, benötigen wir die unseres eingegebenen Kommandos. Die Situation sieht bei drop so aus:

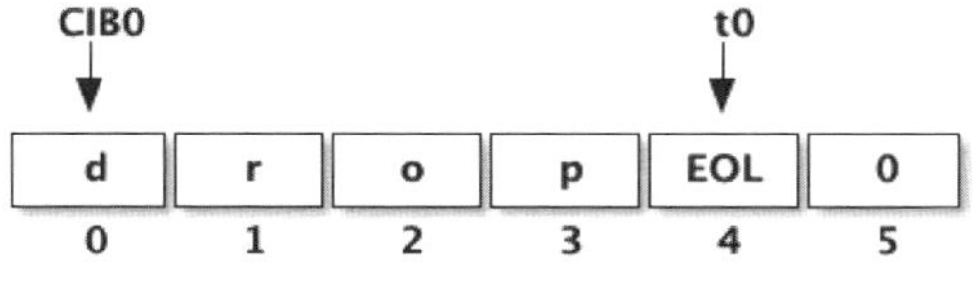


Wichtig: fgets speichert nicht nur eine Null ab, um das Ende des Strings zu markieren, sondern davor auch das *end-of-line* (EOL), in unserem Fall \n. Wenn wir zulassen würden, dass mehrere Zahlen oder Kommandos auf einer Zeile eingegeben werden, müssten wir uns um beides kümmern. Hier werden wir nur nach dem Ende der Zeile suchen. Weil das so häufig vorkommt, reservieren wir auch dafür ein weiteres Register.

```
#define EOL s5                  /* constant EOL ASCII character */
                    ...
                    li EOL, '\n'  # EOL for Linux systems
```

Wie üblich muss der ursprüngliche Wert von s5 auf den Stapel gerettet werden für den Rücksprung, was wir auch hier wieder nicht getrennt zeigen. Damit sieht check_command so aus:

```
check_command:
                    add t0, CIBO, -1      # start one step back for first loop
find_eol_loop:
                    add t0, t0, 1
                    lbu t1, 0(t0)         # get character from mystery string
                    beqz t1, found_zero   # found end of string (paranoid)
                    bne t1, EOL, find_eol_loop
```

Wir haben eine Zeile aus Paranoia eingebaut: Wir prüfen das Zeichen darauf, ob es eine Null ist, und zwar *bevor* wir schauen, ob wir das Zeilenende EOL erhalten haben. Eigentlich darf das nicht geschehen, aber der Code ist auf diese Weise robuster. Passiert es doch, und wir haben nur die Prüfung auf EOL, kann es sein, dass die Schleife aus dem Puffer »ausbricht«, bis sie irgendwo im Speicher ein zufälliges EOL findet oder das Betriebssystem entnervt unserem Treiben ein Ende setzt.

Ob wir eine Null oder das EOL finden, es passiert immer das Gleiche: Wir haben das Ende des eingegebenen Wortes gefunden und können jetzt dessen Länge berechnen. Diese benutzen wir in einer äußeren Schleife: Ist die Länge unseres unbekannten Wortes identisch mit dem aktuellen Wort, das wir aus dem Dictionary nehmen?

```
found_zero:
                    sub t1, t0, CIBO   # get length of mystery string
                    la t2, dictionary  # init search with start of dictionary
dict_loop:
                    # compare lengths of mystery string and current word
                    lbu t3, E_STRLEN(t2)        # get length of word
                    bne t1, t3, next_word       # not the same, get next word

                    # length is the same, check character by character
                    # we use a0 and a1 because things are getting confusing
                    mv a0, CIBO      # work copy for start of mystery string
                    mv a1, t2        # work copy for start of word string
```

An dieser Stelle haben wir im Dictionary ein Wort gefunden, das die gleiche Länge wie unser unbekanntes Wort hat. Jetzt müssen wir Zeichen für Zeichen vorgehen, um sicherzustellen, dass es wirklich das gleiche Wort ist.

```
char_loop:
          lbu t5, 0(a0)            # get char of mystery string
          lbu t6, E_STR(a1)        # get char of word string
          bne t5, t6, next_word    # chars don't match, try next word

          # characters matched, see if we're at end of word
          addi a0, a0, 1         # next character in mystery string
          bgt a0, t1, got_match  # if past end of string, we have a match
          addi a1, a1, 1         # next character in word string
          j char_loop
```

Alternativ hätten wir beide Verfahren in eine Schleife einbauen und nur die Zeichen vergleichen können.

Die Hamster jubeln: Wir haben unser Wort im Dictionary gefunden. Alles, was wir noch tun müssen, ist aus dem Eintrag den zugehörigen Code-Schnipsel zu fischen und dorthin zu springen.

```
got_match:
                # we have a match, jump to code fragment of command
                ld t0, E_CODE(t2)
                jr t0
```

Was aber tun, wenn unser aktuelles Wort im Dictionary nicht das richtige ist? Wir holen uns aus dem jetzigen Eintrag den Zeiger auf den nächsten Eintrag. Wenn dieser eine Null ist, sind wir am Ende unserer Liste angekommen und fallen durch zur Fehlerbehandlung.

```
next_word:
           # word not a match, try next
           ld t2, E_NEXT(t2)     # get pointer to next word in dictionary
           bnez t2, dict_loop    # try again if not at end of loop
                                 # fall through to error
error:
          la a1, s_error         # load error string "?"
          la a0, sf_output       # load format string for printf
          call printf

          j main_loop
```

Und damit steht schon unsere kleine REPL. Wir können sie per Hand testen:

```
> 21
> dup
> +
> .
42
```

Auch Sonderfälle wie die Eingabe nur eines Leerzeichens funktionieren.

## 21.3 Nächste Schritte

Jetzt könnten wir die Eingabeschleife durch weitere Befehle ergänzen. Sie müssen dazu nur ein Code-Schnipsel erhalten und einen Eintrag im Dictionary. Die Fehlerbehandlung wird einigen Leuten zu minimalistisch sein, hier könnten wir durch Fehlercodes und entsprechende Hinweise in einer Stringtabelle Abhilfe schaffen.

Oder wir sagen uns: *Think bigger.* Auch wenn das bei Assembler komisch klingt.

## 21.4 Projektvorschlag: Forth

> *If C gives you enough rope to hang yourself, Forth is a flamethrower crawling with cobras.*
>
> *–Elliot Williams, »Forth: The Hacker's Language« (2017)*

Einige werden es geahnt haben: Unsere einfache REPL könnte der Kern eines Forth-Systems werden. Weswegen es jetzt einen Disclaimer gibt.

Forth ist die Programmiersprache, vor der IT-Eltern ihre Kinder warnen. Wir greifen auf Forth zurück, wenn wir verzweifelt sind, wenn wir absolut *alles* aus minimaler Hardware herausholen müssen, koste es, was es wolle. Die ganze Grundeinstellung bei Forth ist anders: Wer die Sprache benutzt, hat die volle Kontrolle, die absolute Macht, aber ohne jede Absicherung. Wir können spekulieren, dass Forth Pflichtfach in House Slytherin ist und die Systemsprache des Todessterns war. Deadpool darf niemals Forth lernen.

Beispiel gefällig? Normale, verantwortungsbewusste Programmiersprachen erlauben es nicht, die Zahl 5 durch die 3 zu ersetzen. In Forth ist das trivial:

```
: 5 3 ;
```

Was hier passiert: Wir definieren ein *word* – der Forth-Begriff für eine Funktion – `5`, das die Zahl 3 auf den Datenstapel legt. Diese neue 5 hat Vorrang vor der alten, eingebauten Zahl. Ab jetzt ergibt `5 + 5` (eigentlich `5 5 +` wegen UPN) nicht mehr 10, sondern 6. Derartige Vivisektionen können wir auch an den grundlegendsten Strukturen vornehmen. Wer Verzweigungen ablehnt, weil sie Entscheidungsschwäche fördern, kann selbst `if` in einen Leerbefehl verwandeln.

An diesem Beispiel sehen wir auch, dass Forth-Programmierung einfach sein muss: Wir lassen unsere Katze über die Tastatur laufen und drücken dann `ENTER`. Auch die Formatierung entspricht nicht ansatzweise den üblichen Gepflogenheiten. Bauen wir eine Schleife, die die Zahlen von 1 bis 10 ausgibt:

```
: .1-10 ( -- ) 11 1 do i . loop ;
```

Der Doppelpunkt leitet die Definition eines neuen Wortes ein, dessen Name folgt und hier `.1-10` lautet. Der Teil in runden Klammern ist das besprochene Stapelbild als Kommentar. Im nächsten Schritt schieben wir die 11 und 1 auf den Datenstapel. Das `do` signalisiert den Beginn des Schleifenkörpers, das `i` schiebt den aktuellen Indexwert auf den Datenstapel. Den `.` (*dot*) kennen wir schon. Mit `loop` markieren wir das Ende des Körpers und `;` beendet die Definition. Danach können wir mit `.1-10` die Schleife ablaufen lassen.

Ein Grund für die Fremdartigkeit von Forth liegt darin, dass die Sprache alt ist und eine ungewöhnliche Entstehungsgeschichte hat. Charles »Chuck« Moore entwickelte sie ab den 1950er Jahren, weil er astronomische Berechnungen vornehmen musste und später mit Teilchenbeschleunigern arbeitete. Forth war kein Produkt eines Unternehmens wie Java und entstand auch nicht auf der Grundlage hoch geistiger Paradigmen wie Lisp oder Haskell – Forth war immer eine Arbeitssprache. Unter anderem nutzte die Nasa sie, um die *Cassini*-Sonde am Saturn zu steuern. [RJ] Sie setzte dazu spezielle strahlengehärtete Forth-Prozessoren wie die Harris RTX2010 ein. Inzwischen hat die US-Raumfahrtbehörde auf RISC-V umgestellt. [WC]

Damit hat Forth eine weitgehend unabhängige Entwicklung zu den anderen Programmiersprachen durchgemacht, ähnlich wie die seltsamen Lebewesen an den Thermalquellen der Tiefsee. Viele, zum Teil unbewusste Grundannahmen der Informatik fehlen. Forth stellt etwa die Trennung von Programmiersprache und Betriebssystem infrage wie auch die zwischen *coder* und *user*. Datentypen sind für Schwächlinge. Wer Forth nutzt, wird nicht wie ein Blödmannsgehilfe behandelt, der vor sich selbst geschützt werden muss.

> *Forth was designed for a programmer who was intelligent, highly skilled and professional; it was intended to empower, not constrain.*
>
> *–Rather und Colburn, The Evolution of Forth (1993)*

Forth ist seit jeher als Projekt für die Assembler-Programmierung beliebt, nicht nur, weil die Sprache auf schwacher Hardware erstaunliche Dinge ermöglicht, sondern auch, weil der Code dabei überschaubar bleibt.

Wir haben in unserer REPL bereits den Datenstapel und das Dictionary für die Wörter vorliegen. Diese sind allerdings bislang alle *native words*, auch *primitives* genannt, die direkt in Assembler programmiert werden. [LRG] Wir können derartige Wörter zu *secondaries* zusammenfügen. Um Verwirrung zu stiften, werden insbesondere diese zusammengefügten Wörter in Forth als *threads* bezeichnet, ohne dass sie etwas mit den Miniprozessen zu tun haben.

Wie diese Forth-Threads unter der Motorhaube aufgebaut sind, hängt von dem *threading model* ab. Nehmen wir als Beispiel ein Wort `2+`, das zum TOS eine 2 addiert. Wir haben dafür schon alles, was wir brauchen, auch wenn es umständlich ist: Wir schieben zwei Mal eine 1 auf den Stapel und addieren dann zwei Mal.

Der einfachste Ansatz ist der *subroutine threaded code*, bei dem wir in unserem Sekundärwort eine Serie von Subroutinen-Sprüngen auflisten. Am Ende springen wir zu einer Hauptschleife zurück. In Pseudo-Code:

```
jal cmd_one
jal cmd_plus
jal cmd_one
jal cmd_plus
j next
```

Dazu müssen die einzelnen Routinen der primitiven Wörter mit einem Rücksprung enden und nicht wie bei uns bislang mit einem Sprung. Als Alternative können einfach die Adressen der Primitives aufgelistet werden. Ein Interpreter sorgt dann für die Sprünge.

```
cmd_one
cmd_plus
cmd_one
cmd_plus
end
```

Vereinfacht gesagt gibt es von diesem Verfahren zwei Varianten, *indirect* und *direct*, die zusammen die häufigsten Threading-Formen bei Forth darstellen. Indirekter Code – die ursprüngliche Struktur – ist etwas kompakter, direkter Code dafür etwas schneller. Schließlich gibt es noch *token threaded code*, bei dem die sekundären Wörter aus Symbolen bestehen, die über eine Tabelle auf die eigentlichen Programmschnipsel verweisen. Dies erlaubt einen äußerst kompakten Code, wenn etwa nur ein Byte pro Token als *bytecode* verwendet wird. Dafür leidet die Geschwindigkeit.

Unabhängig von der genauen Umsetzung führt die Threading-Struktur dazu, dass Funktionsaufrufe in Forth spottbillig sind. Während wir bei Bourgeoisie-Sprachen wie C und Rust jedes Mal mühsam alles anhalten und die Register retten müssen, entfällt dieser Schritt bei Forth ersatzlos und damit auch die gesamte Diskussion über Epiloge und Prologe. Auch die Übergabe von Daten an Subroutinen erfolgt ohne jedes Zutun von uns über den Datenstapel. Entsprechend bestehen Forth-Programme aus vielen, vielen kleinen Wörtern.

Zu Forth gibt es zwei unterhaltsame Bücher von Leo Brodie: *Starting Forth* [BL1] und *Thinking Forth*. [BL2] Wer keine Scheu hat, mit den Schmuddelkindern der IT zu spielen, kann Gforth unter *https://www.gnu.org/software/gforth/* ausprobieren. Schnell wird dann klar: Wer längere Programme in Forth schreibt, ist auch irgendwie wahnsinnig.

# Teil V

# Anhang

# 22 Häufige Fehler

Erfahrungsgemäß sind Fehler bei Assembler nicht nur häufiger als bei Hochsprachen, sondern auch dämlicher, etwa wenn wir `t0` mit `t1` verwechseln. Besonders beliebt sind (unter Einbeziehung von [AF]):

1. *Register verwechselt*, bei RISC-V ein ständiges Problem, wenn Hardwarenamen wie `x17` verwendet werden statt die im ABI empfohlenen. Wer Listen auswendig lernen will, soll Medizin studieren, nicht Informatik.
2. *Pseudo-Befehle verschmäht*, weil wir uns für total klug halten und unbedingt Sprünge und Adresszugriffe selbst berechnen wollen. Alles mit `auipc` und `lui` ist Sache der Maschine.
3. *ABI sonst irgendwie ignoriert*, denn es liegt ja noch unter unserem Kopfkissen im Schlafzimmer und wir sind zu faul, um aufzustehen. Bitte noch mal ausdrucken und neben die Tastatur legen.
4. *Wert und Adresse verwechselt*, denn `la` und `li` tun sehr verschiedene Dinge, sind aber schnell falsch getippt. Gerne wird auch vergessen, ob sich in einem Register ein Wert oder der Zeiger darauf befindet. Zudem wird Zeigerarithmetik nicht einfacher, wenn wir sie in Assembler ausführen.
5. *Operanden verwechselt*, was bei einer Addition noch glimpflich verlaufen mag, aber bei bei der Subtraktion ins Verderben führt.
6. *Register nicht gesichert*, besonders `ra` bei einem Subroutinen-Sprung. Plötzlich ist in `t2` nicht mehr das, was dort sein sollte.
7. *Prozessor-Basen vermischt*, ein spezifischer Fehler bei RISC-V, wenn wir Code für RV32, RV64 und RV128 für eine andere Basis verwenden.
8. *Grundzahl verwechselt*, wenn wir `0x16` schreiben, aber 16 meinen. Wegen des Oktal-Fluchs der Unix-Familie niemals führende Nullen wie bei `016` verwenden.
9. *Stapelmathematik verbockt*, meist weil addiert wurde, wenn subtrahiert werden sollte, oder weil der Stapel irgendwann nicht zurückgesetzt wurde. Oder gleich beides – wir können Läuse *und* Flöhe haben.

10. *Ausrichtung verpeilt*, auch beim Stapel, der bei RISC-V an 16-Byte-Wortgrenzen ausgerichtet bleiben muss. Eigentlich. Im Zweifel lieber zu viele `.align` im Code verstreuen als zu wenige.
11. *Vorzeichenerweiterung nicht bedacht*, obwohl sie bei jedem Befehl (außer bei `csrr` und Freunden) vorgenommen wird.
12. *Einheiten falsch skaliert*, denn Datenfelder mit Doppelwörtern müssen um den Faktor 8 skaliert werden, die mit Wörtern um 4 und so weiter.
13. *Grenzen verletzt*, etwa bei Datenfeldern. Wir haben gezeigt, wie wir prüfen, ob ein Index-Zugriff *out of bounds* ist. Das müssen wir aber dann auch tun.
14. *Hamster nicht gefüttert*, weil alle auf diesen Punkt gewartet haben.

Wir sind in diesem Text nicht auf die Verwendung eines Debuggers eingegangen, weil die Code-Schnipsel überschaubar sind. Wer viel und häufig Assembler programmiert, wird sich etwa den `gdb` bei *https://www.sourceware.org/gdb/* anschauen wollen.

# 23 Stilfibel

Der Code in diesem Buch folgt diesen Empfehlungen. Weitere Vorschläge finden sich etwa bei [TO].

1. Für *Register* werden immer die ABI-Namen verwendet, also `ra` und `sp` statt `x1` und `x2`.
2. Auch immer *Pseudo-Befehle* verwenden. Nur so hat der Compiler die Freiheit, den optimalen Code zu erstellen. Dies gilt insbesondere für die Ladebefehle `la` und `li`.
3. Immer die *Immediate-Mnemomik* verwenden. Einige Assembler erlauben Formate wie `add t0, t0, 1` statt `addi`. Das verschleiert Tippfehler.
4. Bei *Zeiger-Offsets* die Null ausschreiben, also `li t0, 0(a0)`. Auch das schützt vor Tippfehlern.
5. Das *Ende von Code-Blöcken* erkennbar machen. Soll der Code in dem nachfolgenden Block nach einem Label fortgesetzt werden, hilft ein Kommentar wie »*fall through*« (auch »*fall thru*« – »Durchfall« erscheint hier aus mehreren Gründen unpassend). »Tote« Label, die nie angesprungen werden, können helfen, den Code zu strukturieren, sollten aber mit »*dead label*« gekennzeichnet werden.
6. Kommentare sollten *auf Englisch* sein. Niemand sagt, dass es *schönes* Englisch sein muss.
7. Überhaupt: *Kommentare*, *Kommentare*, *Kommentare*. Assembler ist schwer. Während bei einem CISC-Prozessor die Absicht oft aus dem verwendeten Befehl abgeleitet werden kann, tut ein RISC-Prozessor immer wieder das Gleiche, aber aus anderen Gründen. Ein Kommentar pro Code-Zeile ist keine Seltenheit. Leerzeilen verbessern die Lesebarkeit, Kommentare vor Code-Abschnitten dienen als Überschriften.

```
whiteboard:
            # walk through the whiteboard entries with parameter in a0
            li t0, WEREWOLF
            beq t0, a0, m_werewolf        # fin wins
            li t0, ALIEN_BIEST
            beq t0, a0, m_alien_biest     # bio wins
```

8. *Lange, aussagekräftige Labels* verwenden. Faktisch sind das Funktionsnamen.
9. Bei *Labels für Strings* hilft eine Systematik. In diesem Buch haben wir s_ als Vorsilbe benutzt.
10. *Code-Listings* sind leichter zu lesen, wenn sie einheitlich eingerückt (*indentation*) sind. In diesem Buch nutzen wir vier Spalten, jeweils um einen Tab von acht Zeichen eingerückt: Labels, Direktiven, Befehle und Kommentare. Befehle werden durch ein einziges Leerzeichen von ihren Operanden getrennt, die wiederum voneinander durch ein Komma und ein Leerzeichen abgesetzt werden.

```
a_label:
        .text
                nop             # processors need to relax, too
                add t0, t1, t2  # a single tab usually fits perfectly
```

# 24 Danksagungen

Mein erster Dank geht an meine Frau Sabine sowie meine Kinder Kira und William, die über Monate geduldig zuschauten, wie ich nach der Arbeit sofort wieder an die Tastatur ging.

Als ich ein Teenager war, gaben meine Großeltern Marklund viel Geld für einen Commodore VC 20 mit dem 6502-Prozessor aus. Nach zu viel Zeit mit Spielen und etwas BASIC habe ich mir eines Tages aus Langeweile dieses »Assembler« angeschaut. Zu sehen, wie die Maschine auf der untersten Ebene funktionierte, war eine Erleuchtung, die ich danach nur noch in der Biochemie erfahren habe. Ohne diesen Rechner hätte es dieses Buch nie gegeben.

*Decades later, I stumbled upon a group of 6502 enthusiasts at 6502.org. They supported me through the breadboarding of what must be the most hilariously primitive BYO-computer ever built, patiently answered my inane questions, and introduced me to Forth. The 6502.org group are some of the nicest and most helpful people on the Internet. Special thanks go to Sam Colwell, who taught me the importance of good development practices.*

Prof. Michael Engel, Johannes Lask, Prof. Patrick Ritschel und Alexander Stanitzki gaben im Verlauf dieses Projekts wertvolle Anregungen, die zu einem deutlich besseren Buch geführt haben. Vielen Dank dafür.

Großen Dank schließlich an das ganze Team vom dpunkt.verlag – insbesondere Gabriel Neumann, Dr. Michael Barabas und Annette Schwarz –, die wohl nie wieder mit mir über Katzen reden wollen.

## 24.1 Colophon

Dieses Buch wurde mit vim in AsciiDoc geschrieben mit git als Versionskontrolle, zunächst am PC unter Lubuntu, dann macOS auf einem Mac mini M1. Große Teile des Fließtextes wurden diktiert, entweder direkt in vim hinein oder über einen iPad mit Drafts. Die Verwendung von AsciiDoc erlaubte den Einsatz von Werkzeugen wie `grep`. Die ursprünglichen Grafiken wurden mit Ditaa generiert. Notizen, Code-Entwürfe und Skizzen entstanden auf Blöcken, die mysteriöserweise ständig verschwanden, wenn Familienmitglieder in der Nähe waren. Später wurde stattdessen auf dem iPad FreeForm benutzt. PDFs wurden mit GoodNotes bearbeitet, ein Tipp meiner Kinder, die angeblich nichts von den Blöcken wussten. Ein Korrekturdurchgang nutzte ChatGPT-4 mit einem eigenen Prompt. Wenn Musik lief, war sie meist von Aimee Mann, Jakalope oder Johnny Hollow.

# 25 Literatur

Die zentralen RISC-V-Dokumente finden sich unter *https://riscv.org/technical/ specifications/*:


- Spezifikation Band I: *Volume 1, Unprivileged Spec v. 20191213. https://github.com/riscv/riscv-isa-manual/releases/download/Ratified-IMAF-DQC/riscv-spec-20191213.pdf*
- Spezifikation Band II: *Privileged Spec v. 20211203. https://github.com/riscv/riscv-isa-manual/releases/download/Priv-v1.12/riscv-privileged-20211203.pdf*
- Binärschnittstelle (ABI): *RISC-V ABIs Specification 1.0. https://github.com/riscv-non-isa/riscv-elf-psabi-doc/releases/download/v1.0/riscv-abi.pdf*
- dazu Befehle für den GNU Assembler as: *User guide (GNU Binutils) version 2.39. https://sourceware.org/binutils/docs-2.39/as.html*


Allgemeine Literaturangaben und Zitate:


- Babbage, Charles: *Passages from the Life of a Philosopher* (1864). *https://www.gutenberg.org/files/57532/57532-h/57532-h.htm*
- Biancuzzi, Federico: *Masterminds of Programming. Conversations with the Creators of Major Programming Languages*. O'Reilly (2009)
- Carroll, Lewis: *The Annotated Alice. Alice's Adventures in Wonderland and Through the Looking-Glass*. The Definitive Edition. Penguin Books (2001)
- Carroll, Lewis: *The Complete Illustrated Works*. Gramercy Books (1982)
- Deutsche Gesellschaft für Informatik: Konrad-Zuse-Medaille. *https://gi.de/ueber-uns/personen/konrad-zuse-medaille*
- »Konrad Zuse: *Ich war einfach nur zu faul zum Rechnen*«. Süddeutsche Zeitung (1995). Zitiert nach *https://digital.deutsches-museum.de/de/digital-catalogue/archive-item/NL%2520207%252F3355/*

- Dos Reis, Anthony: *RISC-V Assembly Language*. Amazon (2021)
- Hoyte, Doug: *Let Over Lambda*. Eigenverlag (2008). *https://letoverlambda.com/*
- Klinger, Leslie S.: *The New Annotated H.P. Lovecraft*. Liveright (2014)
- McConnell, Steve: *Code Complete. A Practical Handbook of Software Construction*. Microsoft Press (1993)
- Passig, Kathrin und Jander, Johannes: *Weniger schlecht programmieren*. O'Reilly (2013)
- Rather, Elizabeth *et al.*: »The Evolution of Forth« (1993). *https://www.forth.com/resources/forth-programming-language/*
- Salus, Peter: »The Daemon, the Gnu and the Penguin« (2005). Zitiert nach *http://www.groklaw.net/article.php?story=20050422235450910*
- Schieber, Philip: »The Wit and Wisdom of Grace Hopper«. The OCLC Newsletter, March/April No. 167 (1987) Zitiert nach *http://www.cs.yale.edu/homes/tap/Files/hopper-wit.html*
- Scott, J. Clark: *But How Do It Know?* Eigenverlag (2009)
- Tanenbaum, Andrew S. und Bos, Herbert: *Modern Operating Systems*. Fourth Edition, Global Edition. Pearson (2014)
- Williams, Elliot: »Forth: The Hacker's Language«. Hackaday (2017). *https://hackaday.com/2017/01/27/forth-the-hackers-language/*

Spezifische Literaturangaben:

- [AA] Aho, Alfred V. *et al.*: *Compilers: Principles, Techniques, and Tools* aka »The Dragon Book« (2006). *https://en.wikipedia.org/wiki/Compilers:_Principles,_Techniques,_and_Tools*
- [AF] Alt, Franz L.: »Archaeology of Computers«. Communications of the ACM Vol 15 Number 7 (1972). *https://dl.acm.org/doi/pdf/10.1145/361454.361528*
- [BK] »Kathleen Booth«. Centre for Computing History. *https://www.computinghistory.org.uk/det/32489/Kathleen-Booth*
- [BL1] Brodie, Leo: *Starting Forth*. New Edition (2003). *https://www.forth.com/starting-forth/*
- [BL2] Brodie, Leo: *Thinking Forth* (1984). *https://freecomputerbooks.com/Thinking-Forth.html*

- [CB] Carpenter, B.E.: »Turing and ACE. Lessons from a 1946 Computer Design«. CERN School of Computing (1992). *https://cds.cern.ch/record/263304/files/p230.pdf*
- [CC] Celio, Christopher *et al.*: »The Renewed Case for the Reduced Instruction Set Computer: Avoiding ISA Bloat with Macro-Op Fusion for RISC-V« (2016). *https://arxiv.org/abs/1607.02318*
- [CE] Conklin, Edward K. und Rather, Elizabeth D.: *Forth Programmer's Handbook*, Third Edition. Forth Inc. (2010)
- [CK] Cooper, Keith D. und Torczon, Linda: *Engineering a Compiler.* Second Edition. Morgan Kaufmann (2011)
- [CO] Chromium OS »Linux System Call Table«. *https://chromium.googlesource.com/chromiumos/docs/+/HEAD/constants/syscalls.md*
- [CW] Wikichip.org: Macro-Op Fusion. *https://en.wikichip.org/wiki/macro-operation_fusion*
- [DA] Dipert, Alan: »Common Lisp iteration«. *https://tailrecursion.com/~alan/Lisp/CommonLispIteration.html*
- [DE] Dijkstra, Edsger: »Goto Statement Considered Harmful« (1968). *https://homepages.cwi.nl/~storm/teaching/reader/Dijkstra68.pdf*
- [DJE] Desautels, Edouard J.: »Assembly Language Programming for PDP-11 and LSI-11 Computers. An Introduction to Computer Organization«. Second Printing. Wm. C. Brown Company (1982). *https://drive.google.com/file/d/1gmjgLtKoDnQNcctMCfusXJrV6lcJ-NOsS/view?usp=sharing*
- [DP] Dave, Paresh: »ChatGPT Is Cutting Non-English Languages Out of the AI Revolution«. Wired (2023). *https://www.wired.com/story/chatgpt-non-english-languages-ai-revolution/*
- [DT] Duff, Tom: »Re: Explanation, please!« E-Mail (1988) zitiert nach *http://www.lysator.liu.se/c/duffs-device.html*
- [EE] Engheim, Erik: »The Genius of RISC-V Microprocessors«. ACCU (2022). *https://www.youtube.com/watch?v=L9jvLsvkmdM* und *https://erik-engheim.medium.com/the-genius-of-risc-v-microprocessors-b19d735abaa6*
- [FA1] Fog, Agner: »Software optimization resources«. *https://www.agner.org/optimize/*

- [FA2] Fog, Agner: »The microarchitecture of Intel, AMD, and VIA CPUs. An optimization guide for assembly programmers and compiler makers«. *https://www.agner.org/optimize/microarchitecture.pdf*
- [HA] Hunt, Andrew und Thomas, David: *The Pragmatic Programmer.* Addison-Wesley (1999).
- [HD] Hassabis, Demis: »What we learned in Seoul with AlphaGo« (2016). *https://blog.google/technology/ai/what-we-learned-in-seoul-with-alphago/*
- [HP] Hennessy, John und Patterson, David A.: *Computer Architecture: A Quantitative Approach*. Sixth Edition. Morgan Kaufmann (2017)
- [HS] Heule, Stefan *et al.:* »Stratified Synthesis: Automatically Learning the x86-64 Instruction Set«. PLDI '16: Proceedings of the 37th ACM SIGPLAN Conference on Programming Language Design and Implementation (2016). *https://cs.stanford.edu/people/eschkufz/docs/pldi_16.pdf*
- [KB] Kernighan, Brian W.: *A Tutorial Introduction to the UNIX Text Editor* (1993). *http://maibriz.de/unix/ultrix/_root/edtut.pdf*
- [KK] Kleiman, Kathy: *Proving Ground*. Grand Central (2022)
- [KT] Kidder, Tracy: *The Soul of a New Machine*. Back Bay Books (1981)
- [LH] Langmaack, Hans: »Friedrich L. Bauers und Klaus Samelsons Arbeiten in den 1950er-Jahren zur Einführung der Begriffe Kellerprinzip und Kellerautomat«. (2015) *https://dl.gi.de/handle/20.500.12116/33413*
- [LL] Leventhal, Lance A.: *6502 Assembly Language Programming*. Osborne/McGraw-Hill (1979)
- [LR] Love, Robert: *Linux System Programming*. Second Edition. O'Reilly (2013)
- [LRG] Loelinger, R.G.: *Threaded Interpretive Languages*. BYTE Books (1981) *https://archive.org/details/R.G.LoeligerThreadedInterpretiveLanguagesTheirDesignAndImplementationByteBooks1981*
- [M1] »Grace Hopper: The Compiler«, Massachusetts Institute of Technology, *https://lemelson.mit.edu/resources/grace-hopper*
- [ME] Mollick, Ethan: »Working with AI: Two Paths to Prompting« (2023). *https://www.oneusefulthing.org/p/working-with-ai-two-paths-to-prompting*
- [OD] Orf, Darren: »A New Study Says AI Is Eating Its Own Tail« (2023). *https://www.popularmechanics.com/technology/a44675279/ai-content-model-collapse/*

- [PD] Patterson, David und Waterman, Andrew: *The RISC-V Reader. An Open Architecture Atlas*. First Edition. Strawberry Canyon (2017). *http://riscvbook.com*
- [PH] Patterson, David A. und Hennessy, John L.: *Computer Organization and Design*. Morgan Kaufmann (2011)
- [RJ] Rash, James: »Forth in Space Applications« (2003). zitiert nach Forth Inc. *https://www.forth.com/resources/space-applications/*
- [RP] Ritschel, Patrick: *Embedded Systems mit RISC-V und ESP32-C3*. dpunkt.verlag (2023)
- [RT] Ryder, Tom: »Actually Using Ed« (2012). *https://blog.sanctum.geek.nz/actually-using-ed/*
- [SC] Stieg, Cory »The Forgotten History Of The Women Who Programmed The First Modern Computer« (2022). *https://www.codecademy.com/resources/blog/eniac-six-women-programmed-computer/*
- [SD] Sarkar, Dipanwita *et al.:* »A Nanopass Framework for Compiler Education« (2005). *http://www.cs.indiana.edu/~dyb/pubs/nano-jfp.pdf*
- [SD1] Sharp, David: »Manchester Baby Simulator User Guide«. The University of Warwick (2001). *https://www.davidsharp.com/baby/babyuserguide.pdf*
- [SE] Saravia Elvis *et al.:* »Prompt Engineering Guide«. *https://github.com/dair-ai/Prompt-Engineering-Guide*
- [SG] Steele, Guy L. Jr: »Arithmetic Shifting Considered Harmful«. MIT AI Memo 378 (1976). *http://bitsavers.trailing-edge.com/pdf/mit/ai/aim/AIM-378.pdf*
- [SK] Shirriff, Ken: »The 8086 processor's microcode pipeline from die analysis« (2023). *https://www.righto.com/2023/01/the-8086-processors-microcode-pipeline.html*
- [SM] Smotherman, Mark: »A Brief History of Microprogramming« (2019). *https://people.cs.clemson.edu/~mark/uprog.html*
- [TO] Open Titan: »RISC-V Assembly Style Guide«. *https://docs.opentitan.org/doc/sg/asm_coding_style/*
- [VE] Vectara: Hallucination Leaderboard. *https://github.com/vectara/hallucination-leaderboard*

- [WA] Waterman, Andrew S.: *Design of the RISC-V Instruction Set Architecture*. Technical Report No. UCB/EECS-2016-1 (2016).
*https://people.eecs.berkeley.edu/~krste/papers/EECS-2016-1.pdf*
- [WC] Windeck, Christof: »RISC-V-Prozessoren fliegen in Weltraum«. c't Magazin (2022).
*https://www.heise.de/news/RISC-V-Prozessoren-fliegen-in-Weltraum-7261256.html*
- [WH] Warren, Henry S. Jr.: *Hacker's Delight*. Second Edition (2013).
*https://en.wikipedia.org/wiki/Hacker%27s_Delight*

*»Would you tell me, please, which way I ought to go from here?«*
*»That depends a good deal on where you want to get to,« said the Cat.*

*–Lewis Carroll, Alice's Adventures in Wonderland (1865)*

# Index